SIMBIOSE E AUTONOMIA
NOS RELACIONAMENTOS

Franz Ruppert

SIMBIOSE E AUTONOMIA NOS RELACIONAMENTOS

O TRAUMA DA DEPENDÊNCIA E A BUSCA DA INTEGRAÇÃO PESSOAL

Tradução
NEWTON DE ARAÚJO QUEIRÓZ

Título original: *Symbiose und Autonomie*.

Copyright © 2010 Klett-Cotta – J. G. Cotta'sche Buchhandlung
Nachfolger GmbH, Stuttgart

Copyright da edição brasileira © 2012 Editora Pensamento-Cultrix Ltda.

1ª edição 2012.
3ª reimpressão 2022.

Todos os direitos reservados. Nenhuma parte desta obra pode ser reproduzida ou usada de qualquer forma ou por qualquer meio, eletrônico ou mecânico, inclusive fotocópias, gravações ou sistema de armazenamento em banco de dados, sem permissão por escrito, exceto nos casos de trechos curtos citados em resenhas críticas ou artigos de revistas.

A Editora Cultrix não se responsabiliza por eventuais mudanças ocorridas nos endereços convencionais ou eletrônicos citados neste livro.

Coordenação editorial: Denise de C. Rocha Delela e Roseli de S. Ferraz
Preparação de originais: Roseli de S. Ferraz
Revisão: Claudete Agua de Melo
Diagramação: Join Bureau

Dados Internacionais de Catalogação na Publicação (CIP)
(Câmara Brasileira do Livro, SP, Brasil)

Ruppert, Franz
  Simbiose e autonomia nos relacionamentos : o trauma da dependência e a busca da integração pessoal / Franz Ruppert ; tradução Newton de Araújo Queiróz. – São Paulo: Cultrix, 2012.

Título original: Symbiose und autonomie.
Bibliografia
ISBN 978-85-316-1178-0

1. Autonomia (Psicologia) 2. Pais e filhos 3. Psicologia transpessoal 4. Psicoterapia 5 Relações familiares 6. Relações humanas 7. Simbiose (Psicologia) 8. Trauma psíquico I. Título.

12-00500   CDD-616.89156
                                            NLM-WM 420

Índices para catálogo sistemático:

1. Constelações familiares e trauma de simbiose : Psicoterapia : Ciências médicas   616.89156

Direitos de tradução para o Brasil
adquiridos com exclusividade pela
EDITORA PENSAMENTO-CULTRIX LTDA.
Rua Dr. Mário Vicente, 368 — 04270-000 — São Paulo, SP
Fone: (11) 2066-9000
E-mail: atendimento@editoracultrix.com.br
http://www.editoracultrix.com.br
que se reserva a propriedade literária desta tradução.
Foi feito o depósito legal.

sumário

Considerações preliminares 9

1. **"Eternamente teu" – ou eternamente só?** 15
    Canções infantis 15
    Conflitos entre autonomia e simbiose 18
    Hipóteses de trabalho 20

2. **O que é "simbiose"?** 23
    2.1 Proveito recíproco 23
    2.2 Caçadores e presas 25
    2.3 Concorrência e repartição de trabalho 25
    2.4 Emoções primordiais 27
    2.5 Neurônios-espelho e simbiose 31

3. **Simbiose como conceito psicológico** 35

4. **O que é autonomia?** 43
    4.1 Massa ou singularidade? 43
    4.2 Desenvolvimento da individualidade e da subjetividade 45
    4.3 Liberdade de dependências 46
    4.4. Liberdade exterior e liberdade interior 47
    4.5 A construção do eu 48
    4.6 A falsa autonomia 50
    4.7 A verdadeira autonomia 51

5.	**Formas construtivas e destrutivas de simbiose**	53
5.1	Formas construtivas de simbiose	53
5.2	Formas destrutivas de simbiose	58
5.3	Construtividade e destrutividade na relação entre pais e filhos	67
5.4	A espiral do crescimento	69
6.	**Os traumas como causas de distúrbios psíquicos**	71
6.1	Teoria da vinculação e teoria do trauma	71
6.2	Um modelo para divisões psíquicas	76
6.3	Trauma e simbiose	91
7.	**Simbiose entre pais e filhos**	93
7.1	Simbiose entre a mãe e a criança	93
7.2	A simbiose entre a mãe e a criança	95
7.3	Mães traumatizadas e crianças traumatizadas	98
7.4	Pai traumatizado e criança traumatizada	110
8.	**O trauma de simbiose**	117
9.	**Enredamentos simbióticos**	123
9.1	Enredamentos simbióticos entre irmãos	124
9.2	Enredamentos simbióticos em casais	125
9.3	Enredamento simbiótico com toda a família	134
9.4	Enredamentos simbióticos em nível nacional	136
9.5	Enredamento simbiótico com clubes esportivos	140
9.6	Economia, dinheiro e enredamentos simbióticos	142
9.7	Enredamentos simbióticos de perpetradores e vítimas	147
9.8	Dependência e enredamentos simbióticos	157
9.9	"Psicose", "esquizofrenia" e enredamentos simbióticos	163
9.10	"Doenças" corporais e enredamentos simbióticos	178
10.	**Constelações de traumas com enfoque na vinculação**	189
10.1	Ouvir sem julgar	189
10.2	Conquistar a confiança	190
10.3	Da constelação de famílias à constelação de traumas	191
10.4	O trabalho com o propósito	196

10.5	O papel do terapeuta	203
10.6	Trabalho com constelações em sessões individuais	204
10.7	Teorias de referência e hipóteses de trabalho	207

11. Livrando-se de enredamentos simbióticos 211
11.1	Acompanhamento terapêutico	211
11.2	Descaminhos terapêuticos	213
11.3	Constelações e trauma de simbiose	217
11.4	Entender o enredamento simbiótico	218
11.5	Entender e reconhecer os traumas	221
11.6	Trabalhar psiquicamente no trauma	223
11.7	Perder as ilusões de uma cura rápida	225
11.8	Abandonar os sentimentos adotados por simbiose	228
11.9	Dar ênfase às partes saudáveis	229
11.10	Desenvolver um sentimento saudável pelo corpo	230
11.11	Desenvolver uma vontade saudável	231
11.12	A capacidade de estar consigo mesmo	234
11.13	Nem querer salvar, nem querer ser salvo	236
11.14	Abandonar parceiros enredantes	239
11.15	Afastar-se de pais traumatizados	240
11.16	Não ser vítimas nem perpetradores	246
11.17	Encerrar a própria infância	249
11.18	Entrar em novos relacionamentos positivos	251
11.19	Encontrar limites saudáveis	252
11.20	Encontrar a própria determinação sexual	254
11.21	Clareza insubornável	255
11.22	Amar para além do trauma e do enredamento simbiótico	256

12. Esperança 261

Bibliografia 265

considerações preliminares

O presente livro é o quinto de uma série em que me empenho em esclarecer o que move a psique humana em seus recônditos, o que a torna saudável ou doente, e como esse conhecimento pode ser colocado a serviço de um eficiente trabalho psicoterapêutico.

- Iniciei esta viagem de descoberta ao interior de nossa realidade humana no ano de 1994. Como nessa época eu ainda estava profissionalmente ligado à Psicologia do trabalho e das organizações, apareceu em 2001 o meu primeiro livro, *Berufliche Beziehungswelten* [O Mundo das Relações Profissionais]. Ao encenar as relações de trabalho com a ajuda do método das constelações, ficou clara para mim a grande importância das dinâmicas familiares que estão por trás dos conflitos que ocorrem nos ambientes de trabalho. Por isso, em face de conflitos que não se deixam resolver com o reconhecimento de regras claras de relacionamento, é necessário investigar as primeiras experiências da criança com os seus pais. Os problemas que se manifestam de forma dissimulada nas relações de trabalho refletem os temas não resolvidos das relações entre pais e filhos. Tudo isso me leva à suposição de que entre nós, seres humanos, precisa haver uma sensibilidade especial para o reconhecimento das relações.
- Com o livro *Verwirrte Seelen* [Almas Perturbadas], publicado em 2002, empreendi a primeira jornada para relacionar as formas enigmáticas de comportamentos e vivências, que na terminologia psiquiátrica são denominadas "doenças psíquicas" e classificadas como "psicoses", "esquizofrenias" ou "transtornos de identidade limítrofe (*borderline*)", a enredamentos psíquicos com sistemas de vínculos familiares. De

acordo com minha tese básica a esse respeito, não é o indivíduo que está "doente". O problema reside nos relacionamentos que causam sofrimento às pessoas. As relações humanas constituem um sério problema, principalmente quando estão sob a influência de traumas e quando elas próprias exibem a fonte dos traumatismos. Essas relações perturbadas, enquanto não são reconhecidas e trabalhadas, inevitavelmente se transmitem, em virtude do vínculo existente entre pais e filhos, de uma geração a outra. Até quatro gerações no interior de uma família podem enredar-se pela ação de traumas não solucionados, e algumas pessoas podem ficar tão confusas quanto à sua identidade que se tornam "psicóticas" e "esquizofrênicas".

- No livro *Trauma, Bindung und Familienstellen* [Trauma, Vinculação e Constelação Familiar], publicado em 2005, procurei demonstrar que os fenômenos "vinculação" e "trauma" basicamente atuam juntos em todos os distúrbios psíquicos, e que as causas desses distúrbios podem ser esclarecidas quando percebemos a transferência de sentimentos traumáticos nas relações de vinculação. Para um entendimento mais profundo das quatro formas de trauma, que denominei "traumas existenciais", "traumas de perda", "traumas de vinculação" e "traumas do sistema de vinculação", utilizei ainda no mencionado livro um modelo bidimensional de divisão psíquica, que contrapõe as áreas traumatizadas às demais áreas da personalidade. No que diz respeito à superação dos traumatismos, apoiava-me ainda, parcialmente, em soluções que vinham de fora. Nessa época eu ainda presumia que um trauma de vinculação poderia ser superado mediante uma reconciliação com os pais. Contudo, isso poderia alimentar ilusões simbióticas, estimulando estratégias que procuram evitar a confrontação com o próprio trauma.
- Por isso, no livro *Seelische Spaltung und innere Heilung* [Divisão Psíquica e Cura Interior], publicado em 2007, eu quis apresentar dois novos conhecimentos essenciais que resultaram da continuação do trabalho intensivo com pacientes: primeiramente, um modelo tridimensional da personalidade cindida após uma traumatização, composta de "partes saudáveis", "partes traumatizadas" e "partes de sobrevivência"; em segundo lugar, o conceito de "cura interior", em que os processos de confrontação com as diversas partes da personalidade recebem uma clara primazia sobre todas as outras formas de ajuda terapêutica. No

processo da "cura interior", trata-se principalmente de entrar em contato com os próprios sentimentos divididos e chegar a um entendimento sobre os próprios traumas.

Apesar desse progresso na compreensão dos processos psíquicos, restava em mim alguma obscuridade a respeito das partes da psique que se apresentavam claramente associadas aos traumas de vinculação e aos traumas do sistema de vinculação. Existem em certas pessoas partes da psique que se apegam fortemente a pais que lhes infligiram graves danos quando eram crianças. Essas partes mostravam-se amplamente resistentes a todos os esforços terapêuticos no sentido de uma separação desses pais. Por que razão precisamente os filhos que foram mais abandonados, espancados, maltratados e humilhados por seus pais são aqueles que possuem menos condições de se afastarem deles?

A resposta a essa pergunta me ocorreu quando fui entendendo cada vez melhor que o próprio processo simbiótico original entre a mãe e a criança pode tornar-se para esta um trauma primitivo, originando uma primeira divisão prematura em sua vida psíquica. A esse fenômeno eu chamo de "trauma de simbiose". Uma vez que ele divide o psiquismo da criança numa fase tão prematura de sua evolução, a criança perde o contato com seus impulsos vitais originais e passa a dirigir uma grande parte de sua atenção ao exterior e a outras pessoas. Por essa razão, ela não consegue desenvolver uma identidade própria e consolidada em si, permanece durante toda a sua vida dependente, sem autonomia e cada vez mais enredada. Mesmo depois de adulta ela é conduzida em seu íntimo por seus medos infantis.

Quando percebemos a importância fundamental do trauma de simbiose para o desenvolvimento psíquico integral de uma pessoa, fica bem mais fácil esclarecer todos os demais problemas psíquicos que nascem daí. Se formos pessoas traumatizadas e perturbadas quanto à nossa própria vinculação, só poderemos trabalhar em nossa própria cura interior quando tivermos condições de reconhecer quem somos. Somente depois de trabalhar terapeuticamente na integração da divisão original é que poderemos superar os demais traumas eventualmente vividos. Envolvimentos simbióticos destrutivos podem transformar-se progressivamente em construtivos, e uma falsa autonomia pode dar lugar a uma autonomia verdadeira. Com isso o centro de gravidade do trabalho terapêutico pode avançar, não alimentando a necessidade simbiótica de dependência mas apoiando o desenvolvimento da autonomia da pessoa.

Todo esse processo de reconhecimento, que descrevi resumidamente, foi acompanhado pelo meu trabalho com o método das constelações. Comecei inicialmente a acumular experiências com as "constelações familiares", segundo o modelo de seu criador Bert Hellinger. Contudo, quanto mais eu compreendia os fenômenos psíquicos elementares, tanto mais claramente percebia a necessidade de encontrar o meu próprio caminho para trabalhar terapeuticamente com o método das constelações. A forma de constelação que mais utilizo hoje é a que denomino "constelação do trauma". Em conexão com o novo conceito do trauma de simbiose desenvolvi ainda outra variante do trabalho de constelação, que chamo de "constelação do propósito do paciente". Esse novo método e suas possibilidades de aplicação são detalhados pela primeira vez no presente livro.

Ignoro se com isso terá chegado a seu termo a viagem de descoberta ao interior da psique humana. Acredito que não. Parece-me que ainda estamos longe de resolver todos os enigmas de nossa psique humana. Algumas coisas apresentadas aqui encontram-se ainda em fase de verificação. Numerosas hipóteses de trabalho estão sendo formuladas, à espera de ulterior pesquisa científica.

Espero que, apesar de seu caráter provisório, os *insights* apresentados neste livro nos proporcionem – quer sejamos terapeutas profissionais ou pessoas envolvidas – uma nova possibilidade de compreender as relações complexas entre as diversas situações de vida e as possibilidades corporais, emocionais e mentais de trabalhá-las, e utilizar esse conhecimento para o desenvolvimento de nossa autonomia pessoal, bem como de estruturas sociais sadias.

Agradecimentos

Meus agradecimentos se dirigem, em primeiro lugar, aos numerosos pacientes que se dispuseram e se dispõem a trilhar comigo um caminho não convencional para descobrir as causas mais profundas e os contextos de seu sofrimento psíquico. Sua abertura e confiança me permitem perceber cada vez mais e com mais exatidão o que move a nós, seres humanos, no fundo de nossa alma. Permiti neste livro que, quanto possível, os pacientes se expressassem diretamente, pois eles podem formular e expressar melhor o que sentem e pensam. Os nomes de todas as pessoas mencionadas neste livro foram naturalmente alterados.

Agradeço ainda a todos os meus companheiros de caminho em âmbito nacional ou internacional, que carregam e configuram comigo a evolução desse trabalho. De modo especial quero mencionar Margriet Wentink, Wim Wassink, Vivian Broughton, Jutta ten Herkel, Thomas Riepenhausen, Ingrid Dykstra,

Doris e Alexander Brombach, Birgit Assel, Radim Ress, Marina Bebtschuk, Patrizia Manukian, Svetlana Wrobej, Marta Thorsheim, Tore Kval, Ute Boldt, Petra Schibrowski, Alois Schwent, Barbara Spitzer, Rebecca Szeto, Kama Korytowska, Lena Gourskaja, Helmut A. Müller e Heribert Döring-Meijer. Com cada um dos referidos colegas mantenho um intercâmbio especial de experiências, de modo criativo e construtivo.

Um grande agradecimento também aos colegas da Editora Klett-Cotta, pelos quais sempre me senti apoiado e ajudado. Quero mencionar expressamente a dra. Christine Treml, como leitora, e o Sr. Roland Knappe, como coordenador dos já numerosos contatos com editoras no exterior.

Observação sobre o emprego de termos

No presente livro utilizo em geral, por hábito, a forma masculina. Devem ser sempre entendidos ambos os sexos quando o texto não se referir expressamente a um homem ou uma mulher. Geralmente prefiro falar de "paciente" quando também poderia dizer "cliente" ou simplesmente "pessoa".

Munique, maio de 2010

Franz Ruppert

capítulo 1

"ETERNAMENTE TEU" – OU ETERNAMENTE SÓ?

Canções infantis

A primeira estrofe de uma conhecida canção infantil soa assim:

> *O pequeno Joãozinho/ saiu sozinho/ para o vasto mundo.*
> *Bastão e chapéu / lhe assentam bem/ está contente.*
> *Mas a mamãe chora muito/ pois não tem mais o Joãozinho.*
> *Então o filho pensa/ e corre depressa para casa.*

A segunda estrofe ressalta a volta de Joãozinho para sua mãe:

> *Querida mamãe/ estou aqui/ o seu Joãozinho, hurra!*
> *Vou ficar aqui/ pode crer/ não vou abandoná-la.*
> *Então a mãe fica alegre/ e o Joãozinho mais ainda.*
> *Porque/como vocês bem sabem/ é ótimo ficar com a mamãe.*

Haverá crianças que critiquem esta história? Existe um lugar no mundo melhor do que em casa com a mamãe? A criança não sente a sua falta quando vai embora? As crianças acham que mães e filhos precisam ficar juntos.

Mas um adulto poderia fazer muitas perguntas sobre esta canção infantil:

- Se é tão bom ficar em casa com a mãe, por que João quis sair para o vasto mundo?
- Por que a mãe chora, em vez de chamar o filho e ordenar-lhe que volte?
- João deve ficar com a mãe porque ainda precisa dela e é muito pequeno para se dar bem sozinho no mundo, ou é a mãe que precisa do filho para não ficar só?
- Haverá por trás disso outra história que tenha feito a mãe chorar?
- Quando será o momento certo para Joãozinho deixar a mãe? Precisará de sua licença para isso?
- João deve ir embora apesar do choro da mãe?
- Ele precisa sair de casa e enfrentar a resistência da mãe que quer segurá-lo? Nisso poderá ser ajudado por uma dose de raiva?
- Que papel desempenha o pai de Joãozinho? Ele também quer manter o filho em casa, ou mandá-lo para o vasto mundo bem mais cedo que a mãe?
- O que acontecerá se João não sair de casa cedo demais, mas tarde demais, ou se absolutamente não deixar a casa dos pais?
- Sem a mãe, João ficará triste e sozinho no vasto mundo?
- Irá procurar imediatamente uma mulher que a substitua?

"O pequeno Joãozinho" é o poema das necessidades simbióticas de mães e filhos: de estar e permanecer juntos, sem que um abandone o outro, sem que um fique só ou precise estar só. Intimidade e proteção, fidelidade e lealdade parecem garantir uma felicidade duradoura. Uma versão moderna da ligação aparentemente indissolúvel entre a mãe e o filho foi cantada pelo astro infantil holandês Heintje em sua canção "Mamãe":

> Jamais esquecerei / o que tive ao seu lado
> Ninguém na terra me amou com tanta paixão.

Alguém vai querer abandonar um amor como esse? Despedir-se dele para sempre? A mãe não precisa chorar, pois leva o filho sempre em seus pensamentos e em seu coração. Mas que efeito isso pode ter sobre as outras relações que o filho começa a manter em sua vida se só pela mãe ele se sente amado com paixão?

Nessas canções infantis os aspectos sexuais não devem passar inadvertidos. A relação entre a mãe e o filho aparece carregada de uma emoção especial. Em algum momento, apesar de todo o amor materno, o filho precisa sair para o vasto mundo, de acordo com as concepções habituais de papéis, para vencer na luta pela vida. Não passa despercebido o sutil componente erótico, porque o pequeno príncipe em suas fantasias infantis é o mais fiel e dedicado homem de sua mãe. Heintje expressou isso à mãe numa outra canção nos seguintes termos: "Vou construir um castelo para você." Na névoa dos sentimentos simbióticos, facilmente se apagam os limites entre a mãe e o filho: quem é a mãe e quem é a criança? Quem é grande e quem é pequeno? Será que o filho é o homem ideal de sua mãe?

Com as filhas, a temática da separação da mãe não parece tão importante. Pelo menos não encontramos uma canção em que uma filha diga: "Mamãe, você não irá chorar por sua filha...." Nas sociedades tradicionais espera-se, ainda hoje, que as filhas permaneçam com a mãe durante toda a vida, a apoiem diariamente o quanto possível, criem os irmãos menores e acompanhem sua mãe até a morte. Parece que nesse particular o maior problema pertence ao pai, que algum dia terá de "entregar sua filha" a outro homem.

Mas voltemos à canção do Joãozinho. Por acaso encontrei na Internet outra versão da mesma história, menos conhecida. Ela tem três estrofes:

O pequeno Joãozinho/ saiu sozinho/ para o vasto mundo.
Bastão e chapéu / lhe assentam bem/ está contente.
Mas a mamãe chora muito/ pois não tem mais o Joãozinho.
"Que seja feliz" / seu olhar diz/ "mas volte logo!"

Por sete anos/ ora triste, ora alegre/ Joãozinho viveu em terra estranha.
Então o filho pensa/ e corre depressa para casa.
Mas não é mais um Joãozinho/ Agora é um grande João.
Com o rosto e os braços/ queimados de sol/ o reconhecerão?

Um, dois, três/ passam por ele/ sem perceber quem é.
A própria irmã / o acha estranho/ não reconhece o irmão.
Mas chega a mãe/ o encara nos olhos e logo exclama:
"João, meu filho!/ Deus o abençoe, meu filho!"

Este é um texto sobre tornar-se adulto. Joãozinho não volta, apesar do choro da mãe. Ela fica triste e saudosa, mas abençoa o filho na despedida. Joãozinho faz suas boas e más experiências no vasto mundo. Regressa tão mudado que muitos não o reconhecem, nem mesmo sua irmã. Regressando à família, torna-se para sua mãe "o João", um homem adulto. Mas continua sendo o seu filho.

Existe, portanto, além da versão simbiótica, uma versão autonômica na história de "Joãozinho". Ela é menos popular, provavelmente porque autonomia combina menos com "saudade", "coração" e "dor". O que significa "autonomia" e para que serve? Ser autônomo pode significar:

- fazer algo por si mesmo;
- basear-se no próprio saber;
- cuidar de si e satisfazer as próprias necessidades;
- tomar suas próprias decisões, apesar das expectativas alheias;
- não renunciar às próprias metas para atender às preocupações ou ao sofrimento de outras pessoas;
- resistir às pressões emocionais;
- não aceitar suborno financeiro;
- não abrir mão dos valores que preza, apesar de eventuais pressões de outras pessoas;
- trabalhar na própria identidade, estar consciente das próprias raízes e da própria origem familiar e cultural, sem entretanto fundir-se;
- assumir a responsabilidade pela própria vida e não culpar os outros por ela não ser como sonhou algum dia.

Conflitos entre autonomia e simbiose

Aparentemente ambas as coisas são igualmente importantes para nós. Temos necessidade de simbiose e necessidade de autonomia, e ambas nos acompanham por toda a vida. Há fases em que predominam as necessidades simbióticas e há períodos de vida quando queremos principalmente ser livres e independentes. E sempre retornam em nosso interior fases de luta feroz entre essas tendências básicas. Nos conflitos entre a simbiose e a autonomia reconhecemos o tecido dos dramas humanos, quando, por exemplo:

- filhos não conseguem abandonar a casa dos pais;
- pais não liberam filhos;

- casais não conseguem separar-se, embora o ódio entre eles seja maior que o amor;
- muitos acham que precisam postergar todos os seus interesses pessoais pela consciência de sua obrigação por "sua pátria" ou "sua empresa".

Necessidades simbióticas e desejos de autonomia são, por um lado, tendências separadas. Mas como se compatibilizam? Atuam separadamente ou em conjunto? Podem ser simultaneamente satisfeitas, em harmonia recíproca, ou uma só atua à custa da outra?

Para os seres humanos, é uma questão de idade, entre outras, a de saber em que momento não podem existir sozinhos e quando devem tornar-se autônomos. Bebês e crianças menores precisam de pais que satisfaçam sem restrições suas necessidades simbióticas. E igualmente necessitam de pais que os fortaleçam para que sintam, pensem e ajam por si mesmos.

O que acontece quando nossas necessidades simbióticas infantis não são satisfeitas sem restrições? Que consequências advêm quando nossos pais se afastam de nós, se retraem, nos abandonam, não nos amam e não nos querem como filhos, embora ainda sejamos pequenos e carentes? Restará apenas o destino de uma permanente frustração e solidão interior? Ou precisaremos correr atrás de nossos pais durante toda a vida e, por acréscimo, partilhar seus sofrimentos, esperando que algum dia venhamos a ser amados e reconhecidos? Precisaremos renunciar à nossa própria felicidade por causa de nossa dependência deles? E se sairmos de casa, se não quisermos permanecer com eles, se não ficarmos à sua disposição com o nosso amor e não os consolarmos mais, estaremos traindo nossos pais e precisaremos sentir-nos culpados?

Por outro lado, como será se adotamos a perspectiva dos pais? Se percebemos que uma criança não quer tornar-se adulta? Se ela se nega a assumir a responsabilidade por sua vida, vive à custa de seus pais, os despreza, insulta e explora, consome drogas e é violenta? Os pais precisam tolerar tudo isso, ou podem simplesmente expulsar de casa tal filho ou filha? O amor materno ou o amor paterno devem perdoar tudo?

Como adultos, temos ainda o direito de ter necessidades simbióticas? O amor a um parceiro é simbioticamente semelhante ao amor aos pais? De quanto amor, suporte, apoio e segurança precisamos na vida adulta? Quanta responsabilidade devemos assumir por um parceiro ou parceira em necessidade? O que devemos assumir em seu lugar e o que absolutamente não devemos assumir? Devemos tolerar, durante toda a vida, a dependência de um cônjuge ou parceiro que não queira assumir a responsabilidade por si mesmo? Temos o direito de impedir, devido à nossa própria dependência emocional, que nossos filhos ou nosso parceiro mudem e sigam seus próprios caminhos?

Como seres humanos, somos grupais por natureza e incapazes de sobreviver sozinhos. Dependemos uns dos outros. Precisamos do contato mútuo e o buscamos. Para muitos, estar só é a pior das experiências. Comer sozinho num restaurante, sentar-se à mesa sozinho nas férias – quem é que não deseja ter, mais cedo ou mais tarde, um parceiro de conversa, um interlocutor humano?

Mas até onde chega essa necessidade de contato? Até que ponto é preciso estar à disposição de alguém? Onde começam o direito à independência e simultaneamente o dever de não impor-se ao outro? Onde ficam os limites do "nós" e onde começa o indivisível "eu"? Quando é que a necessidade simbiótica de apegar-se a outras pessoas e deixar que a própria vida seja determinada por elas é construtiva, e quando é (auto)destrutiva?

Manter o que precisamos reter e abandonar o que já não funciona – esta parece ser a grande arte de viver, uma arte que precisamos exercitar desde cedo. Os conflitos entre simbiose e autonomia permeiam todas as etapas da vida. São inevitáveis. Mas por que em alguns casos o sucesso é aparentemente simples, e em outros casos é imensamente difícil e quase impossível desprender-se?

Hipóteses de trabalho

Quanto mais atuo como psicoterapeuta e pesquisador de almas, tanto mais claro fica para mim que os conflitos entre simbiose e autonomia constituem um tema central de muitas pessoas que buscam ajuda psicológica, como nos casos seguintes:

- Homens e mulheres, inclusive em idade madura, não se desprendem interiormente de seus pais, embora essa relação jamais tenha sido boa ou os pais já tenham falecido.
- Mulheres continuam vivendo com homens pelos quais (já) não sentem amor e respeito.
- Homens se prendem ao casamento, apesar da estagnação da relação conjugal.
- Pais se queixam de filhos que não assumem responsabilidade por sua vida, não deixam o lar paterno e preferem habitar em suas próprias fantasias.

- Filhos drogados não deixam os pais e não abandonam as drogas.
- Graves enfermidades psíquicas indicam que a pessoa não vive a própria identidade.
- Em numerosas enfermidades o corpo busca a própria destruição e as pessoas se entregam desamparadas a esse processo.

Minhas hipóteses de trabalho para este livro são as seguintes:

1. Os enredamentos simbióticos constituem o quadro de fundo psicológico de inúmeros conflitos de vida e de relacionamento.
2. Tais envolvimentos nascem quando as necessidades simbióticas da primeira infância não foram satisfeitas. A permanente frustração dessas necessidades constitui um tipo especial de trauma, denominado trauma de simbiose.
3. O trauma de simbiose cria a base para o aparecimento de distúrbios psíquicos, tais como medos, depressões, vícios ou psicoses. Ele também se sedimenta em numerosas doenças.
4. A causa pela qual os pais não conseguem prover suficientemente as necessidades simbióticas de seus filhos são suas próprias experiências traumáticas. Por serem traumatizados, não podem dar aos filhos o suporte emocional necessário nem apoiar o desenvolvimento da autonomia deles. Pais traumatizados projetam inconscientemente seus traumas nos filhos.
5. Os traumas em geral, os traumas de simbiose e os enredamentos simbióticos aumentam o risco de novos traumatismos e, quando esses processos não são reconhecidos e interrompidos, prolongam-se por gerações nas relações entre pais e filhos.

A essas reflexões acresce naturalmente a questão de saber como é possível:

- livrar-se de enredamentos simbióticos;
- trabalhar psiquicamente traumas de simbiose, e
- vivenciar formas saudáveis de autonomia.

Como podem ser apoiadas pela psicoterapia, de um modo consistente, as pessoas que sofrem de um trauma de simbiose sempre voltam a envolver-se simbioticamente?

A todas essas perguntas tenho procurado responder. Uma vez que o tema da simbiose e da autonomia não se limita às relações pessoais mas penetra em quase todos os outros domínios da vida, analisarei também, numa abordagem inicial, alguns tipos de envolvimento simbiótico que não são objeto de trabalho terapêutico, mas cuja compreensão pode ser útil para a nossa convivência social e principalmente para entender a relação simbiótica entre (im)potência e dinheiro.

capítulo 2

O QUE É "SIMBIOSE"?

*"Uma transição do macaco para o homem,
é isso que somos."*
Konrad Lorenz (1903-1989)

2.1 Proveito recíproco

"Simbiose" é um termo derivado do grego e significa "vida em comum". É um conceito que se aplica tanto na Biologia quanto na Psicologia. É utilizado em diversos contextos e recebe diferentes avaliações.

Como termo técnico, a palavra "simbiose" foi utilizada inicialmente na Biologia. Num congresso de cientistas da natureza e de médicos, realizado em Kassel em 1878, Anton de Bary (1831-1888) propôs pela primeira vez a introdução desse termo para designar uma relação especialmente íntima entre duas espécies de seres vivos. Nesse sentido, simbiose designa a vida em comum de organismos de espécies diferentes que se adaptam reciprocamente para proveito mútuo. Em filmes sobre a natureza essas relações simbióticas, que são úteis para ambos os parceiros, são encenadas de forma impressionante, por exemplo:

- quando uma foca calmamente tolera que uma lagartixa passeie sobre o seu nariz, porque mantém as moscas longe de sua pele;
- quando um crocodilo escancara suas mandíbulas e permite a um passarinho bicar entre seus dentes os restos de sua refeição.

Presume-se hoje em Biologia que a maior parte da biomassa da terra seja constituída por sistemas simbióticos. Cogumelos e plantas, plantas e animais, plantas e seres humanos, seres humanos e animais, micro-organismos e macro-organismos possibilitam-se mutuamente crescimento e desenvolvimento. Os respectivos parceiros de vida associam-se estreitamente em suas atividades e convivem lado a lado ("ectossimbiose") ou um no corpo do outro ("endossimbiose"). Existem numerosos exemplos de formas de vida simbióticas na natureza:

- Animais marinhos, como medusas, corais de fogo e mariscos gigantes, coabitam com algas que lhes fornecem açúcar e amido.
- Na convivência entre os fungos *micorriza* e algumas plantas, ambos se completam mutuamente com suas propriedades. As plantas, por suas raízes, têm a capacidade de retirar do húmus água, substâncias minerais e sais nutritivos. Esses elementos são vitais para elas. Os fungos, devido ao tecido bem mais fino de suas raízes, conseguem retirar mais facilmente da terra as substâncias minerais. Na simbiose com as plantas, os fungos envolvem as raízes das plantas hospedeiras e as ajudam a receber essas substâncias. Em compensação, recebem glicose (amido, carboidratos) que as plantas produzem com a ajuda da clorofila e da luz solar. Isso produz nas plantas o mesmo efeito que a adubação. De resto, o fungo é capaz de bloquear certas substâncias tóxicas, à semelhança do que fazem os antibióticos no homem. Ambos esses efeitos fortalecem as plantas, tornando-as mais resistentes. Dessa maneira, ambos os parceiros tiram proveito de sua comunidade de vida.
- As bactérias do estômago e do intestino permitem aos animais ruminantes decompor o alimento vegetal rico em celulose. Por essa razão, podem viver aí e não são combatidas como corpos estranhos pelo sistema imunológico.
- Árvores e arbustos dependem da polinização pelos insetos, os quais, em contrapartida, sugam o néctar.
- Caranguejos-ermitães e anêmonas do mar, formigas e pulgões das folhas criam comunidades de vida para proveito recíproco.

Assim podemos afirmar, de um modo geral, que uma vida promove outra de múltiplas maneiras, e que todos os organismos vivos são mais ou menos interdependentes, pois sobrevivem juntos ou perecem juntos. A simbiose parece ser um princípio básico central da vida e da evolução. O princípio da comunidade de vida de diversas espécies para proveito mútuo, descoberto pela Biologia do século XIX, é apenas a ponta do *iceberg* de uma regularidade muito mais ampla da evolução.

2.2 Caçadores e presas

A relação entre caçadores e presas manifesta-se, no sentido biológico, como o contrário do princípio da simbiose em proveito recíproco, na medida em que um organismo incorpora o outro, destruindo sua vida. Diferentes seres vivos tornam-se dessa maneira competidores extremos pela conservação própria e da espécie. Numerosas espécies chegam a desenvolver a capacidade de exterminar outras espécies, suscitando o risco de destruir com isso as bases da própria existência. Isso porque a subsistência de sua espécie só está assegurada enquanto vigorar a relação entre ela e sua presa. Algumas espécies vivem, em larga escala, à custa de outros seres vivos, a ponto de privá-los da seiva da vida. Na Biologia fala-se então de "parasitas" e de "parasitismo": por exemplo, quando bactérias ou vírus se instalam num corpo e o enfraquecem a ponto de matá-lo.

A relação entre caçador e presa não é, portanto, estática na natureza, mas um equilíbrio sensível e fluido. A concorrência por espaços e recursos vitais é um poderoso motor da evolução natural. Essa concorrência se manifesta tanto entre espécies diversas quanto no interior da mesma espécie. Dentro da mesma espécie acontecem também lutas para determinar quem poderá impor-se melhor em seu grupo ou obter a posição social mais elevada.

A vida em comum, seja numa proximidade amigável ou numa confrontação hostil é considerada, portanto, como o princípio mais fundamental da evolução. A relação de amizade ou de hostilidade entre as espécies estimula a evolução de formas sempre novas de seres vivos e de modos de vida. É como se não devesse haver nenhuma vida se não houvesse uma plenitude de vida e uma multidão de espécies vivas. A natureza viva se desdobra em inúmeras variantes de comunhão ou de confronto. Em qualquer recanto imaginável de nossa terra, uma espécie de seres vivos busca o próprio espaço vital específico. As características de uma espécie também são sempre um reflexo das outras espécies com quem partilha o mesmo espaço vital.

2.3 Concorrência e repartição de trabalho

Ampliando o estrito conceito biológico original de simbiose, definida como "uma comunidade de vida de diferentes espécies para proveito recíproco", podemos também considerar como um fenômeno simbiótico a comunidade de vida de indivíduos da mesma espécie, na medida em que, em suas manifestações de vida, eles dependem existencialmente uns dos outros. Isso respeita, em primeiro lugar, a relação especial entre pais e filhos quando os pais precisam cuidar da prole por algum tempo, para que não morra de fome e sede ou seja devorada por inimigos.

Relações simbióticas especiais também existem quando o indivíduo não é capaz de existir sozinho e quando a diferenciação entre os indivíduos resulta de uma organização pela sobrevivência comum, em termos de repartição de trabalho e de reprodução da espécie.

Como exemplo, pode-se mencionar a sociedade das abelhas com a "rainha", os "zangões" e as "operárias". Pode-se reconhecer aqui, entre outras coisas, que a sobrevivência da espécie tem primazia sobre a sobrevivência do indivíduo. As operárias sacrificam sua capacidade reprodutiva em favor da reprodução da rainha, e os zangões sacrificam sua vida para impedir a entrada de predadores em suas colmeias.

Também nós, seres humanos, por natureza não somos seres solitários. Como indivíduos não somos especialmente fortes ou rápidos, nem temos a segurança do instinto. O que nos torna uma espécie superior de seres vivos é a nossa capacidade de organizar nossa convivência em grupos. A vida em grupo torna-se uma importante vantagem na evolução. Por isso a necessidade de pertencer a um grupo humano é primordial para nós. E quanto maior for um grupo, tanto mais poderá impor-se contra outros grupos. Com isso o tamanho do grupo torna-se uma vantagem decisiva na evolução. Além disso, uma questão essencial é se dentro desses grupos há uma repartição de trabalho vantajosa para todos, ou se prevalecem a concorrência e a espoliação; se os diferentes grupos podem coexistir pacificamente ou se combatem e fazem guerra uns aos outros. Quando contemplamos a história da humanidade, o que prevalece é a guerra. Até agora, em todos os lugares da terra, sempre que se apresentou uma oportunidade, os grupos mais fortes, superiores em número e em tecnologia, submeteram os mais fracos e se apropriaram das pessoas e de seus territórios. Se isso deve continuar assim no futuro ou se sempre precisaremos de guerras para reconhecer que a cooperação é melhor do que a concorrência, isso é algo que depende da capacidade de evolução da inteligência humana.

Em nosso comportamento grupal, somos muito semelhantes a certas espécies animais, como cavalos ou lobos, que vivem em manadas ou alcateias. Os animais gregários pastam ou caçam em conjunto, defendem-se juntos de inimigos externos, fazem pausas comuns para descanso, trocam cuidados na pele, competem por parceiros sexuais, acasalam-se com prazer, criam juntos os filhotes e possuem determinadas posições hierárquicas internas conquistadas em lutas pela primazia. Os filhotes brincam e treinam muito entre si, preparando-se para a vida adulta.

Animais de rebanhos e alcateias precisam ter uma sensibilidade bem desenvolvida para perceber os humores e comportamentos de seus semelhantes. Sua percepção tem, em larga medida, um cunho social, pois é direcionada às modalidades de linguagem corporal, cheiros e sons dos demais. A linguagem corporal manifesta a necessidade de contato ou a disposição de agredir, os cheiros indicam doenças ou a disposição para o acasalamento, as expressões sonoras traduzem a necessidade de aproximação ou provocam medo e tendências de fuga.

Pessoas que convivem com animais úteis ou domésticos sabem entender uma comunicação quando não são possíveis as distinções e refinamentos verbais. Quanto mais "sociais" são algumas espécies, tanto mais complexas se tornam as regras do jogo de simbiose dentro delas. Um de seus recursos essenciais são os sistemas de linguagem, cujo pleno desenvolvimento podemos admirar na espécie humana.

2.4 Emoções primordiais

Quando consideramos as relações simbióticas entre as espécies ou no interior delas pelo aspecto emocional, que nos seres vivos mais evoluídos desempenha um papel cada vez mais importante, elas manifestam basicamente dois tipos de complexos emocionais:

- medo e agressão;
- compaixão e empatia.

Medo e agressão

A capacidade de caçar para incorporar outro organismo baseia-se em excitações emocionais direcionadas ao outro ser. Esses complexos de emoção e ação são denominados agressões. Nesse sentido a agressão serve à sobrevivência da espécie e do indivíduo e está fortemente desenvolvida, de modo especial, nos seres vivos conhecidos como "caçadores". Entretanto, a "presa" também precisa da capacidade de agressão para se defender do caçador da melhor maneira possível.

Por outro lado, isso significa que há uma vivência emocional complementar: o medo. O medo de ser devorado por outras pessoas é um padrão de reação igualmente universal de muitos organismos, extremamente desenvolvido, de modo especial, na relação entre a presa e o caçador, a vítima e o agressor. Agressão e medo são inseparavelmente associados entre si. Todo ser vivo percebe o seu ambiente do ponto de vista do predador e da presa, com sentimentos de medo e agressividade.

No modo de sua imediata autopreservação, os seres vivos reagem aos medos e agressões de um oponente também com medo e agressão. Quem atiça medos colhe agressões. Com isso nasce uma escalada na situação, sendo que medos e agressões se estimulam reciprocamente e tendem para a luta. Se essa escalada não for interrompida, ocorrem disputas de vida ou de morte, com a vitória ou a derrota do indivíduo ou de um grupo.

Compaixão e empatia

A simbiose dentro da mesma espécie e entre espécies diferentes significa também que, pelo menos temporariamente, os impulsos de medo e agressão no indivíduo podem ser reprimidos em favor da conservação da espécie e do grupo com que convive, assim como da conservação dos outros seres vivos que são essenciais para a conservação de si próprio e do grupo. A vida em comum exige ainda que se veja o outro – mesmo que eventualmente ele se mostre agressivo – não apenas como uma presa potencial ou um perigoso caçador, mas como um ser basicamente amigável, possivelmente carente de ajuda.

Essa é uma exigência altamente complexa. Nós chamamos de empatia a capacidade de transportar-se para um outro ser vivo, vendo e sentindo o mundo não somente pelos próprios olhos mas também pelos olhos do outro. Empatia significa, além disso, poder distanciar-se dos pontos de vista, necessidades e interesses próprios, para entender, aceitar e promover os pontos de vista, necessidades e interesses do outro.

No estado de empatia começa uma forma de confronto com os demais seres vivos que é basicamente diferente do estado de medo e agressão. Nesse modo um ser vivo pode até mesmo acalmar os medos e as agressões de um oponente pela compreensão de seus sentimentos e estados interiores. Com isso desfaz-se o medo e relaxa a tensão de ataque no oponente. Existe a possibilidade de que o estado de medo e de agressão no oponente esmoreça e também ele se converta ao modo da empatia. O efeito positivo da empatia é que também ativa o comportamento empático do oponente.

Portanto, existem basicamente dois processos emocionais altamente dinâmicos:

- a escalada do medo e da violência, ou
- a estimulação mútua da empatia.

Analisando-se a situação do ponto de vista da evolução e do desenvolvimento individual, apresentam-se em princípio as seguintes alternativas:

- Desenvolvimento de tamanho, força, dominância e poder individual para apropriar-se de tudo o que for necessário para a própria sobrevivência e da espécie. Isso envolve também ignorar o próprio medo e a própria fraqueza, e tende a levar a uma desenfreada exploração dos medos e fraquezas de outras pessoas. A dominância e o poder podem ser reforçados pela união dos indivíduos da mesma espécie. A espécie inteira torna-se então agressiva e hostil, e não somente põe em risco o seu ambiente, como também os seus membros se tratam mutuamente com agressividade e hostilidade.
- A alternativa a essa atitude é levar em consideração as necessidades de outras pessoas para que eles se comportem da mesma maneira. Esse princípio de reciprocidade no dar e no tomar pode desenvolver-se de tal maneira nos seres vivos grupais, que um indivíduo sinta que a satisfação das necessidades vitais de outras pessoas satisfaz suas próprias necessidades, mesmo que isso exija dele uma boa dose de sacrifício.

Essas duas linhas de desenvolvimento são diferentemente impressas nas diversas espécies de seres vivos. Em cada espécie elas costumam existir simultaneamente na espécie e nos indivíduos. Os progenitores animais comportam-se normalmente muito amorosamente com sua prole, mas em situações de stress pode acontecer que eles devorem suas crias, como acontece com os tupaias, uma espécie de trepadores arborícolas.

Stress

"O aumento da densidade populacional faz aumentar entre os tupaias a duração do stress diário, em virtude de encontros mais frequentes com animais superiores. Quando a duração do stress ultrapassa duas horas e meia nas fêmeas, seu comportamento torna-se anormal: por exemplo, procuram acasalar-se com outras fêmeas. Os animais continuam criando seus filhotes, mas surpreendentemente estes deixam de ser tabus. As fêmeas já não conseguem identificá-los pelo cheiro. Não raramente as crias são devoradas por outros tupaias, às vezes até mesmo pela própria mãe. Quando a densidade populacional aumenta, tornam-se mais frequentes os encontros com animais de espécies mais elevadas, portanto superiores, o que aumenta o medo.

Dessa maneira, as situações estressantes se multiplicam com o aumento da densidade, até que sobrevém um estado de stress permanente. A partir de seis horas diárias de stress sobrevém em pouco tempo a total desarticulação do grupo. Se os animais continuam estressados por mais tempo, eles morrem em poucas semanas. Os animais estressados se angustiam, literalmente a ponto de morrer. Depois de poucos dias machos e fêmeas tornam-se estéreis, apáticos e emagrecem continuamente... "Aquelas que ainda parem perdem o instinto de cuidar das crias, e as mães devoram os recém-nascidos." (Vester, 1991; p. 54 ss.)

Entre os tigres e os leões pode-se observar, por exemplo, que um macho mate a prole de um rival para apoderar-se da fêmea dele.

Fica patente que a capacidade de estabelecer formas empáticas de simbiose é diversamente desenvolvida nas diferentes espécies. A capacidade e a disposição para a empatia podem ser repetidamente obstadas pela irrupção da dinâmica de medo e agressão.

Seres vivos que convivem de perto precisam ter, portanto, uma boa capacidade de percepção mútua. Precisam captar os sinais de agressão e de medo nas outras espécies, bem como as ofertas de empatia. É necessário para a sobrevivência que possam distinguir nas outras espécies, com rapidez e segurança, o amigo e o inimigo, os estados de amizade e de hostilidade.

A empatia não é, portanto, um sentimento puramente humano nem, muito menos, uma invenção humana. Ela pertence aos princípios básicos da vida, assim como o medo e a agressão. A professora Pumla Gobodo-Madikizela, que teve uma importante participação no estabelecimento do Comitê da Verdade e da Reconciliação na África do Sul, expressa isso com estas palavras: "A força da união entre os seres humanos, a identificação com o outro como 'carne da minha carne', simplesmente em razão de sua existência humana, provoca em nós o desejo de salvar outros de seu sofrimento, como se isso fosse uma reação reflexa profundamente ancorada no passado de nossa evolução genética. Nada podemos fazer contra isso. Sentimo-nos atraídos para a empatia, porque existe no outro algo que sentimos como uma parte de nós mesmos, e existe algo em nós que sentimos como parte do outro." (Gobodo-Madikizela, 2003, p. 42).

2.5 Neurônios-espelho e simbiose

À semelhança de outros seres gregários, nós, seres humanos, também somos facilmente contagiados pelos comportamentos e humores dos outros. Basta ir a um estádio de futebol para ver como milhares de pessoas, como se fossem um organismo único, se inflamam juntas, gritam quando outras gritam, exultam quando outras exultam, ou, em caso de derrota de seu time, ficam profundamente abatidas. Depois de uma excitante partida de futebol é difícil deixar esse estado de "contágio emocional" coletivo.

Desde que foram descobertos os chamados "neurônios-espelho", inicialmente em cérebros de símios e depois também em cérebros humanos (Rizzolatti, Fadiga, Fogassi e Gallese, 2002; Rizzolatti, Fadiga e Gallese, 2007), conhecemos pelo menos uma base neurobiológica essencial para essa enorme capacidade de participar emocionalmente da vibração de outros e de poder penetrar intuitivamente no íntimo de outras pessoas. O que nos torna capazes de entender o que se passa com quem está diante de nós não é primariamente a troca de ideias, que sobrevém depois. Percebemos o estado do oponente da mesma forma como vemos, ouvimos, cheiramos e saboreamos outras coisas – portanto, de um modo basicamente espontâneo e inconsciente. Dispomos de uma forma de percepção dos estados exteriores e interiores das outras pessoas. Imitamos em nós, com a ajuda dos neurônios-espelho, as mudanças de seu comportamento e os seus movimentos emocionais. Para isso não é necessário que o outro nos comunique em palavras como se sente, em que pensa ou o que pretende fazer. Os neurônios-espelho nos ajudam a simular em nós uma imagem da outra pessoa. Reconhecemo-nos como seres humanos à medida que nos espelhamos mutuamente. Dessa maneira,

- consegue-se um entendimento melhor do oponente;
- podemos adotar intuitivamente as experiências do outro como se fossem nossas;

- ocorre um amplo intercâmbio de experiências, o que abrevia os processos individuais de aprendizagem;
- temos a possibilidade de conhecer a nós mesmos através do espelho da outra pessoa.

Essa "fusão simbiótica" espontânea com nossos semelhantes é imensamente importante para nós, pois para os seres grupais existe um alto risco de perder o contato com o próprio "rebanho" e isolar-se dele. Os neurônios-espelho podem ser considerados como o correlato neurológico da capacidade de empatia (Bauer, 2005). Perceber, pensar e sentir por empatia, um pressuposto da convivência social, está profundamente arraigado em nossas estruturas cerebrais (Hüther e Krens, 2006).

Também podemos ver isso da seguinte maneira: uma parte importante de nossa percepção e de nossas vivências subjetivas é, em grande escala, inconscientemente simbiótica. Sentimo-nos semelhantes às outras pessoas que observamos e com quem convivemos, sem que o queiramos conscientemente. As diferenças entre nós e as outras pessoas se dissolvem quando atuam os neurônios-espelho. Por exemplo, quando alguém morde um limão fazemos uma careta. Choramos no cinema quando vemos personagens tristes. Espontaneamente caímos com frequência em certos estados em que não estamos em nós, mas totalmente em outras pessoas. Isso pode ser bom para nós quando as outras pessoas estiverem de bom humor, mas pode ser muito prejudicial quando elas estão cheias de medo, raiva, vergonha ou dor. Não somente o contentamento como também a perturbação podem ser altamente contagiosos.

Dessa perspectiva surgem, portanto, estas perguntas: Como conseguiremos, apesar disso, diferenciar-nos? Onde fica, diante dessas tendências de fusão, nossa inconfundível singularidade? Ao que tudo indica, um sentimento de identidade que ultrapasse a referência ao grupo e que apresente uma consciência norteada pelo próprio saber e poder, não é algo natural. Cada um pode verificar como é difícil, dentro de um grupo a que pertence, defender uma opinião divergente e persistir nela, apesar da chuva de críticas. A capacidade de estabelecer limites e diferenciar-se dos outros é provavelmente um produto posterior da evolução. A repartição de nosso cérebro em hemisférios direito e esquerdo pode ter criado a necessária condição orgânica para possibilitar-nos ambas as coisas: vibrar simbioticamente (hemisfério direito) e vivenciar uma identidade própria (hemisfério esquerdo). O fenômeno do autismo revela-nos como a vida fica difícil quando as vibrações não são compartilhadas. Por outro lado, a condição "psicótica" mostra como é impossível viver quando alguém já não consegue diferenciar-se. Quem não conhece a si mesmo, quem não sabe quem é, não pode ter uma compreensão real dos outros. Só pode mostrar uma verdadeira empatia por outras pessoas aquele que desenvolveu uma boa "sim-patia" consigo mesmo.

capítulo 3

SIMBIOSE COMO CONCEITO PSICOLÓGICO

Erich Fromm

Erich Fromm (1900-1980) introduziu o conceito de simbiose na literatura psicológica. Ele define simbiose da seguinte maneira: "Chama-se simbiose no sentido psicológico a união de um eu individual com outro, em que ambos perdem a integridade do próprio eu e um fica dependente do outro" (Fromm, 1941, p. 157). Na concepção de Fromm, o que condiciona a união simbiótica é a necessidade da dissolução do próprio eu na outra pessoa para escapar dos sentimentos de isolamento e impotência. Em decorrência disso, pode acontecer que nas famílias os pais devorem simbioticamente os filhos, e também que os filhos devorem os pais.

Na mitologia nazista do sangue e da terra, Fromm vê a permanência incestuosa da simbiose primordial com a mãe. "Por simbiose incestuosa entendo a tendência de permanecer vinculado à mãe e às figuras que a representam – o sangue, a família, a raça – para fugir da carga da responsabilidade, da liberdade e da consciência, e para receber proteção e amor num abrigo de segurança e dependência. Isso cada um paga com o fim de seu próprio desenvolvimento humano" (Fromm, 1999, p. 594). No contexto do sadismo e do masoquismo, a fusão simbiótica de duas pessoas encontra, na visão de Fromm, suas configurações sexuais perversas.

Margret Mahler

A compreensão da simbiose foi largamente influenciada entre os anos 1950 e 1970 por Margret Mahler e suas colaboradoras. Margret Mahler, nascida na Áustria em 1897 e falecida em Nova York em 1985, foi psicanalista e coordenadora de pesquisa no Master Children's Center em Nova York, onde realizou, em conjunto com suas colaboradoras, pesquisas intensivas de observação da relação entre a mãe e a criança. Ela tentou fundamentar empiricamente suas concepções básicas sobre a evolução infantil, na psicanálise freudiana.

Margret Mahler não utiliza o conceito de simbiose no sentido biológico original: "A denominação 'simbiose' apresenta nesse contexto uma metáfora. Contrariamente ao conceito biológico de simbiose, ela não descreve o que realmente se passa entre dois indivíduos separados (...). O termo foi escolhido para descrever aquele estado de indiferenciação, de fusão com a mãe, em que o 'eu' ainda não se distingue do 'não eu', e em que vai sendo percebida aos poucos a diferença entre o interior e o exterior" (Mahler, 1998, p. 14s.).

Segundo a teoria evolutiva de Margret Mahler, logo após o seu nascimento o bebê vive num estado de total separação do mundo e de defesa contra os estímulos externos. Esse estado ela denomina "autismo primário". Apenas a partir do segundo mês de vida rompe-se essa "casca autista" do bebê, que se abre para o seu ambiente e entra na fase simbiótica. "A marca essencial da simbiose é a onipotente fusão somático-psíquica com a imagem da mãe, de caráter alucinatório e ilusório, e principalmente a sensação, igualmente ilusória, de que indivíduos separados têm limites comuns" (*op. cit.*, p. 15). O bebê incorpora sua mãe a si de um modo quase psíquico, sente-se como se fosse a mãe, e sente-a como se fosse ela própria.

Essa fase se estende, na concepção de Mahler, até o quinto mês de vida. Nessa fase inicial de vida, a mãe funciona como um "eu auxiliar" da criança, uma fase de transição para o desenvolvimento do próprio eu da criança. Quanto mais condições têm o bebê para desprender-se de sua mãe, por exemplo, quanto mais consegue afastar-se dela com as próprias forças, tanto mais ele busca a sua individuação e tanto mais vai se tornando um eu.

Esse processo do amadurecimento do eu da criança e de sua liberação psíquica precisa do apoio da mãe: "Quanto mais a simbiose da mãe, sua 'prontidão emocional' se aproxima da condição ideal, quanto mais essa parceira simbiótica ajuda a criança a sair sem atritos e paulatinamente do círculo simbiótico – isto é, sem um excessivo comprometimento de suas próprias fontes de ajuda – tanto mais aparelhada fica a criança para liberar e diferenciar sua própria imagem das imagens de sua fusão com o objeto, que até então estavam misturadas entre si" (*op. cit.*, p. 24).

A teoria da individuação em Mahler envolve a ideia de uma progressiva liberação: um movimento de afastar-se da mãe e uma subsequente reaproximação. Depois de deixar a fase simbiótica até os 18 meses de vida, a criança já não dá uma atenção especial à mãe, porque passa a considerar a presença dela como natural. Só então começa uma confrontação ativa com a mãe: "A temporária e relativa ausência de atenção à mãe é pouco a pouco substituída por um comportamento de aproximação ativa num nível mais elevado. À medida que a criança fica consciente do seu poder e de sua capacidade de afastar-se da mãe, parece ter maior necessidade e desejo de que sua mãe partilhe com ela todas as aquisições novas de habilidade e experiência" (*op. cit.*, p 31).

Nessa fase de reaproximação a criança se adapta extremamente aos desejos e às necessidades da mãe para obter a sua aprovação. Daí nasce o risco de que também incorpore fortemente em si traços problemáticos do caráter da mãe. Citando o exemplo do menino Jay escreve Mahler: "A formação inicial da identidade de Jay aos 30 meses de idade mostrava – como num espelho deformado – os comportamentos maternos não integrados e seus traços de personalidade esquizoide" (*op. cit.*, p 31).

Os distúrbios na transição da fase simbiótica para a individuação podem mesmo, na concepção de Mahler, provocar na criança uma psicose, que é uma das modalidades mais graves de doença psíquica. Nesse caso, a criança permanece imobilizada em sua fantasia simbiótica de onipotência: "O distúrbio básico na psicose infantil é, portanto, a falta ou insuficiência de utilização da parceria materna pela criança durante a fase simbiótica, e a subsequente incapacidade de interiorizar a imagem do objeto materno no sentido da polarização. Sem essa polarização o eu da criança não se desprende da fusão simbiótica com o objeto parcial nem se livra da desorientação resultante. Em suma, o cerne da psicose reside no defeito ou na falta da individuação" (Mahler, 1998, p. 38).

As concepções desenvolvidas por Margret Mahler para a simbiose são em muitos aspectos muito valiosas. Elas focalizam a atenção nestas perguntas: Como se desenvolve o "eu" de uma pessoa? Que passos percorre esse processo psíquico? Mahler chama também a atenção para a importância do corpo nessa formação do eu, e para o fato de que a consciência de si se baseia na sensação do corpo e no "esquema corporal". Margret Mahler também reconheceu o risco de que a criança e a mãe não consigam desprender-se uma da outra e fiquem fixadas em sua mútua relação. Essa construção teórica psicanalítica ressalta também a importância do pai para ajudar a criança a desprender-se da dualidade simbiótica (a "díade") com a mãe por meio da "triangulação" entre a mãe, o pai e a criança.

Martin Dornes

As concepções básicas de Margret Mahler sobre a fase autista e a fase simbiótica foram contestadas pela pesquisa intensiva e sofisticada sobre bebês realizada entre 1970 e 1990. Gravações em filmes mostram que o bebê, desde o início de sua interação com a mãe, não é de forma alguma meramente passivo. "Muitas interações são conduzidas pelo bebê; seu transcurso é controlado e regulado por ele, e também o término é manejado com extrema sutileza por ambos os parceiros. ... A múltipla atividade que regula a interação, juntamente com as faculdades cognitivas descritas, sugere que se encare com ceticismo a concepção da simbiose com suas conotações de ilimitação, indiferenciação, fusão e receptividade" (Dornes, 1996, p. 61).

Martin Dornes também contesta que um bebê já disponha de fantasias, como se pressupõe na definição da fase simbiótica por Mahler. "Praticamente todos os pesquisadores, de modo explícito ou implícito, concordam que nos primeiros 18 meses de vida não existem fantasias.... A característica central da simbiose – 'uma onipotente fusão somático-psíquica com a mãe, de caráter alucinatório e ilusório – (Mahler et. al., 1980, p. 63s.) e principalmente a imagem ilusória de um limite comum aos dois indivíduos, que na realidade são separados' é, por conseguinte, uma hipótese bastante improvável. É preciso duvidar disso, tanto mais que nessa citação não apenas se afirma que o bebê simbiótico não consegue distinguir entre si mesmo e o objeto, mas também se supõe que ele crie uma imagem desse ser indistinguível e nebuloso. Apesar de sua competência, o bebê seguramente não tem a capacidade de criar essa imagem" (Dornes, 1996, p. 70).

Segundo Dornes, distúrbios de evolução nos bebês acontecem principalmente quando as mães projetam suas fantasias sobre a criança, embora os limites entre a mãe e a criança permaneçam. Para isso Dornes apresenta o seguinte exemplo: "Uma mãe e uma criança brincam juntas. Sempre que a criança fica contente, ergue os braços e sorri para a mãe, esta lhe responde sem vivacidade. A intensidade da reação da mãe não corresponde à intensidade do comportamento e da emoção da criança. Os pesquisadores perguntaram à mãe se ela tinha reparado nisso. Depois de alguma reflexão, ela respondeu que estava vagamente consciente disso, mas receava que, se correspondesse à situação afetiva da criança, esta não se esforçaria mais, perderia a iniciativa e se fixaria excessivamente na mãe. No prosseguimento da conversa ficou mais claro por que incomodava a mãe a possibilidade de que a iniciativa pudesse retornar para ela. Já se cansara dessa experiência com seu marido! Era sempre ela que precisava decidir tudo: se iam sair ou não, se teriam ou não relações sexuais etc. Ela não queria que o filho ficasse igual ao pai" (Dornes, 1996, p. 157s.).

Com respeito ao conceito de *attunement* (sintonização) de Daniel Stern (1985), a psicanálise moderna explica que as condições da mãe e seus estados emocionais são inconscientemente transmitidos à criança e por ela entendidos sem o uso de palavras. Dessa maneira, no exemplo mencionado acima, a mãe obteria de seu filho, com toda a probabilidade, exatamente o contrário do que pretendia: "Suas respostas fracas, pelo receio de que a criança perdesse a iniciativa, poderiam causar essa perda, caso a criança tivesse a impressão de que a mãe não compartilhava o seu entusiasmo" (*op. cit.*, p. 158).

Reflexões ulteriores

As mencionadas concepções psicológicas não fazem a devida justiça à grande importância da simbiose como um princípio evolutivo que tem uma importância fundamental para a nossa existência humana e nossa vida em comunidade. A concepção de Erich Fromm apresenta uma conotação negativa que não realça suficientemente os aspectos positivos da simbiose. A concepção de Margret Mahler reduz o alcance da simbiose a uma fase de transição no desenvolvimento inicial do eu da criança, e faz sobre a vida psíquica do bebê suposições parcialmente contestáveis. Assim, entre outras coisas, o conceito de autismo é utilizado de uma forma que absolutamente não corresponde ao estado atual da pesquisa sobre o assunto (Bölte, 2009). Essas suposições são justificadamente contestadas a partir dos conhecimentos da moderna pesquisa sobre os bebês, com a afirmação de que a criança desde o seu nascimento participa da condução das interações com sua mãe e pode diferenciar-se. Stern e Dornes reconhecem que o bebê tem uma vontade de viver independente de sua mãe. O olhar para o "bebê competente" facilmente esquece, em minha opinião, que o desenvolvimento psíquico da criança depende do estado de ânimo de seus pais. Como a criança depende de sua mãe, ela forçosamente estará aberta ao que lhe vier da mãe. A criança não consegue fechar-se à mãe, mesmo quando daí lhe sobrevenha algo negativo.

Dessa maneira, o processo simbiótico já começa, do meu ponto de vista, durante a gravidez. Não somente o que a mãe come, o fato de beber ou fumar, mas todos os seus estados emocionais se gravam também como padrões de sentimento no organismo infantil e moldam sua estrutura psíquica básica. Uma criança no ventre materno já está no mundo. Uma criança cuja vinda alegrou os pais cresce num ambiente emocional totalmente diferente de uma outra que não foi desejada. Os medos e a dor que ficaram gravados no corpo materno se reproduzem, desde a gravidez, nas sensíveis estruturas do corpo da criança. Por isso algumas crianças já chegam ao mundo cheias de medo. Por causa desse medo agarram-se à sua mãe; dificilmente conseguem estar sós e ganhar autonomia.

"O vulcão"

A família F. chega para uma sessão de terapia com sua filha de 13 anos. Birgit tem um bom desenvolvimento físico para sua idade, porém dá a impressão de ser ainda muito infantil em seu comportamento. Desconfiada e retraída, ela aguarda o que virá contra ela. A primeira coisa é uma série de queixas do pai e da mãe: que ela não respeita nenhuma regra ou combinação e que é uma criança terrivelmente difícil. Isso foi assim desde o nascimento, explica a mãe. Birgit nunca podia ficar sozinha, sempre se agarrava à mãe. Tinha em si a energia de um vulcão que sempre irrompia quando a deixavam só. Com 5 anos ainda não se podia deixá-la com os avós por alguns dias, tão grande era o seu apego à mãe. Movida pelas recriminações, Birgit começa a defender-se, e depois de uma discussão agressiva com os pais prorrompe num choro copioso. É um soluço que brota profundamente de seu interior e se parece com o soluço de uma criancinha. Intervenho e pergunto à mãe as circunstâncias da gravidez e do nascimento de Birgit. Ela conta que a gravidez foi muito difícil para ela, principalmente porque naquela época seu pai ficou muito doente de repente e os médicos diagnosticaram que lhe restavam apenas poucos meses de vida. Esses prognósticos mergulharam a filha em medo e pânico, tanto mais que se sentia muito mais ligada ao pai que à mãe. O parto também não foi livre de problemas, e a mãe teve muito medo de que a filha não nascesse sadia. Enquanto a mãe contava esta história, Birgit a ouvia com muita atenção. Ao falar da morte do pai, a mãe começou também a chorar. Toda a situação foi ficando menos tensa, e durante a sessão foi possível falar mais dos sentimentos de cada um dos presentes do que de medidas educacionais e regras de comportamento.

Do meu ponto de vista, a literatura psicológica não ressalta suficientemente que a simbiose, do ponto de vista da criança, também significa que ela ama tanto os pais que quer ajudá-los com todas as forças quando percebe suas necessidades psíquicas. Isso porque a criança precisa de pais psiquicamente estáveis.

Em minha opinião, tanto Mahler quanto Dornes reduzem excessivamente o tema da simbiose ao seu desenvolvimento na primeira infância após o nascimento. Eles desconsideram o fato de que nós, seres humanos, passamos toda a vida em alguma forma de simbiose com outras pessoas.

Por essa razão, podemos considerar a simbiose, sob o aspecto psicológico, como uma fase de transição na evolução do eu, mas podemos também encará-la como um permanente desafio sobre a forma como nos entenderemos com nossos semelhantes e com os outros seres vivos no planeta Terra, e como esse entrelaçamento de relações de vida ficará registrado na psique dos indivíduos. O conceito de "simbiose" descreve:

- uma realidade exterior (as formas diversamente estreitas de entrelaçamento recíproco de situações de vida em seres vivos da mesma espécie ou de espécies diferentes);
- uma realidade interior (a medida variável em que esses entrelaçamentos se imprimem na vivência e no comportamento dos seres vivos individuais).

Penso que nós, seres humanos, basicamente vivemos sempre em alguma forma de simbiose, ou em várias formas de simbiose. Quando investigamos o decurso de vida de alguém, devemos levar em conta as seguintes formas de simbiose:

- simbiose com a mãe;
- simbiose com o pai;
- simbiose com os irmãos;
- simbiose com outros parentes;
- simbiose com toda a família, a parentela ou o clã;
- simbiose com não parentes, por exemplo, amigos de mesma idade, outros amigos, pessoas tomadas como modelos;
- simbiose com seres vivos não humanos (cavalos, cães, gatos, plantas etc.);
- simbiose com grupos fora da família (turmas, colegas, clubes, comunidades religiosas e espirituais, organizações, empresas, nações);

- simbiose com parceiros;
- simbiose com os próprios filhos.

Cada uma dessas formas de simbiose tem suas próprias regras e modalidades e deve ser especialmente analisada. Como a simbiose entre a mãe e a criança, e entre o pai e a criança constitui a base de todas as demais formas simbióticas de convivência e é central para a situação terapêutica, darei principal atenção a ela neste livro. As demais formas de simbiose serão tratadas resumidamente. Cada uma delas requer, no fundo, um estudo especial.

A questão decisiva, portanto, não é *se* vivemos simbioticamente mas *como* o fazemos, em que fases da vida determinadas formas de simbiose são necessárias e convenientes, e a partir de que momento elas já prestaram o seu serviço. Além do mais, é essencial questionar se as diversas formas de simbiose são antes destrutivas ou construtivas para o indivíduo e também para todo o grupo.

A partir desses pressupostos, o conceito de "simbiose" mantém uma relação de tensão como conceito de "indivíduo independente e autônomo" no contexto das relações individuais, grupais e de coletividades maiores. Outras perguntas são as seguintes: Que medida de "eu" é suficiente e necessária no contexto de um "nós"? Como o "eu" pode e deve diferenciar-se do "nós"? O que acontece quando o "eu" se diferencia de modo insuficiente ou demasiado de um "nós" que condiciona sua vida? O que acontece quando a diferenciação do "eu" não é permitida pelo "nós", e quando o "nós" tenta apoderar-se totalmente do "eu"? E, finalmente, faz-se também a pergunta: Em que medida somos conscientes de todos esses processos?

capítulo 4

O QUE É AUTONOMIA?

Já foi mencionado que nós, como seres biológicos gregários, temos como que radicada em nossos genes a empatia com nossos semelhantes. Mencionei também como pode ser perigoso para o indivíduo isolar-se de seu rebanho ou ser expulso por ele. O apego simbiótico dos bebês e das crianças pequenas a seus pais é uma necessidade imperiosa para assegurar a própria sobrevivência.

De onde provém, contudo, a igualmente inelutável necessidade humana de autonomia e singularidade? Por que buscamos a nossa "identidade" e a realização de nossas capacidades especiais? Por que nos orgulhamos das nossas decisões? Por que lutamos por independência e liberdade? Por que a "autodeterminação" e a "responsabilidade por si mesmo" são nobres princípios éticos que nas nações esclarecidas chegam a ter o *status* de direitos constitucionais? O que significa realmente autonomia?

4.1 Massa ou singularidade?

Os vírus, as bactérias, o plâncton e muitas plantas multiplicam-se por meio da divisão e da germinação, isto é, produzem incessantemente cópias ("clones") de si mesmos. Esses processos não geram singularidades. O lema aqui é a massa, não a classe.

Somente com a "invenção" da reprodução sexuada no contexto da evolução é que explode a diferenciação no interior da espécie. Com isso configuram-se diferenças básicas entre indivíduos da mesma espécie:

- diferenças entre machos e fêmeas quanto à constituição física, à maneira de perceber o ambiente, ao processamento das informações e à realização da vida;
- diferenças entre os indivíduos mais velhos, pertencentes à geração dos pais, e os jovens, os filhos;
- finalmente, diferenças entre os vivos e os mortos, porque só no regime da reprodução sexuada existem indivíduos que, em razão de suas características pessoais, fazem falta quando morrem.

Por intermédio da reprodução sexuada e da combinação original do material genético de dois indivíduos nasce um novo corpo, e o fenômeno da singularidade torna-se o distintivo básico de um ser vivo. A reprodução e a criação da prole unem de uma forma profunda os seres envolvidos, fazendo com que se tornem únicos, um para o outro:

- os machos e as respectivas fêmeas;
- os pais, para seus filhos, e
- os filhos, para os seus pais.

Da subjetividade dos membros da mesma espécie, que se desenvolve a partir da forma sexuada da reprodução, nasce neles progressivamente a necessidade de não serem confundidos. Cada indivíduo tem a necessidade e a vontade de distinguir-se dos outros para ter, no contexto da reprodução sexuada, melhores oportunidades de sobreviver e reproduzir-se, tornando-se um membro inconfundível dentro de sua comunidade de reprodução e de sobrevivência. Nesse processo, a singularidade torna-se, cada vez mais, uma característica essencial dos seres grupais que se reproduzem sexualmente. Nasce até mesmo uma concorrência pela singularidade, o que acelera o processo da individualização.

No que se refere a nós, seres humanos, isso significa que toda criança, para desenvolver-se como um indivíduo, depende de ser percebida e acolhida por sua mãe como um ser especial. O amor da mãe pela criança precisa ser pessoal, isto é, dirigir-se precisamente para essa criança. Ela não é uma criança qualquer, mas uma criança que tem o seu próprio nome. Nenhuma criança é substituível por outra, nenhuma mãe por outra. Quando ocorrem essas tentativas de substituição, o desenvolvimento da pessoa é sensivelmente perturbado.

Também para o pai a criança é insubstituível. Ser considerada pelo pai e pela mãe como especial, é a base da sensação da criança de ser única, uma sensação que evolui e que se mantém e desenvolve no contato com outras pessoas. Daí resulta um esforço fundamental de cada pessoa para distinguir-se das outras em sua aparência, em suas capacidades e em suas ações, pela beleza, pela inteligência ou pela força. A partir daí desenvolvem-se variadas estratégias de distinção entre os irmãos, em mulheres e homens, e até mesmo em pessoas idosas, para demonstrar as respectivas características especiais. Com isso se configuram no nível psíquico, no decurso da evolução humana, as necessidades básicas de individualidade, singularidade, superioridade e independência. A identidade individual torna-se uma meta do desenvolvimento pessoal durante toda a vida.

4.2 Desenvolvimento da individualidade e da subjetividade

A base da individualidade é a psique que se desenvolve com a idade. Podemos representar a psique humana como constituída por três estratos:

- Envolve sensações corporais e reações reflexas inconscientes a estímulos do ambiente.
- Cria estados emocionais e atividades baseadas nos sentimentos interiores.
- Produz processos mentais de pensamentos e ações planejadas, dirigidas a objetivos.

A função da psique é criar uma união harmoniosa entre o mundo exterior e o mundo interior do indivíduo. Para tal fim, é preciso que o espelhamento do mundo exterior no mundo interior faça sentido para o indivíduo. Além disso, os diferentes processos no mundo interior de um indivíduo precisam relacionar-se entre si de modo coerente. Por exemplo, a sensação de dor resultante do contato da mão com um fósforo aceso, necessariamente desencadeia um sinal de medo no nível emocional e possibilita uma ação conveniente para retirar a mão do fogo. Dessa experiência dolorosa deve tirar-se a conclusão de adotar medidas preventivas para não voltar a queimar os dedos com fósforos. A psique precisa igualmente capacitar o indivíduo a distinguir entre o exterior e o interior.

 Um papel importante no desenvolvimento da individualidade humana é desempenhado pelos sentimentos, que possibilitam a vivência subjetiva do respectivo ambiente. Estímulos exteriores e respostas emocionais interiores precisam ajustar-se bem. Quem não consegue uma resposta emocional adequada ao ambiente e eventualmente mostra-se apático diante de um perigo iminente, dissocia-se da realidade externa. Se, pelo contrário, manifesta uma excessiva reação emocional a estímulos externos, sua realidade interior mostra-se incompatível com a realidade externa. Quem reage a uma pequena perturbação com um acesso de fúria assenta-se sobre um monte de problemas emocionais que não diminuem com as mudanças da realidade externa. Um distúrbio psíquico pode ser considerado como a ausência de uma relação emocional harmoniosa entre o mundo interior e o mundo exterior de alguém.

Quando se represa o livre fluxo das emoções, perde-se o contato com o mundo exterior e consigo mesmo. Proibições e ordens que tentam manipular a vida emocional sepultam a capacidade de tomar decisões autônomas na vida. Quando uma criança é sistematicamente desencorajada pelos adultos a manifestar suas emoções de medo, raiva ou vergonha, fica em risco o desenvolvimento de sua autonomia. Quem reprime os próprios sentimentos sepulta o núcleo de seu ser. Homens sem sentimentos deixam de ser sujeitos e tornam-se objetos.

4.3 Liberdade de dependências

O desejo de autonomia e de maior liberdade pessoal nasce da condição de dependência. A experiência da dependência é elementar para todo ser humano em sua infância. Quando existe um saudável desenvolvimento psíquico, a necessidade de autonomia ganha uma importância crescente. No processo de desenvolvimento pessoal existem várias possibilidades de aumentar a consciência de si como um indivíduo autônomo:

- capacidade de fazer algo com o próprio corpo (por exemplo, aprender a engatinhar, a sentar, a andar);
- alegrar-se com uma nova aprendizagem (por exemplo, a falar, ler, cantar, compor);
- aprender a dizer não;
- escolher conscientemente outras pessoas para "companheiras de jogo" na própria vida (por exemplo, amigos, parceiros);
- controlar pessoalmente os alimentos e víveres para as próprias necessidades (por exemplo, cultivando frutas e legumes, ganhando o próprio sustento);

- pensar de modo autônomo e formar os próprios juízos sem depender de opiniões alheias;
- realizar os próprios projetos (de profissão, viagens, casamento, construção de casa, constituição de família etc.).

As liberdades ambicionadas não são tomadas como algo absoluto pelas pessoas que tenham uma saudável estrutura psíquica básica. O que importa não são os caprichos pessoais, a falta de consideração pelas necessidades alheias, o enriquecimento à custa de outros ou a realização das próprias fantasias narcisistas. Alcançar uma independência maior leva geralmente a assumir maiores obrigações sociais. Os contextos da independência mudam constantemente no decurso da vida, mas dentro de cada novo contexto permanece para cada pessoa o desafio de preservar para si condições de autonomia e abrir novas oportunidades de liberdade. Presumivelmente o indivíduo só considerará satisfatório o balanço de sua vida quando tiver a sensação de que aproveitou as oportunidades de liberdade que lhe foram oferecidas e tomou suas próprias decisões importantes na vida. Nesse particular, ainda me ressoam aos ouvidos as queixas de minha avó, de que não pôde casar-se com o homem que realmente amava e desposou outro por quem não sentia amor. Apesar de tudo mais que ela empreendeu, sua vida terminou em amargura.

4.4 Liberdade exterior e liberdade interior

As evoluções políticas mostram como todos os homens lutam pela liberdade. No século XIX, muitos deixaram a velha Europa e suas estruturas feudais de dependência e partiram para mundos novos (Estados Unidos, Canadá, Austrália, Nova Zelândia), levando na bagagem o desejo por mais liberdades pessoais. Nos novos países criaram instituições políticas que reconhecem aos indivíduos maior autonomia pessoal, limitando e controlando a intervenção do Estado sobre cada "súdito", que agora passa a ser chamado de "cidadão".

Em tais processos históricos, entretanto, não se pode esquecer que a liberdade dos emigrantes europeus se fez à custa dos primeiros habitantes desses países e continentes – sejam "índios", "aborígines" ou maoris –, que foram frequentemente espoliados, sem contemplação, de todas as bases materiais de sua vida e de suas liberdades pessoais. Da mesma forma, a emancipação dos imigrantes brancos europeus não significou, na mesma escala, a emancipação de todos os homens; pelo contrário, foi então que cresceu o tráfico de escravos entre a África, a Europa e os novos mundos. Também para as mulheres e crianças brancas as bênçãos das novas liberdades políticas e econômicas foram muito menos sensíveis do que para os homens brancos. Para estes, por sua vez, as imposições políticas foram progressivamente substituídas pelas econômicas.

Por mais importantes que sejam as estruturas sociais e políticas que asseguram ao indivíduo, em determinada medida, autonomia e liberdades, protegendo-o da monopolização simbiótica pelos interesses do poder, elas somente proporcionam ao indivíduo maior autonomia pessoal quando existem condições interiores para isso. Quem carece de liberdade interior pretenderá, sempre que as circunstâncias externas forem favoráveis, criar suas próprias imposições e submeter outras pessoas a situações de coerção e relações de dependência. Quem não é psiquicamente livre cria em torno de si estruturas de dependência. Em contraposição, quem é interiormente livre consegue preservar uma certa autonomia, mesmo em condições externas de coação. Não cederá sem resistência à pressão das expectativas alheias e buscará oportunidades para satisfazer suas próprias necessidades de individualidade e autonomia.

4.5 A construção do eu

Como seres humanos, precisamos de outras pessoas e elas precisam de nós. Entretanto, por trás dessa necessidade recíproca esconde-se também o risco da fixação simbiótica e da monopolização recíproca, a tal ponto que já não restem espaços livres exteriores ou interiores. Repetir constantemente às crianças que elas são dependentes, carentes e incapazes é algo extremamente tóxico para a alma delas. É o que revelam as seguintes frases:

- "Seja grato porque você existe e porque eu o gerei."
- "Enquanto você estiver em minha casa...."
- "Você é muito burro, jamais vai aprender isto!"
- "Se você não se comportar vamos colocá-lo num internato!"
- "Por sua causa ainda me matarei!"

De mais a mais, as crianças percebem diariamente suas próprias deficiências e dependências. O que elas precisam receber dos adultos é principalmente estímulo e apoio para fazer as coisas por si mesmas, olhar o mundo pelos próprios olhos e confiar nos próprios sentimentos. Os adultos precisam mostrar-lhes o caminho para se tornarem mais autônomas e responsáveis por si.

No que diz respeito à evolução psicológica, a construção de um "eu" inconfundível consegue-se por meio de um oponente que seja identificado por sua estatura firme e constante. A presença desse oponente permite à criança definir a si mesma como diferente dele. No confronto com o outro eu, a criança aprende a perceber-se como diferente dele. Com isso ela entende: "Não sou minha mãe, meu pai, minha irmã; sou diferente deles."

Quando, porém, as principais pessoas de referência não sabem quem são e não se conhecem, não podem ser percebidas como pessoas pela criança que cresce. Com isso fica muito difícil, ou mesmo impossível para a criança diferenciar-se delas para desenvolver o próprio eu. O mais importante é que as pessoas que não sabem quem são frequentemente dão aos outros falsas informações de retorno. Pode acontecer que uma pessoa seja confrontada com mensagens sobre como ela é, que em absoluto não têm nada a ver com ela, porque a outra pessoa projeta sobre ela suas cargas pessoais mal digeridas. Como a criança não percebe esses mecanismos projetivos de defesa dos adultos, ela adota essa visão falsa de si mesma e deixa de confiar nos próprios instintos, impulsos, sentimentos e pensamentos.

Existem diversos resultados de pesquisas de psicologia evolutiva que descrevem, passo a passo, o desenvolvimento da criança nos primeiros meses e anos de vida (Spitz, 2005; Stern, 2007; Sander, 2009). Admite-se hoje que a criança inicialmente se descobre na interação com outras pessoas, e então progressivamente desenvolve uma consciência de identidade relativamente às suas próprias ações: "Em suma, na origem de uma explícita percepção de si poderia haver uma capacidade prematura de contemplar e repetir ações para investigar seus efeitos. Tal capacidade ultrapassaria a percepção física imediata de si mesmo que o bebê experimenta, desde o seu nascimento, na interação com objetos corporais e com as pessoas. Suponho que esse processo contribua para uma precoce objetivação de si mesmo, que evolui até tornar-se, na metade do segundo ano de vida, uma explícita ideia de si" (Rochat, 2008, p. 261s.).

Quando as crianças se tornam adolescentes, precisam, em certa medida, de um mundo que seja "livre de pais e de adultos", para que, baseados nos próprios sucessos e fracassos, aprendam a reconhecer por si mesmas o que elas podem e o que não podem fazer, quem elas são e quem não são (Kasten, 1999). Simultaneamente apoiar *e* soltar – é nisso que consiste a arte refinada dos esforços educacionais dos pais durante a puberdade (Rogge, 2009).

Na fase da adolescência, que antecede imediatamente a maturidade sexual, as pessoas elaboram suas próprias concepções de valores e buscam algo que dê um sentido pessoal à vida delas. Tentam substituir por atitudes interiores, numa certa medida, o apoio externo que até então receberam da família, da escola ou do círculo de amigos (Holderegger, 2010).

Também os adultos, nas relações simbióticas duradouras (parcerias, relações de trabalho, amizades) que eles retomam em maior número após a fase da descoberta de si, necessitam ter áreas de interesse pessoal que não partilhem com outras pessoas. Não devemos dissolver-nos em "nossa família", "nossa firma", "nosso partido", "nosso clube" ou "nossa pátria" – em caso contrário, não seremos nós mesmos mas apenas escravos das exigências familiares ou das máquinas de enriquecimento, funcionários de partidos, fanáticos sem visão ou nacionalistas obstinados. As pessoas que exaltam o serviço que prestam ao "grande todo" são justamente aquelas em cujo desprendimento muitas vezes não se pode confiar. Disfarçadamente usam suas posições de poder para eximir-se de olhar para si mesmas e levar adiante o próprio desenvolvimento (Gruen, 2009).

4.6 A falsa autonomia

Pelas pesquisas sobre vinculação, sabemos que crianças vinculadas com insegurança e ênfase preventiva carecem de base emocional para confiar em seus pais. Com isso são interiormente muito estressadas e consequentemente se retraem. Isso provoca prematuramente a sua autonomia. Preocupam-se muito consigo mesmas e aprendem mais depressa que outras crianças a emancipar-se dos adultos. Preferem renunciar às oportunidades de receber apoio e restringem suas necessidades à medida das próprias possibilidades. Dificilmente aceitam ajuda externa, pois temem ser monopolizadas pelos outros e sobrecarregadas pelos sentimentos deles.

Na terminologia psicanalítica fala-se de "personalidades esquizoides", que sentem desconforto quando entram numa relação mais próxima com outras pessoas. Por trás dessa atitude existe a experiência da criança com pais traumatizados, que com seus comportamentos imprevisíveis lhe transmitem insegurança. A criança deseja estar perto dos pais, mas simultaneamente percebe a carência interior deles e fica estressada. A frase "Quero ser amada" sai dificilmente dos lábios de pessoas inseguras de sua vinculação, pois elas têm medo de se entregar à outra pessoa e mergulhar no sofrimento dela.

Dessa maneira, as necessidades simbióticas permanecem insatisfeitas e precisam ser interiormente reprimidas e compartimentadas. As tentativas de compensação por meio de realizações (intelectuais) e de um comportamento social bem adaptado, na intenção de obter, se não o amor, pelo menos o reconhecimento dos pais e de outras pessoas, geralmente não obtêm êxito, pois os sucessos tendem a suscitar a inveja alheia e aumentar o questionamento sobre a sua já fraca autoestima. Devido ao seu distanciamento pessoal e às suas inibições, as pessoas inseguras em sua vinculação não conseguem manifestar suas carências a outras pessoas nem conseguir seu envolvimento emocional. A frustração e a decepção daí resultantes reforçam sua desconfiança e sua convicção de que precisaram obter tudo apenas com as próprias forças.

A convicção de que não precisam de ninguém associa-se com frequência ao hábito de achar que os outros são fracos, carentes e dependentes delas. Assim, apesar de sua tendência ao retraimento social, essas pessoas iniciam e mantêm muitas relações enredadas.

A desconfiança em relação a propostas concretas de relacionamento pode associar-se a uma grande facilidade de acreditar em promessas de salvação, seja na política, na vida econômica ou em assuntos de saúde. Afirmações e promessas de líderes, mentores de opinião, curandeiros ou "gurus" muito distantes dessas pessoas ou evadidos da realidade são aceitas prontamente e sem crítica como verdades e sabedoria de vida.

Outra modalidade de falsa autonomia dessas pessoas consiste em executar tudo o que os outros exigem delas, como se o tivessem querido por sua própria vontade. Como o próprio núcleo interior está cindido, é fácil conformar-se com tudo e até mesmo alegrar-se quando os outros dizem o que se deve fazer.

4.7 A verdadeira autonomia

Autonomia, um substantivo derivado do grego, significa "ser para si a sua própria lei". A verdadeira autonomia significa não precisar submeter-se a ninguém e ser capaz de seguir os próprios padrões interiores.

Nos sistemas de relações que se baseiam principalmente em dependências e subordinação, é muito difícil desenvolver essa forma de autonomia e afirmar "a sua própria lei", contra as múltiplas cobranças e resistências de outras pessoas. Frequentemente o indivíduo é fraco demais para afirmar-se contra aqueles que dispõem de muito mais poder e meios de coerção do que ele. Assim, a autonomia do indivíduo encontra nas posições de poder dos outros limites para a realização de seus desejos. Inversamente, sua autonomia coloca claros limites às reivindicações de poder por parte de outros.

A tentação de abandonar-se às próprias necessidades de dependência e suprimento, delegando a outras pessoas a responsabilidade sobre sua vida é forte em muitas pessoas. Muitas vezes parece ser mais simples e confortável deixar que outras pessoas decidam sobre o que se deve fazer ou deixar de fazer, e ocultar-se na massa.

Há pessoas que, em decorrência de experiências desagradáveis no passado, não estão interiormente em condições de aproveitar as oportunidades que lhes são oferecidas para aumentar a sua autonomia. Quem ainda sofre a dor de feridas antigas está aprisionado em si mesmo e não tem liberdade interior.

A verdadeira autonomia consiste, pelo contrário, em poder dizer um "sim" incondicional a si mesmo e à realidade de sua própria vida e assumir a plena responsabilidade por ela, seja o que for que lhe tenha acontecido. A vida pessoal não consiste, portanto, em "viver como se" ou em "representar um papel". Não é algo que vai começar "mais tarde" ou "propriamente", mas consiste em "sou assim", "assim é" e, por sinal, "aqui e agora".

Isso também implica reconhecer que as circunstâncias da vida de cada um e as pessoas a quem está ligado frequentemente não são tais que lhes possa dizer um "sim" sem reservas. À medida que não pode mudá-las, é preciso que procure distanciar-se de seu ambiente e das outras pessoas, para que não precise negar e trair suas próprias concepções, seus sentimentos e suas necessidades. Em caso contrário, existe o risco de dividir-se interiormente e levar uma vida dupla. A verdadeira autonomia precisa ser reconstruída dia a dia.

Em resumo, quando visualizamos a relação entre simbiose e autonomia, oferecem-se duas alternativas: de um lado, a simbiose construtiva e a verdadeira autonomia; de outro lado, a simbiose destrutiva e a falsa autonomia. Quem adquiriu um certo grau de autonomia pode conviver construtivamente com outras pessoas. Quem, ao contrário, é carente, dividido e insatisfeito em seu interior, tende a submeter-se a outras pessoas, ou então a sentir-se superior e tentar conseguir poder sobre elas.

capítulo 5

FORMAS CONSTRUTIVAS E DESTRUTIVAS DE SIMBIOSE

"Fomos ensinados a identificar liberdade com desobediência."
Arno Gruen (nascido em 1923)

A partir do que foi dito até aqui, julgo correto distinguir basicamente duas formas de simbiose:

- a simbiose construtiva, e
- a simbiose destrutiva.

Na Biologia chamaríamos uma simbiose positiva de "mutualismo" e uma simbiose negativa, de "parasitismo". O que se entende concretamente por simbiose construtiva e simbiose destrutiva no nível da convivência humana e dos processos psíquicos?

5.1 Formas construtivas de simbiose

Uma simbiose construtiva traz proveito a todos os envolvidos. Ela estimula o desenvolvimento de cada um à medida que isso for necessário na respectiva fase de seu desenvolvimento no nível corporal, emocional, mental e prático.

- Depende da idade e do desenvolvimento da criança o que ela precisa receber de seus pais e o que pode fazer por eles. No início de sua vida ela só pode existir. Isso constitui para pais psiquicamente saudáveis uma

fonte de alegria suficiente. Mais tarde as crianças também podem contribuir de forma conveniente e útil à vida familiar.
- Depende das circunstâncias especiais a medida de amor e de apoio que uma mulher precisa receber do marido, e quanta dedicação emocional e ajuda prática um homem precisa receber da esposa. Numa parceria construtiva é possível expressar e viver tanto as necessidades simbióticas de amor, fidelidade e sustento, quanto os desejos de liberdade.
- No todo maior, um Estado "saudável" apresenta condições e contextos em que os cidadãos podem satisfazer suas necessidades pessoais, profissionais e culturais. Cidadãos que sejam apoiados pelo Estado em suas necessidades de segurança e liberdade dispõem-se de boa vontade a dar sua contribuição para o bem comum.
- Numa economia saudável, todos os participantes se beneficiam igualmente dos rendimentos da economia e contribuem com o seu trabalho para criar os produtos necessários e as coisas belas da vida em quantidade suficiente para todos.

Numa simbiose construtiva é importante que todos os envolvidos tenham a sensação de que se procede com equidade. Isso significa que o dar e o receber estão em equilíbrio. O que é recebido precisa ser devidamente compensado, seja por meio de coisas materiais, da prestação e contraprestação de serviços, de pagamentos em dinheiro, ou ainda com os sentimentos positivos resultantes ou com a gratidão. Uma pessoa psiquicamente saudável que por um longo tempo dê mais do que recebe em troca, em determinado momento se sente explorada. Igualmente quem recebeu demais não se sente à vontade e fica com a consciência pesada. Antecipações podem ser aceitas quando se prevê que serão posteriormente retribuídas.

Numa simbiose construtiva coexistem egoísmo e altruísmo. Faço algo por outras pessoas porque sua saúde, seu bem-estar e o fato de se tornarem mais prudentes e sensatos também me trazem proveito. Quando o outro se alegra eu também me alegro. Quando o outro está tranquilo, eu também fico em paz. Quando faço o bem a outras pessoas crio também um ambiente positivo para minha própria vida.

As relações simbióticas construtivas baseiam-se numa forma saudável de *amor*. Dizer claramente a uma pessoa que a ama ou não, faz parte do amor saudável. Esse amor vê o outro como ele é. Alegra-se com ele, com suas qualidades e seu desenvolvimento. Não espera uma retribuição especial por esse amor e fica feliz com o que lhe é espontaneamente retribuído em forma de amor. O amor saudável está associado a uma sexualidade saudável, não precisa de ameaças ou de manipulações encobertas para relacionar-se sexualmente com outras pessoas, e não lhes causa danos físicos ou psíquicos. Numa forma saudável de sexualidade os processos físicos, emocionais e mentais atuam juntos e sem contradições.

Um *medo* saudável tem seu lugar nas simbioses construtivas. Tanto o medo por si próprio, quanto o medo pela vida, saúde e bem-estar de outras pessoas, tem o direito de manifestar-se. Esse medo é concreto, limitado e justificado, e serve a todos como um sinal de alarme para reconhecer perigos e reagir adequadamente a eles.

Numa simbiose construtiva existe uma forma saudável de *raiva*. A raiva saudável não condena ninguém em bloco mas manifesta seu desagrado por determinados atos ou manifestações. A raiva saudável focaliza coisas concretas e não generaliza. Tem em vista conseguir mudanças concretas. Numa relação saudável respeita-se a raiva do outro como uma possibilidade de expressar que algo não está certo na relação. Essa raiva pode ser utilizada para trabalhar no aperfeiçoamento dessa relação. Uma raiva que ajude a traçar limites saudáveis promove a união num novo nível, no qual a relação poderá então desenvolver-se.

Da mesma forma, *sentimentos de tristeza* e *dor* são claramente exteriorizados nas simbioses construtivas. É saudável manifestar tristeza às outras pessoas por ocasião de perdas dolorosas, separações e morte. Existe uma dor saudável e salutar que pode estar presente com toda a sua veemência nas relações simbióticas construtivas. Da mesma forma, é natural que nas relações construtivas haja uma participação adequada na tristeza e na dor de outras pessoas.

Numa relação saudável, quem incorreu numa *culpa* assume a responsabilidade pelo fato e procura oferecer uma compensação a quem ele fez sofrer com o seu comportamento errado. Numa relação simbiótica construtiva, quando se fez mal a alguém, o ofendido se dispõe a perdoar quando sabe que o ofensor reconheceu a sua injustiça, tenta oferecer uma compensação, eventualmente aceita uma sanção e no futuro abandona tais ações.

Finalmente, numa relação simbiótica construtiva são respeitados os *limites de pudor* de todos os envolvidos. Ninguém é exposto em razão de suas experiências, erros ou deficiências. Não obstante, temas difíceis e mesmo íntimos são discutidos de forma adequada. Por princípio não existem tabus, proibições de falar ou ordens de silêncio.

Pertence também à essência da simbiose construtiva a disposição de dissolvê-la quando chega a hora de terminar uma relação de dependência que se tornou excessivamente estreita e limitadora.

- Um filho deixa a casa de seus pais quando já aprendeu o suficiente para sustentar-se.
- Um casal separa-se quando já não existe para ambos um futuro comum.
- Organizações e instituições se dissolvem quando já cumpriram sua missão.
- Um Estado não se aferra por princípio à própria independência. Dissolve-se numa comunidade mais ampla ou divide-se em unidades menores independentes quando isso trouxer maior vantagem para todos.

A simbiose construtiva gera um sentimento harmonioso de participação e união. Cada um pode ver o outro como ele realmente é, com todas as suas boas e más experiências de vida, com seus pontos fortes e também com suas fraquezas. Os pais, por exemplo, não escondem dos filhos suas experiências negativas com o propósito de exibir-lhes uma bela imagem de si mesmos. Da mesma forma, não transfiguram o mundo com imagens idealizadas. Também as crianças podem ver o mundo como ele é, com seus lados bonitos e seus lados feios. Numa simbiose construtiva não se procura proteger o outro de todos os conflitos e problemas possíveis, nem tecer um casulo simbiótico onde todos se envolvam reciprocamente em algodão. Isso conduz a uma estagnação no desenvolvimento e um mau despertar no dia em que o casulo se desfizer.

Estagnação simbiótica

Robert cresceu como filho único, bem protegido por seus pais. Não teve problemas escolares, concluiu seus estudos superiores com muito empenho e ingressou em sua vida profissional com muita vontade de trabalhar. Rapidamente galgou alguns degraus da carreira numa grande empresa, inclusive porque encontrou um chefe paternal que o estimulou e apoiou como seus pais haviam feito. Embora já tivesse entrado na casa dos 30 anos, Robert ainda não estava seriamente interessado em relacionar-se com uma mulher. Tinha seus pais e isso lhe bastava.

Mas então sobreveio um inesperado fim. Seu pai morreu de repente e Robert mergulhou numa grave crise emocional. Procurou uma clínica psiquiátrica e passou a tomar psicotrópicos. Quando o seu empregador soube disso e o seu antigo chefe paternal foi aposentado, Robert foi demitido. Com isso se quebrou para ele, depois do pai, seu segundo apoio simbiótico. Isso lhe tirou ainda mais o chão debaixo dos pés.

Ao longo desse caminho doloroso, Robert finalmente reconheceu em sua psicoterapia que seus pais tinham tentado criar junto com ele um mundo familiar sadio, no qual queriam esquecer o próprio passado. Tanto o pai quanto a mãe estavam traumatizados e enredados nos traumas de seus próprios pais. O avô paterno combatera na linha de frente na Segunda Guerra Mundial, e a avó materna entregara duas crianças à adoção. Como seus pais queriam protegê-lo das más experiências pelas quais eles próprios tiveram de passar quando crianças, Robert não amadureceu psiquicamente.

Simbioses construtivas possibilitam processos de mudança e evolução. Elas deixam aos envolvidos as necessárias liberdades para tomar as próprias decisões, cometer os próprios erros, aprender com eles e experimentar novos caminhos.

Isso não significa que tais processos de mudança transcorram sem medos, agressões ou conflitos. Entretanto, os conflitos de dissolução e de substituição, que inevitavelmente surgem, podem ser suportados com a atitude de encontrar uma boa solução para todos os envolvidos. No final, não devem existir vencedores nem vencidos.

Na separação de um casal, por exemplo, faz uma grande diferença se ela é encarada, desde o princípio, como uma infidelidade e uma traição, ou se é vista como um resultado possível de processos de desenvolvimento e de metas de vida que se tornaram inconciliáveis. No nível político, por exemplo, a dissolução de uma comunidade de Estado – como aconteceu no caso da República Tcheca e da Eslováquia – pode ser vista como uma conversão à independência, não como traição nacional e separatismo.

> A simbiose construtiva não nega as dependências recíprocas. Aceita-as como um dado que acontece necessariamente nas diferentes fases de uma relação entre pais e filhos, dentro de uma família ou de uma organização econômica ou política. Os mais fracos podem confiar em que serão apoiados pelos mais fortes. Essa confiança que lhes mostram é justificada. O indivíduo conhece a razão pela qual o melhor para ele nesse momento é ajustar-se e dar sua contribuição ao sucesso do todo. Existem expectativas realistas de que a conjugação dos esforços produzirá frutos e que as pessoas juntas chegarão a um ponto em que se poderá buscar uma nova forma de convivência, baseada numa independência maior.

Existem numerosas formas de simbiose construtiva. Elas incluem não somente formas de relacionamento de longa duração mas também breves encontros, por exemplo, quando nos divertimos, trabalhamos, dançamos, festejamos ou choramos juntos. Nos seminários em grupos com constelações de traumas, tenho vivenciado com muita frequência como uma alegria compartilhada ou uma dor compartilhada une todos os presentes, independentemente das diferenças de idade, sexo, profissão ou nacionalidade. As pessoas que fazem suas constelações geralmente ficam muito gratas aos representantes por terem entrado em seus problemas, e os representantes ficam felizes porque foram escolhidos para representar seus papéis, e pela experiência especial que tiveram.

5.2 Formas destrutivas de simbiose

Penso que as modalidades básicas de simbiose destrutiva podem ser associadas às seguintes fórmulas:

- "Você precisa ser do jeito como eu preciso de você", com os efeitos de preponderância, dominação, opressão, sadismo, destruição ou talvez mesmo assassinato da outra pessoa.
- "Eu sou do jeito como você precisa de mim", com as consequências de conformismo, renúncia a si mesmo, submissão, depressão, masoquismo e suicídio.

Formas destrutivas de simbiose existem em múltiplas variantes. Elas são, em parte, o resultado de dependências anteriores, como a de uma criança em relação a pais traumatizados, ou de vinculações anteriores, como ter nascido num Estado fascista, totalitário ou ditatorial. As relações simbióticas destrutivas são também parcialmente escolhidas, como acontece nas parcerias, na formação de grupos ou na livre associação a clubes ou organizações. Às vezes alguém ingressa numa relação simbiótica destrutiva porque a necessidade aparentemente não lhe oferece outra opção. Isso acontece, por exemplo, quando alguém, pela necessidade de ganhar dinheiro, executa serviços enfadonhos, insalubres ou prejudiciais a outras pessoas.

Você deve existir para mim

No lema "Você deve existir para mim" da simbiose destrutiva, alguém mais forte se utiliza de alguém mais fraco. Os mais fortes podem ser:

- os pais, em relação aos filhos;
- o parceiro mais forte sob o aspecto físico, psíquico ou mental, em relação ao mais fraco;
- o abastado, em relação ao pobre;
- o político poderoso, em relação ao súdito desamparado.

Simbioses destrutivas podem ser relações de exploração material (salários baixos, ausência de proteção no trabalho e na saúde, excesso de horas de trabalho, férias insuficientes ou inexistentes), bem como procedimentos de manipulação emocional. Ambos os casos podem ocorrer simultaneamente: por exemplo, quando um chefe submete uma colaboradora a um assédio sexual e ela consente para não perder o emprego.

Nas simbioses destrutivas os mais fortes não têm uma real percepção dos mais fracos, não podem nem querem reconhecê-los como seres humanos, com seus interesses e necessidades. Em vez disso, tentam perscrutar os outros com o intuito de manipulá-los para os seus próprios fins. Recusam-se a entender o que se passa com o outro. Interpretam erradamente as suas intenções, distorcem-nas ou projetam nele uma outra pessoa. Os mais fortes desrespeitam os limites dos mais fracos e não compreendem que precisam ter uma vida própria. Não têm a menor consideração por aquilo de que o outro realmente precisa para sentir-se bem e desenvolver-se. O mais fraco tem que comportar-se do jeito como o deseja o mais forte.

Por essa razão, nas simbioses destrutivas ocorrem constantes agressões para impedir a dissolução das relações de dependência. Os mais fortes submetem os dependentes a uma forte pressão. Inculcam-lhes o medo de que sozinhos não conseguirão sobreviver. Pintam-lhes cenários de horror quando eles querem escapar da dependência. Instilam-lhes sentimentos de culpa quando não se conformam com as exigências dos mais fortes. São ridicularizados e criticados em público, como forma de quebrar a sua resistência.

Quando não basta o recurso à pressão emocional, eles são forçados, com aberta violência, a permanecer num sistema de relações que mais os prejudica do que lhes ajuda, e a não evadir-se dele. Os oprimidos chegam a ser responsabilizados pelos mais fortes pela pretensa necessidade de recorrerem à violência: "Se o espanco e castigo, é só para o seu bem!" Esta é uma forma muito apreciada de distorção da verdade em relacionamentos simbióticos destrutivos. As agressões são apresentadas como expressão de amor e cuidado, algo que muitas crianças criadas em orfanatos experimentam amargamente no corpo. Em tais relações os mais fortes não se compadecem da necessidade e dos sofrimentos dos mais fracos. Numa simbiose destrutiva aceita-se, como preço a pagar, a traumatização ou mesmo, se for necessária, a morte do outro.

Nas simbioses destrutivas raramente se declaram as reais intenções dos poderosos. Eventualmente eles as disfarçam sob a capa de um pretenso interesse comum, para explorar em proveito próprio a confiança, a empatia ou até mesmo o amor dos outros.

Redes criminosas

Vanessa foi por tanto tempo assediada por um professor com declarações de amor que acabou entregando-se sexualmente a ele. Desde então ele fazia a ela exigências cada vez maiores, e finalmente ofereceu-a a "amigos" para sessões de sexo grupal. Como se revelou na terapia de Vanessa, ela havia penetrado numa rede organizada de criminosos sexuais e seu professor fora pago para convencê-la a participar do sexo grupal.

Exemplos de elaboração ideológica nos sistemas simbióticos destrutivos são falsas demonstrações de amor, a lenda da "família decente" ou a lenda de uma finalidade nacional que pretensamente promove o bem de todos. Em vez de uma comunidade concreta, são invocadas ideias abstratas de uma "totalidade maior" e de valores comuns destituídos de conteúdo. Essas ideias são propaladas com zelo missionário pelos poderosos e por seus ajudantes, em favor de uma "totalidade superior", pretensamente mais elevada. Com isso pretende-se forjar um sentimento de "nós" que mascara as reais diferenças de interesse e de poder. Trata-se, portanto, de um ilusório sentimento de comunidade.

Nas simbioses destrutivas os perpetradores gozam com frequência de mais consideração social do que suas vítimas. O bom nome da família, da instituição, da empresa ou do país pesa mais do que os sofrimentos das vítimas. O avô dado a abusos é tido na família como intocável, apesar de seus atos vergonhosos, enquanto suas vítimas terminam até mesmo em clínicas psiquiátricas. Também os traços criminosos de grandes líderes nacionais do século passado são apagados de muitas maneiras. Chefes de Estado como Stalin ou Mao, que respondem pela morte de milhões de seres humanos, ainda são venerados como heróis por muita gente em seus países. E na própria Alemanha, lamentavelmente, ainda existem pessoas que encaram o exterminador em massa Adolf Hitler como um grande líder e salvador. O radicalismo da direita, apesar da loucura pela qual foi historicamente responsável, continua tendo seus adeptos, enredados com ele numa relação simbiótica.

Em relações simbióticas destrutivas existe sempre manipulação. Há belos discursos sobre pretensas semelhanças entre os que ocupam posições sociais de mais poder e os que dependem deles. Existem proibições e castigos quando alguém ousa destruir a bela aparência de uma convivência harmoniosa.

Se em determinado momento todo o projeto fracassa, no cômputo final os poderosos de antes recusam-se a assumir sua responsabilidade. Da melhor maneira que podem, eximem-se dela e lançam a culpa em outras pessoas ou nas próprias vítimas, em seu lugar. Isso, porém, nem sempre funciona. Muitas vezes os que eram superiores e os mais fracos permanecem atados uns aos outros por toda a sua vida, continuando a coexistir num enredamento simbiótico. A necessidade dos traumatizados atinge de volta os que os traumatizaram, prendendo uns aos outros. Um exemplo disso é a criança maltratada que não amadurece e continua por toda a vida precisando de ajuda e dependendo de sua família. Outro exemplo é o de pessoas politicamente oprimidas e espoliadas em antigas colônias que lutam para entrar em nações originalmente capitalistas e imperialistas, em busca de asilo e de trabalho.

O conceito de "enredamento simbiótico", que utilizamos aqui, significa portanto, em termos gerais, a ligação destrutiva entre duas ou mais pessoas que permanecem em situação de mútua dependência. Não conseguem manter uma relação harmoniosa e produtiva, nem são capazes de desprender-se. Durante toda a vida lutam e combatem entre si como ofensores e vítimas.

Eu existo para você

Os mais fracos e inferiorizados podem permanecer atados durante toda a vida ao padrão "Eu existo para você" da simbiose destrutiva. Acreditam piamente nas falsas promessas dos socialmente mais poderosos. Dedicam-lhes uma confiança ilimitada e tentam achar desculpas para quase todo mal que deles recebem. Procuram até mesmo manifestar compreensão pelas necessidades de seus torturadores e opressores. Estão sempre prontos a ouvir as necessidades dos poderosos e não conseguem recusar-lhes nada, assumindo de boa vontade dependências ainda maiores. Julgam que os pensamentos dos poderosos são mais fortes do que os seus próprios pensamentos. Encobrem e sufocam os próprios sentimentos. As pessoas submissas consideram os poderosos como pessoas mais importantes do que elas.

Num enredamento simbiótico destrutivo imposto por coação, a vítima adota os pontos de vista e os juízos avaliadores do perpetrador: "A culpa é minha se sou tão maltratado." A voz que despreza, acusa e condena ressoa na mente da vítima, de onde lhe transmite ordens, mesmo na ausência do dominador. Num enredamento simbiótico em que existe dependência econômica, o explorado adota as preocupações do explorador. No domínio da política, o súdito adota os preconceitos dos poderosos sobre os seus inimigos.

Os mais fracos procuram sobreviver recorrendo a uma adaptação forçada. A partir de certo momento não conseguem dizer não ou recusar alguma exigência. Renunciam à própria vontade e à esperança de algum dia se libertarem das algemas do mais forte. Alguns esperam receber na outra vida o pagamento por sua perpétua renúncia. A partir do que sofreram num sistema destrutivo de relações, muitas vezes eles se tornam terapeutas de pessoas ainda mais fracas e necessitadas e ajudam, à sua maneira, a manter vivo o sistema destrutivo em sua totalidade. Por trás disso está minha observação de que pessoas traumatizadas frequentemente assumem profissões de ajuda, mas com isso muitas vezes se espoliam sem mudar alguma coisa na situação das pessoas traumatizadas que querem ajudar. Mas com seu engajamento elas estabilizam o sistema total.

Sadismo materno e masoquismo infantil

Mônica foi, desde o princípio, rejeitada por sua mãe. Sobreviveu a uma tentativa de aborto. Quando ainda era uma criança pequena, foi violentada por seu pai e por seus irmãos mais velhos. A mãe a humilhava e torturava sadicamente. A criança não podia fazer nada certo e era sempre culpada por tudo. Proibiam-lhe tudo o que pode alegrar uma criança. Em vez disso, obrigavam-na a renunciar e a rezar.

Mônica não se revoltava contra isso. Seu medo era muito mais forte que sua raiva. Esforçava-se ao máximo para não cometer erros e até uma idade avançada esperou conseguir o amor de sua mãe e um lugar na família. Seguiu a profissão de enfermeira de crianças. Mesmo depois da morte de seus pais ela se torturava, perguntando-se por que sua mãe a tratara assim e não lhe tivera amor. Sua raiva voltava-se exclusivamente contra si mesma.

Para uma vítima, o auge da renúncia a si mesma consiste em acreditar que ela tem prazer em ser torturada pelo perpetrador, e que é normal participar de atos loucos.

Prazer em ser louco?
> Uma mulher que em sua infância fora durante muitos anos sexualmente maltratada pelo pai com o conhecimento da mãe, foi progressivamente reconhecendo como ela justificava em criança aquela situação sem saída: "Até agora tive o sentimento de que era má e perversa por não gostar disso, e de que deveria esforçar-me mais para sentir prazer quando meu pai me machucava. Então criei a ilusão de que sentia prazer quando ele me torturava. Em algum momento eu mesma acreditei que queria isso mesmo e que simplesmente estava louca por causa dessa relação íntima com meu pai."

Sentimentos destrutivos

Nas simbioses destrutivas todos os sentimentos são destrutivos, inclusive os amorosos. O *amor* num enredamento simbiótico causa doença porque se amarra ao outro, pretende possuí-lo, rivaliza com ele, coloca-o sob pressão, faz chantagem e espera do outro o que ele só pode satisfazer contrariando as necessidades e os interesses próprios. Esse amor é uma ilusão, pois não vê o outro como ele realmente é, mas constrói uma imagem dele de acordo com a própria necessidade e o próprio desejo. As ilusões do amor podem exacerbar-se até o delírio amoroso quando alguém se apega à imagem amorosa do outro, embora seja claramente rejeitado e esteja ferido no corpo e na alma.

Numa simbiose destrutiva a *raiva* também carece de alvo e de limites. Ela quer destruir outras pessoas e simultaneamente a si mesmo. O homem que num ato de vingança fuzila sua ex-mulher sabe que com isso está destruindo também a própria vida. Por isso os envolvidos numa simbiose destrutiva procuram constantemente reprimir sua raiva ou a direcionam contra pessoas alheias a essa relação. Essa raiva, porém, quando liberada, volta-se totalmente contra o parceiro da relação, cujos lados positivos já não são reconhecidos. Julga-se que o dano e a destruição do outro são o único meio de livrar-se dessa relação opressiva. Enquanto numa raiva saudável é possível permanecer consigo mesmo e com as próprias necessidades, a raiva nascida de um enredamento simbiótico deixa a pessoa totalmente fora de si. Ela fica totalmente fora de controle à medida que deixa crescer essa raiva, que não conduz ao esclarecimento de conflitos mas apenas aumenta a destruição.

Por trás dessa raiva esconde-se uma grande dor reprimida. Como uma pessoa numa relação de enredamento simbiótico não pode e não quer encarar a própria dor, ela tem necessidade de ver outras pessoas sofrerem. Essa é a causa do contentamento pelo dano alheio, do desejo de vingança e do sadismo.

Nas simbioses destrutivas, *medos* muito profundos estão sempre presentes, embora sejam negados. Exteriormente cria-se uma aparência de força e de invulnerabilidade. Erigem-se tabus, proíbem-se determinados temas que aumentam o medo, a raiva, a dor ou a vergonha. A respeitabilidade, a piedade e o tradicionalismo são as fachadas que escondem o jogo das simbioses destrutivas.

Numa simbiose destrutiva, quem está do lado dos poderosos é pressionado pelo medo e pela *vergonha* para evitar cair do outro lado. Quanto mais submisso se mostra o lado oposto, tanto mais crescem nos poderosos esses sentimentos de medo e vergonha, e tanto maiores são a sua rejeição e o seu desprezo pelos subordinados, pois temem tornar-se iguais a eles.

Os subordinados, pelo contrário, admiram os poderosos e secretamente desejariam ser como eles. Em seus sonhos dourados retratam os poderosos como as pessoas mais felizes da terra.

Se o pretensamente destituído de importância percebesse que o "cheio de importância" só o é porque ele lhe atribui essa condição, várias relações desabariam como um castelo de cartas.

Ausência de identidade

Nas relações simbióticas destrutivas, tanto os mais fortes quanto os mais fracos, tanto os perpetradores quanto as vítimas são incapazes de responder à pergunta: "Quem sou eu?" Algumas pessoas manifestam, por muitos sintomas, que sofrem de confusão e perda de identidade. Eles se olham no espelho uns dos outros, sem resolver com isso o seu problema de identidade. O resultado final, de ambos os lados, é uma subjetividade vazia, sem consistência pessoal. Um lado luta por poder e pela superioridade, o outro submete-se, e ninguém sabe para que serve essa peça. A peça destrutiva é representada porque aparentemente é mais fácil de suportar do que a sensação do vazio interior e do nada interior quando os conflitos não são encenados. Por isso, essas encenações destrutivas continuam a ser exibidas, sem perspectiva de um fim.

Repetições intermináveis

Uma mulher assim comenta seus constantes conflitos com seus familiares: "Sei que já experimentei de tudo. Só me resta a opção de ir embora e me distanciar. Mas então os outros ficam temporariamente mais normais e carentes, ou amavelmente interessados. Eu não faria nenhuma objeção se, depois de satisfazer suas necessidades, eu não voltasse a ser completamente desvalorizada ou insaciavelmente devorada por eles. Portanto, sei que preciso distanciar-me completamente e com persistência. Parece, porém, que isso desencadeia em mim o instinto de agarrar e o potencial de criar um pensamento positivo. E quando confronto isso no pensamento, e penosamente lembro que se repete pela milionésima vez, com um insuportável efeito amplificador, preciso distanciar-me e continuar o meu caminho totalmente só e sem família, sem seguro e sem tentar salvar meu filho do naufrágio, porque também estou quase completamente arrasada. Mas então me vem à tona um medo terrível do abandono e da falta de sentido, um estado permanente e indefinível de desespero e um novo stress, muito maior do que aquele que resulta da agressão dos outros. Isso porque disso é possível defender-se, pelo menos na imaginação, e trabalhar em si mesmo. O contrário é sem perspectiva e sem esperança."

A progressão da simbiose

A figura 1 mostra que existe uma progressão entre as formas destrutivas e as formas construtivas de simbiose:

- O polo extremo das simbioses destrutivas é constituído pelo complexo sadomasoquista. O sádico sente prazer em torturar suas vítimas, o masoquista acredita que se satisfaz na sensação do próprio sofrimento. Na esfera política, dominadores cruéis e tirânicos são a expressão do sadismo, enquanto as "massas" entusiásticas aclamando um "líder" são a imagem do masoquismo.
- Na relação entre "senhor" e "servidor" não se trata de tortura explícita mas de obediência incondicional. Isso corresponde a estruturas relacionais tais como "ditador" e "povo" no nível político, e "chefe" e "subordinado" no nível econômico. Os padrões básicos que configuram essas relações são a dominação e a submissão. No nível familiar os pais obrigam os filhos a obedecer sem discutir.
- À medida que a moeda assume, cada vez mais, o papel de aglutinar as relações sociais – o que historicamente assinala a transição entre o sistema feudal e a sociedade burguesa –, torna-se mais premente saber se e como as relações de poder e de dependência são definidas a partir do sistema monetário vigente. Por exemplo, em função do dinheiro as

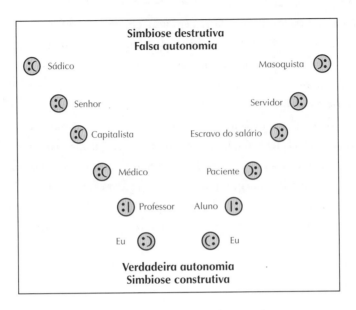

Figura 1: A progressão entre simbioses destrutivas e construtivas

pessoas podem tornar-se vendáveis. Isso se evidencia com muita clareza nos casos extremos de prostituição e de escravidão ao salário.

- As relações entre médico e paciente, professor e aluno, também podem constituir formas destrutivas de simbiose quando o desnível em autoridade, competência e saber é utilizado para criar relações de dependência. Em escolas e orfanatos, muitas crianças e muitos jovens são espancados, humilhados ou sexualmente maltratados por professores, cuidadores ou mesmo por sacerdotes. Para que isso não ocorra, os médicos e outros profissionais da saúde e da área social, tais como psicoterapeutas, educadores e professores (aconselhadores, docentes, padres...) devem ter um cuidado especial em promover a autonomia dos que buscam sua ajuda ou lhes são confiados. Pessoas que desde a infância foram privadas da proximidade e do afeto têm uma necessidade simbiótica extremamente elevada de receber apoio e orientação, dedicação e amor, e podem ser facilmente exploradas por pessoas revestidas de autoridade.

Quem traumatiza outras pessoas, cedo ou tarde sofrerá os efeitos dessa traumatização. Assim, a dissolução das relações simbióticas destrutivas é muito vantajosa para ambos os lados. Para conseguir isso, é preciso que cada um cuide primeiro da própria psique e se pergunte o que o motivou a entrar numa simbiose destrutiva.

Simbioses construtivas começam com a recíproca valorização do outro, com suas habilidades, interesses e realizações. O desnível entre as competências não é utilizado para instituir relações de superioridade e inferioridade, mas para minimizar as diferenças de saber e de capacidade. Isso proporciona, por um lado, proximidade na relação e, por outro lado, um estímulo para aprender e desenvolver-se. Assim a pessoa não precisa esconder-se atrás de papéis preestabelecidos e pode evoluir para tornar-se uma personalidade autônoma.

Talvez possamos resumir isso da seguinte maneira: Existem o mundo da simbiose destrutiva e o mundo da simbiose construtiva, que são regidos por diferentes leis. Se nascemos no mundo da destrutividade, não temos inicialmente outra escolha a não ser adaptar-nos às suas leis. Porém não podemos negar que também existe o mundo da simbiose construtiva. E, como não queremos nos submeter, desprezar e odiar por mais tempo, conseguiremos algum dia passar de um mundo para o outro.

5.3 Construtividade e destrutividade na relação entre pais e filhos

O psicólogo americano Lloyd deMause investigou profundamente a qualidade da relação entre pais e filhos através dos séculos de evolução da humanidade. Verificou que, até os tempos modernos, as crianças estiveram expostas por seus pais a extremos perigos e sobrecargas: "A história da infância é um pesadelo do qual somente agora estamos despertando. Quanto mais recuamos na história, tanto mais deficientes são o cuidado e a preocupação pelas crianças, e tanto maior a probabilidade de serem mortas, expostas, espancadas, torturadas e sexualmente maltratadas" (deMause, 1980, p.12).

DeMause dividiu as modalidades de relações entre pais e filhos em seis períodos históricos:

- **Assassinato de crianças e abuso sexual (antiguidade – século IV d.C.):** Os pais se livram da obrigação de cuidar dos filhos, matando-os. É muito difundida a exploração sexual de crianças.
- **Entrega de crianças (século IV a XIII):** Admite-se que também as crianças possuem uma alma, o que reduz o número de assassinatos.

Mas é comum a entrega de crianças – por exemplo, como pajens, para famílias mais abastadas. Ou então elas são deixadas em casa, num completo isolamento emocional. As crianças eram tidas por más, precisando por isso ser espancadas.

- **Ambivalência (século XIV a XVII):** Os pais sentem um crescente envolvimento emocional com os filhos e cuidam mais deles, mas as crianças continuam sendo alvo das projeções dos pais. Nessa época desenvolve-se a opinião de que se deve formar a criança quanto ao corpo, às emoções, ao espírito e à moral. Atribui-se cada vez mais aos pais, às escolas e aos educadores a tarefa de "formar" ou educar as crianças.
- **Intromissão (século XVIII):** Procura-se penetrar na alma da criança para entender sua mente, seus sentimentos e suas necessidades, com o objetivo de controlar cada vez mais sua raiva, sua sexualidade e sua vontade, recorrendo a ameaças, castigos e indução de sentimentos de culpa (por exemplo, a respeito da masturbação). A criança vai deixando de ser vista como uma ameaça, o que favorece a empatia para com elas. Aparece a medicina infantil que, associada à melhoria dos cuidados dos pais, reduz a mortalidade infantil.
- **Socialização (século XIX – primeira metade do século XX):** À medida que os pais já não projetam tanto nas crianças seus medos, necessidades e ideias, desenvolve-se a ideia e a prática de educá-las, conduzi-las ao caminho certo, adaptá-las e socializá-las. O interesse dos pais pelos filhos já não é apenas eventual, começam a educá-los e às vezes apoiam as mães nos trabalhos domésticos relacionados aos filhos. Nessa fase surgem também a Psicologia e a Sociologia, como ciências que tratam questões da educação e da socialização das crianças.
- **Apoio (a partir da metade do século XX):** Essa forma baseia-se na suposição de que quem melhor conhece a necessidade de uma criança é ela própria. A função dos pais é apoiá-la em seu desenvolvimento natural, em lugar de discipliná-la. Essa maneira de proceder exige dos pais muita energia, muito tempo e disposição para discutir, pois para reconhecer e satisfazer as necessidades da criança precisam colocar-se no lugar dela. Com isso as ajudam a conseguir seus objetivos diários.

DeMause vê o apoio como a melhor forma de relacionamento, para que "as crianças se desenvolvam nesse contexto, sejam cordiais, sinceras e não depressivas, deixem de estar sempre imitando outras pessoas e de orientar-se exclusivamente em função de grupos, tenham uma vontade firme e não se deixem intimidar por autoridades".

5.4 A espiral do crescimento

Resumindo o que foi dito acima, creio que um desenvolvimento humano saudável resulta de que as necessidades de simbiose e de autonomia se estimulem mutuamente, atingindo progressivamente novos patamares de desenvolvimento. Os desejos simbióticos infantis coexistem na criança com seus esforços pela autonomia. Estes últimos permitem à criança ampliar o círculo de suas necessidades de inclusão social, o que, por sua vez, acarreta a necessidade de afirmar sua autonomia dentro dessas novas referências. A oscilação entre as necessidades de simbiose e as de autonomia pode ser entendida como um processo que se desenrola numa espiral, em círculos cada vez maiores (ver Figura 2).

Essa imagem mostra claramente que o processo de desenvolvimento pode deter-se e que uma pessoa em sua evolução pode parar num determinado ponto e não transpor um certo limiar. O crescimento psíquico fica bloqueado quando não há uma estimulação recíproca entre os processos simbióticos e os processos autônomos.

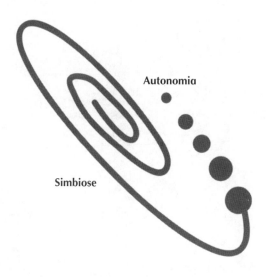

Figura 2: A espiral de crescimento entre simbiose e autonomia

capítulo 6

OS TRAUMAS COMO CAUSAS DE DISTÚRBIOS PSÍQUICOS

6.1 Teoria da vinculação e teoria do trauma

Duas teorias deram-me uma substancial ajuda para entender melhor o que condiciona as numerosas formas de relacionamento humano e os conflitos que as afetam: a teoria da vinculação e a teoria do trauma.

Vinculação e distúrbios da vinculação

A teoria da vinculação, desenvolvida inicialmente por John Bowlby (1911-1990), permite entender as forças psíquicas que vinculam as crianças a seus pais. (Bowlby, 2006 a,b,c). Parece hoje difícil de imaginar o ensino ou a prática da Psicologia ou da Pedagogia sem os conhecimentos da teoria da vinculação. (Schleiffer, 2007; Spangler e Zimmermann, 2009; Weiß, 2008).

Com o conhecimento das forças psíquicas inatas da vinculação pode-se entender como é grande a dependência psíquica das crianças em relação a seus pais. Para o seu desenvolvimento físico, emocional e espiritual elas dependem, para o bem ou para o mal, do amor, da benevolência e dos cuidados de seus pais. Essa extrema dependência se constrói na psique da criança sob a forma de um medo arcaico de perder os seus pais e de um anseio igualmente arcaico pelo seu amor. As crianças querem ser levadas ao colo, aquecidas, alimentadas, olhadas, amadas, consoladas e apoiadas de muitas maneiras por seus pais.

Um resultado inequívoco de pesquisas sobre a relação entre mães e filhos (Grossmann e Grossmann, 2004), afirma que quanto mais estável é a mãe, quanto melhor ela se sente, tanto mais a criança é capaz de cuidar de si mesma. Crianças "seguras de sua vinculação" conseguem conectar-se mais facilmente com o seu ambiente, porque podem prestar menos atenção ao estado de sua mãe. Sabem que ela está presente, também e justamente quando for necessário. Quando estiverem atribuladas poderão buscar a mãe para se relaxarem e reabastecerem emocionalmente. Em contraposição, para as crianças "inseguras de sua vinculação" é muito mais difícil se relacionarem com o seu ambiente, porque uma grande parte de sua atenção se volta para a mãe, que não é bastante estável e confiável para permitir que a criança fique tranquila e a tire do alcance dos olhos por muito tempo. A mãe é para elas uma constante fonte de tensão. Isso as deixa permanentemente estressadas, sem saber como acalmar seus sentimentos desconfortáveis de medo, raiva e dor.

Quando os pais não são capazes de reagir adequadamente ao seu anseio de calor, proteção, apoio, segurança e, sobretudo, de amor, isso significa para a criança uma enorme carência psíquica. Seu desenvolvimento psíquico pode ser gravemente prejudicado desde o início de sua vida se lhe faltam os pais como pessoas amorosas, protetoras, tranquilas e apoiadoras, porque eles:

- estão mortos;
- são fisicamente doentes;
- estão psiquicamente traumatizados, ou
- absolutamente rejeitam a criança e não a querem.

Desde o início de seu desenvolvimento psíquico, a criança fica presa em seus medos e em seus sentimentos de raiva e desespero quando seus pais não estão física ou psiquicamente presentes. Resultados de diversas pesquisas atestam que as perturbações precoces da vinculação entre pais e filhos são a causa de muitas e extensas deficiências no desenvolvimento psíquico dos seres humanos (Brisch, 1999; Brisch e Hellbrügge, 2006; Strauß, 2008). Os distúrbios da vinculação transformam-se em distúrbios psíquicos porque nós, seres humanos, dependemos vitalmente de manter boas relações com nossos semelhantes. As experiências negativas de vinculação e as reações concomitantes de medo e tensão podem gravar-se até mesmo nos mecanismos de ativação da estrutura genética, reproduzindo-se de geração em geração (Fries, 2008). Pais estressados têm filhos estressados.

Trauma

A teoria do stress pode contribuir grandemente para o entendimento dos distúrbios das relações de vinculação. Uma chave ainda melhor para explicar a razão pela qual muitos pais, embora estejam fisicamente presentes, não estão emocionalmente disponíveis para a criança foi-me fornecida pela teoria do trauma em suas diferentes modalidades (Fischer e Riedesser, 2009; Levine, 1998; Herman, 2003; Huber, 2005; Deistler e Vogler, 2005; van der Hart, Nijenhuis e Steele, 2009, entre outros). "Psicotrauma" é um conceito que significa três coisas:

- uma *situação* extremamente ameaçadora e avassaladora para uma pessoa (por exemplo, uma inundação ou um assalto armado);
- a *vivência interior* dessa situação, que começa com uma extrema reação de stress, mobiliza em fração de segundos todas as reações corporais e psíquicas possíveis e em seguida provoca uma brusca interrupção dessas atividades (choque paralisante, enrijecimento etc.), para que não sobrevenha a morte em decorrência da superexcitação de todo o sistema físico e psíquico;
- os *efeitos* de curto, médio e longo prazo, resultantes dessas avalanches interiores e das tentativas de represar a superexcitação.

A essência de uma situação traumática consiste portanto em que a pessoa fica impotente e desamparada em face dos riscos que ela envolve. Por isso a excitação emocional que a reação do stress desencadeia no nível corporal também não conhece limites. O nível interior de excitação não pode baixar porque a ameaça externa tende a aumentar, em vez de diminuir. Então o medo cresce até transformar-se numa angústia mortal.

Numa tentativa de sobreviver a essa vivência traumática, esse processo de abalo é bruscamente bloqueado no nível corporal, e sobrevém a paralisia do choque. No nível psíquico interrompe-se a conexão entre a situação vivida e as reações psíquicas correspondentes. As lembranças do ocorrido são, quanto possível, "obscurecidas". As sensações físicas, os sentimentos e os pensamentos que foram desconectados por esse acontecimento passam a ser vividos como incompreensíveis e sem sentido. Do mesmo modo, os numerosos efeitos que resultam da ruptura da unidade interior não são colocados pela pessoa traumatizada numa relação causal com o acontecimento traumático.

Sem resultados?

    O Sr. T. sofreu há quatro anos um acidente de carro. Sua cabeça foi projetada para a frente contra o volante e o para-brisa, e em seguida projetada para trás, contra o encosto da cabeça. Embora externamente o acidente só lhe tenha causado ferimentos leves, sua cabeça ficou psiquicamente traumatizada, com constantes dores de cabeça, dos olhos e dos ouvidos. Depois do acidente ele não conseguia falar com fluência, pensar corretamente ou exercer sua profissão. Também empobreceu emocionalmente, perdeu os sentimentos pela esposa e pelos filhos e tornou-se cada vez mais angustiado, lastimoso e abatido, chegando a pensar em suicídio.

    Todos os exames médicos imagináveis não comprovaram nenhuma lesão orgânica na cabeça, nos olhos, nos ouvidos ou no cérebro. O Sr. T já estava esgotado pela odisseia de muitos anos com especialistas e laudos médicos.

    A reconstrução da situação do acidente, que realizei com ele, revelou que naquele momento ele teve um medo terrível de que sua cabeça se despedaçasse. Esse medo se fixou em sua mente.

Enquanto um trauma psíquico não for reconhecido como tal pelo envolvido, por seus familiares, pelos médicos e por seus conhecidos, também não poderá ser curado. Isso vale, por exemplo, para as numerosas traumatizações que acontecem em situações de guerra e afetam tanto a população civil quando os soldados. Muitas vezes, os traumas da primeira infância, quando as crianças, por exemplo, ficam internadas por muito tempo num hospital, não são reconhecidos como tais, e as pessoas envolvidas arrastam consigo durante toda a vida os medos que as dividiram naquela situação.

    Entendo concretamente por traumas, por um lado, ambas as suas formas clássicas:

- o *trauma existencial*, no qual se vive a experiência de que a própria vida está em risco, e
- o *trauma de perda*, como consequência da perda súbita ou previsível de uma pessoa com quem se tinha uma profunda ligação emocional.

Existem ainda duas modalidades de traumas que não se relacionam com acontecimentos passados mas apresentam uma condição permanente de impotência e desamparo:

- o *trauma de vinculação*, quando uma pessoa não consegue receber um apoio firme de pessoas a quem está emocionalmente ligada, nem estabelecer um bom contato com elas;
- o *trauma do sistema de vinculação*, significando que num sistema de vinculação a confusão psíquica, a brutalização e a divisão causadas pelo trauma chegaram a tal ponto que não se recua diante da violência física e psíquica, do incesto e até mesmo do assassinato de membros desse sistema de vinculação.

Uma conclusão básica da teoria do trauma é que pessoas que passaram pela experiência de um trauma dificilmente conseguem manter relações saudáveis e desimpedidas com outras pessoas. Por efeito da traumatização elas perderam a conexão interior com elas mesmas e consequentemente a capacidade de entender corretamente o seu mundo exterior. Devido à desconexão de seus sentimentos com o interior e o exterior, deixaram de entender a si mesmas e também já não podem entender suficientemente outras pessoas. Percebem o seu ambiente através do espelho de seu próprio interior, distorcido pela ação do trauma. Esse efeito extremamente negativo da traumatização afeta principalmente as relações de intimidade emocional, principalmente entre pais e filhos e entre parceiros adultos. A vinculação e o trauma estão portanto estreitamente associados (Brisch e Hellbrügge, 2003). O rastro deixado pelo trauma na lembrança de quem o sofreu é sobretudo um medo extremo, que o prejudica na construção de relações saudáveis. Aí as percepções cedem lugar às projeções.

Em consequência, os pais que de algum modo foram afetados por traumas em sua vida muito provavelmente terão muita dificuldade para proporcionar a seus filhos o desenvolvimento de uma vinculação segura. Em lugar dela nascem vínculos inseguros e altamente ambivalentes, em que a busca ansiosa de proximidade se alterna com a tendência de evitá-la e recusar a aproximação. É nessas vinculações inseguras que nascem os enredamentos simbióticos. Com base em minha prática psicoterapêutica de muitos anos, estou convencido de que o processo simbiótico entre a mãe e a criança corre o risco de transformar-se num enredamento simbiótico indissolúvel, principalmente quando a mãe se encontra sob a influência de traumas.

Como essas precoces experiências traumáticas de vinculação se gravam muito profundamente na alma de uma pessoa, no decurso de sua vida elas frequentemente levam a uma repetição do mesmo padrão básico, em associação com a experiência de relações emocionais mais íntimas. Nas relações entre casais repetem-se, via de regra, os padrões perturbadores e conflitantes que se formaram na relação com os pais (Brisch, Grossmann, Grossmann e Köhler, 2002; Ruppert, 2005).

6.2 Um modelo para divisões psíquicas

A ocupação intensiva com as teorias da vinculação e do trauma ajudou-me a entender melhor:

- por que razão existe no nível psíquico essa dificuldade de distinguir claramente entre o que está presente e o que passou;
- por que razão muitas vezes vivências passadas atuam em nós com muito mais força do que aquilo que é vivido imediatamente no aqui e agora.

A causa disso é que as traumatizações são dominadas principalmente por meio de divisões da estrutura psíquica. Com isso fica perdida a unidade interior da pessoa. Parece-me conveniente distinguir aqui entre "dissociações" e "divisão". Uma dissociação pode ser temporária, como pode ocorrer, por exemplo, com um salva-vidas, para poder executar uma intervenção altamente estressante. Já as divisões são permanentes.

Com base em minhas experiências terapêuticas com muitos pacientes traumatizados, proponho um modelo de três fatores para visualizar a divisão de uma estrutura de personalidade após uma experiência traumática (ver Figura 3). De acordo com esse modelo, uma área da psique, que denomino "parte traumatizada", permanece presa à energia, aos medos e às dores da situação traumática, enquanto outra área, a "parte de sobrevivência", procura afastar da consciência a terrível experiência, para sobreviver ao traumatismo e dominar a vida diária com o restante potencial psíquico. Existe, além disso, a "parte saudável", uma estrutura psíquica que se desenvolveu de modo sadio até a experiência traumática, e que pode voltar a ser saudável à medida que for suficientemente grande o afastamento interior em relação ao trauma. Nas figuras apresentadas a seguir encontra-se uma listagem das características que permitem distinguir claramente entre si as partes saudáveis, as partes traumatizadas e as partes de sobrevivência da psique.

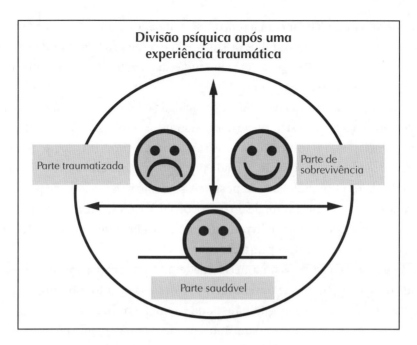

Figura 3: A divisão da personalidade após uma experiência traumática

Partes saudáveis

Do meu ponto de vista, as partes psíquicas saudáveis (ver Figura 4) possuem, entre outras capacidades, a de perceber com grande abertura interior a realidade, tal como ela é e não como se desejaria que fosse, bem ordenada e cuidadosamente arrumada em gavetas. Essas partes podem reviver e expressar moderadamente as sensações vividas na situação traumática, de modo que essas sensações não estejam ausentes de todo nem demasiado presentes. Partes saudáveis podem lembrar-se das sensações mais importantes, inclusive do que foi doloroso ou aterrorizante. Elas não confrontam outras pessoas na base da desconfiança, e são capazes de confiar em outras pessoas porque confiam em si mesmas. Como conhecem suas próprias fraquezas, sabem que as outras pessoas também as possuem. Sabem que pode ser aconselhável a prudência no contato com outras pessoas.

A saúde psíquica se atesta pela capacidade de viver relações emocionais mais profundas. A pessoa pode ter boas relações com outras porque tem um bom contato consigo mesma. Como percebe que perde esse contato quando está numa relação ruim, ela também pode desligar-se dessa relação. As partes psíquicas saudáveis podem lidar com a própria sexualidade de um modo que favoreça as sensações prazerosas de ambos os lados, e que respeite a livre autodeterminação da outra pessoa. Relações sexuais saudáveis acontecem num contexto de intimidade, não, porém, em segredo.

Partes psíquicas saudáveis têm a capacidade de refletir sobre a conveniência dos próprios atos e estão dispostas a assumir a responsabilidade pelas suas consequências. Isso significa que a pessoa não nega a própria culpa se fez mal a alguém, e também não se sente culpada por algo que não causou. A reflexão e a aceitação da responsabilidade são possíveis somente se a vontade da pessoa for capaz de orientar-se pela verdade do que ocorreu. Partes saudáveis admitem que temos uma vontade própria e livre, embora não neguem que somos fortemente influenciados por processos psíquicos inconscientes.

O desejo de clareza é uma necessidade interior das partes saudáveis. Ele resulta da percepção de que os sentimentos e os pensamentos obscuros somente geram mais confusão, o que não ajuda a ninguém. Isso significa, antes de tudo, que a pessoa não mente para si mesma. Quem não mente não precisa temer a ninguém. A necessidade de veracidade envolve um interesse em ter a consciência mais clara possível da sociedade em que se vive, com suas realida-

Características das partes psíquicas saudáveis

- Capacidade de percepção aberta da realidade
- Capacidade de expressar sentimentos de forma adequada
- Boa capacidade de lembrar-se
- Confiança em outras pessoas
- Capacidade de construir ligações emocionais
- Capacidade de livrar-se de ligações enredadas
- Respeito pela autodeterminação sexual dos outros
- Disposição para refletir sobre suas próprias ações
- Disposição para assumir adequadamente responsabilidade
- Vontade de verdade/clareza
- Esperança de boas soluções para os problemas

Figura 4: Características das partes psíquicas saudáveis

des e contextos políticos, econômicos e históricos. Finalmente, em minha opinião, outra característica de partes psíquicas saudáveis quando ocorrem conflitos, é que elas não têm a ilusão de obter soluções fáceis e rápidas para os problemas. Não perdem o alento em face de dificuldades e retrocessos, e preservam uma esperança realista de encontrar boas soluções. Encontrar-se numa parte psíquica saudável significa sentir-se cheio de força e energia, pleno de vitalidade e de alegria de viver.

Essa lista de características das estruturas psíquicas saudáveis não deve ser entendida como uma relação completa ou de caráter normativo. Eu as coletei como resultado de muitos processos terapêuticos porque, na qualidade de terapeuta assistente, preciso poder reconhecer em que medida alguém exacerbou suas estratégias de sobrevivência e onde existem setores acessíveis a uma mudança salutar. Cada um deve saber responder por si mesmo à questão de saber se é saudável o que ele concretamente sente, pensa, imagina ou lembra. Isso também é um bom sinal de uma autonomia saudável.

Na busca de partes psíquicas saudáveis sinto-me espiritualmente ligado a Aaron Antonovsky (1923-1994), um sociólogo da medicina que ressaltou a importância de não somente ter uma ideia do que provoca doenças, mas também compreender o que são as qualidades que produzem a saúde física e psíquica. Uma "patogênese" precisa urgentemente ser complementada por seu polo oposto, a compreensão da "salutogênese" (Antonovsky, 1997).

Partes traumatizadas

As partes traumatizadas (ver Figura 5) são normalmente apagadas da consciência. São reprimidas pelas partes de sobrevivência e só se manifestam em situações de vida pesadas e estressantes, quando o controle das partes de sobrevivência não bastar para bloqueá-las. Sua característica principal é que elas não envelhecem, isto é, permanecem na mesma etapa de evolução em que se encontravam quando ocorreu o trauma. À medida que, isoladas, vegetam pobremente no "cárcere" da alma, as partes traumatizadas não podem desenvolver-se porque carecem para isso de novas experiências de vida. Não apenas seu lado negativo permanece em larga medida afastado das demais áreas da personalidade, como também suas energias vitais positivas não podem ser utilizadas. Como possuem muita energia aprisionada, as partes traumatizadas têm um grande potencial que pode ser liberado e utilizado quando for superada a divisão psíquica.

As partes traumatizadas são reprimidas da consciência alerta na maior parte do tempo; inconscientemente, porém, continuam ativas e procuram sempre uma saída da situação do trauma, mesmo que ele tenha ocorrido há decênios. Como não são capazes de distinguir entre o passado e o presente, podem alarmar-se com impressões e vivências mesmo inocentes, a ponto de julgar que está ocorrendo um retorno da situação ameaçadora do trauma. As partes traumatizadas podem ser "disparadas" de repente, isto é, a percepção atual de uma pessoa, um ruído, um cheiro etc., pode desencadear de novo as reações traumáticas iniciais de pânico, raiva incontida ou profunda vergonha. As partes traumatizadas são um constante foco de intranquilidade na psique.

 Características das partes traumatizadas

- Gravam a lembrança do trauma
- Permanecem na idade que tinham quando ocorreu o trauma
- Procuram uma saída do trauma
- Podem ser "disparadas"
- São um foco permanente de intranquilidade na psique

Figura 5: Características das partes traumatizadas

Partes de sobrevivência

A principal tarefa das partes de sobrevivência é a de serem criadoras e "guardiãs" da divisão psíquica. Chamo essas estruturas psíquicas de "partes de sobrevivência" porque possibilitam a sobrevivência após uma experiência traumática. Isso salva a vida a curto prazo e é urgentemente necessário enquanto persiste a situação traumatizante externa. A médio e longo prazos, porém, e sobretudo quando a situação traumatizante externa já passou há muito tempo, as partes de sobrevivência constituem-se num bloqueio ao desenvolvimento da pessoa. As estratégias utilizadas pelas partes de sobrevivência eu divido em dez grupos principais (ver Figura 6):

- *Fixar-se cegamente no presente*: O foco de intranquilidade na própria psique, que as partes traumatizadas apresentam, torna as partes de sobrevivência excessivamente vigilantes e atentas ao ambiente, ou então, ao contrário, sonolentas e cansadas. São forçosamente cegas para si mesmas, pois não podem ser conscientes de si nem de sua função de afastar da consciência o trauma, evitando uma avalanche de sentimentos traumáticos ou uma nova traumatização. Consequentemente, para as estratégias de sobrevivência os traumas sofridos nunca podem ser considerados como causas das atuais dificuldades. Elas não buscam as causas dos numerosos problemas e conflitos atuais na história de vida da pessoa, mas sim no seu presente imediato.
- *Reprimir e negar o trauma*: Para não dar importância à experiência traumática, faz-se de conta que não ocorreu nada de mal, ou que foi normal o ocorrido: "Outros viveram coisas muito piores." Tal atitude é típica, por exemplo, da geração de pessoas que nasceram na Alemanha durante a Segunda Guerra Mundial (Bode, 2004; Radebold, 2009). Elas negam o horror dos bombardeios, os anos de angústia mortal e as profundas feridas que os milhões de mortos lhes provocaram na alma. Do ponto de vista das partes de sobrevivência, os traumas não podem ter consequências tão terríveis, do contrário todos os homens forçosamente deveriam estar traumatizados, em face das numerosas guerras e catástrofes. Por isso elas imaginam os "traumas" como acontecimentos extraordinários e raros.
- *Evitar lembranças do trauma*: Mesmo quando alguém está ciente de que viveu experiências terríveis, em suas partes de sobrevivência ele fará tudo para não ser lembrado do trauma evitando, por exemplo, certas atividades, lugares ou pessoas. No entanto, como a atitude de evitar reforça os medos, cria-se um círculo vicioso. A fuga de situações externas cada vez mais numerosas, que são percebidas como perigosas, associa-se a uma extrema retração. Isso pode levar alguém a abandonar todas as suas relações e desistir de atividades sociais e do inter-

câmbio de pensamentos e experiências. As partes de sobrevivência tornam-se obstinadas, inacessíveis e fechadas, não ousando experimentar coisas novas.

- *Ignorar e desviar*: Uma estratégia muito difundida das partes de sobrevivência é ignorar, pelo tempo que for possível, os sinais de alarme emitidos pelas partes traumatizadas. Enterrar a cabeça na areia, distrair-se com as ocupações diárias, mergulhar em novas atividades, são táticas que podem adiar o colapso físico e psíquico até uma idade avançada. As partes de sobrevivência não conseguem realmente justificar por que motivo agem de um modo e não de outro. Elas seguem o lema: "Precisamos remar, não temos tempo para içar as velas." Frequentemente sobrevém uma confusão mental ou uma irrupção das experiências traumáticas quando se esgotam as forças das partes de sobrevivência.

- *Controlar as partes traumatizadas*: As partes traumatizadas, que se manifestam por intermédio de emoções ou de sintomas corporais, são encaradas pelas partes de sobrevivência como "enfermidades" não esclarecidas ou como "fraquezas" pessoais inexplicáveis, que elas tentam bloquear. Tratamentos puramente físicos, medicação, álcool e drogas são recursos muito difundidos para reprimir as partes traumatizadas da personalidade. Aconselhadores psicológicos que prometem métodos simples para superar desconfortos, medos ou compulsões, em termos de "harmonia interior" ou de um "esvaziamento de si mesmo", são muito apreciados pelas partes de sobrevivência, que são muito receptivas a promessas esotéricas de cura.

- *Controlar outras pessoas*: Os esforços de controle da pessoa não se dirigem apenas a si mesma, mas também ao exterior. As partes de sobrevivência não deixam que outras pessoas toquem no trauma, vigiam-nas de perto, mantendo-as emocionalmente a distância, eventualmente desviando-as com outros problemas ou não lhes dando trela. Num sistema de relações, frequentemente quem domina é a pessoa mais fortemente traumatizada. Ela obriga as demais a se ocuparem com suas estratégias de sobrevivência, suportarem seus sofrimentos e suas queixas, e acompanharem com cuidado seus pretensos progressos na superação de sua doença e de seus problemas.

- *Procurar compensações*: Uma vez que a anestesia emocional, um dos principais mecanismos de repressão ao trauma, não apenas isola os sentimentos ameaçadores mas também turva em muito a alegria de viver, as partes de sobrevivência procuram um substituto para as sensações positivas. A paleta das possibilidades é muito ampla e vai desde o consumo excessivo de álcool e dos recursos da mídia até uma atividade sexual compulsória. Procura-se assim evadir-se, pelo menos temporariamente, da prisão interior da ausência de sentimentos. As partes de sobrevivência também tentam compensar, por intermédio de pais, parceiros ou filhos substitutivos, a perda das relações de vinculação. Outra possibilidade de compensação é a partilha de sentimentos alheios. A vida de outras pessoas torna-se então mais importante do que a própria vida.

- *Criar ilusões*: As partes de sobrevivência não conseguem entender que, em razão de seu passado traumático, possuem uma imagem negativa do mundo. Acham que estariam melhor se as outras pessoas fossem diferentes e se houvesse mais justiça no mundo. Tentam promover mudanças de comportamento nos seus semelhantes ou se esforçam por melhorar o mundo. Em vez de olharem para os seus próprios problemas, olham para os alheios e tentam intrometer-se excessivamente na vida deles. Gostam de iludir-se pensando em quanto ajudariam as outras pessoas com isso. Diante das numerosas desgraças em escala mundial e do reconhecimento de que, apesar de todo empenho, é impossível ajudar a todos, sua visão negativa das coisas se reforça ainda mais, e eles precisam trabalhar duramente para contrapor ao seu pessimismo um otimismo sem fundamento.

- *Atitude de submissão e agressão latente*: Traumas geram sentimentos de impotência e de desamparo, que sepultam a consciência de si e a sensação de poder determinar a própria vida. Como as táticas de sobrevivência reprimem a conexão concreta à situação traumática, permanece uma sensação generalizada de desamparo. A isso elas reagem com uma atitude de submissão a "poderes superiores", uma "devoção ao destino" ou com um pretenso conhecimento de ameaças anônimas, como conluios ou conspirações. Subsistem, lado a lado, uma atitude de desconfiança básica e uma oculta inimizade ao ambiente. Depende, entre outras coisas, da posição social de poder ocupada pela pessoa envolvida, se irá prevalecer uma atitude de submissão ou um comportamento agressivo. "Curvar-se diante do superior, pisar no inferior", é uma conhecida metáfora para essa estratégia de sobrevivência. Como os sentimentos estão bloqueados pelos mecanismos traumáticos de sobrevivência, as pessoas se tornam capazes de ações que não fariam em estado de plena presença emocional. Isso diz respeito, de um lado, a ações violentas e, de outro, a atividades apáticas, destituídas de sentido e de conteúdo.

- *Projetar em outras pessoas os próprios sentimentos negativos*: Para aliviar a própria inquietação e a própria pressão interna, as partes de sobrevivência criam para outras pessoas situações correlatas às suas próprias sensações de impotência. Então o medo, a raiva, a vergonha e sentimentos de culpa são vividos como se não estivessem no interior mas no exterior. Nessas condições, a pessoa pode observar de fora e ver como os outros lidam com as mesmas dificuldades e, eventualmente, exercer influência sobre elas – por exemplo, consolando e protegendo, ou incriminando e punindo.
- *Criar novas divisões*: Uma vez que todas as estratégias de sobrevivência cedo ou tarde terminam num beco sem saída e se esgotam, e como o problema final, a experiência traumática, não se acalma e até mesmo se agrava, as estratégias de sobrevivência têm necessidade de inventar táticas de repressão novas e frequentemente mais radicais. As experiências negativas que acompanham as respectivas estratégias de sobrevivência precisam, por sua vez, ser de novo reprimidas e divididas. A estrutura de personalidade de uma pessoa pode transformar-se assim numa complicada rede de todas as táticas de sobrevivência que foram construídas ao redor dos traumas. Uma grande parte das energias vitais é repetidamente utilizada com a finalidade de estabilizar essa configuração.

As forças de sobrevivência estão sujeitas a uma tensão permanente. Os mecanismos de sobrevivência ao trauma, além disso, imobilizam o corpo e congelam a mente. Por isso é difícil discutir com as partes de sobrevivência. Elas defendem por princípio as suas opiniões, são estreitas, teimosas e dogmáticas, retrucam sempre com um "Sim, mas...", logo se tornam inconvenientes e facilmente se sentem pessoalmente agredidas. Discutir com elas é algo sem sentido, pois isso só as torna mais espertas para se defenderem de percepções que poderiam mudar algo nelas.

Do que já foi dito se depreende que as partes de sobrevivência não são amigas das teorias sobre o trauma. Temem que uma simples discussão teórica do trauma possa colocar em risco a estabilidade que alcançaram a duras penas. Não admitem que um trauma seja capaz de produzir efeitos de tal magnitude, ou que tantas pessoas possam estar traumatizadas. Admitem apenas a existência de "traumas" muito especiais, com uma importância limitada e afetando poucas pessoas. Quando as pessoas tentam explicar, a partir de suas partes de sobrevivência, os efeitos de traumas, tais como distúrbios psíquicos ou conflitos em relacionamentos, elas se perdem em exposições gerais, análises abstratas e detalhes sem importância.

A possibilidade de uma divisão psíquica é inconcebível para quem pensa a partir de uma parte de sobrevivência. Ele recebe essa afirmação como se fosse um rebaixamento de sua pessoa. As partes de sobrevivência se consideram, pelo menos em sua apresentação externa, como as únicas representantes verdadeiras da pessoa, como o núcleo de sua identidade.

Quando alguém se dispõe a enxergar numa experiência traumática a causa de seus problemas, cria ideias ilusórias sobre como se pode "curar" um trauma. Julga, por exemplo, que isso pode ocorrer rapidamente, com a ajuda de um ritual ou com o acréscimo de muitos recursos externos, evitando passar por lembranças dolorosas.

As teorias sobre o trauma ainda têm dificuldade de ser aceitas em todas as sociedades, porque na Medicina e na Psicologia também existem várias teorias que não reconhecem a importância dos traumas e influenciam laudos médicos e decisões judiciais, em detrimento das pessoas traumatizadas. Entre essas teorias incluem-se:

- as que atribuem os distúrbios psíquicos sobretudo a diferenças de temperamentos e a condições hereditárias;
- as que negam o efeito traumatizante de determinadas experiências de vida, tais como acidentes, participação numa guerra ou abuso sexual;
- as que afirmam que a superação de traumas só depende da vontade e de adotar uma atitude correta.

Com frequência é difícil distinguir se uma experiência é saudável ou se é ditada por mecanismos de sobrevivência a traumas, porque as partes de sobrevivência sabem acomodar-se muito bem às expectativas externas e podem criar uma aparência de normalidade. Isso elas conseguem com mais facilidade à medida que o seu ambiente social também pensa e age em termos de táticas de sobrevivência.

Muitas vezes existem sutis diferenças entre as características das partes de sobrevivência e das partes saudáveis. Qual é a diferença entre um humor saudável e um humor que funciona como tática de sobrevivência? Num humor saudável é possível rir de si mesmo sem envergonhar-se. Por exemplo, a percepção espontânea de como foi absurdo algo que se fez sem crítica durante toda a vida pode terminar numa gargalhada que liberta. Algo assim não envergonha outras pessoas, enquanto o humor proveniente das partes de sobrevivência geralmente faz graça à custa dos outros.

Uma estratégia de sobrevivência que também não se distingue facilmente de uma estrutura psíquica saudável é a racionalidade. O que se diz a partir de uma parte de sobrevivência pode muitas vezes soar como algo muito esclarecedor, bem pensado, compreensível e muito justificado. Entretanto, quando se associa à intenção de negar suficiente espaço aos sentimentos, de considerá-los sem importância ou supérfluos, ou até mesmo de desautorizá-los radicalmente, existe uma alta probabilidade de que se trate de uma tentativa de não admitir sentimentos traumáticos, reprimi-los e descartá-los. A terminologia psicanalítica caracteriza isso como um mecanismo de defesa de "racionalização" ou de "intelectualização". Com isso as pessoas se tornam objetos de sua própria vida.

Do meu ponto de vista, uma ciência do ser humano não pode jamais ser "objetiva", porque os seres humanos não são objetos, mas seres vivos e sujeitos. Uma ciência humana "objetiva" gera um saber morto. As ciências humanas precisam levar em conta a subjetividade, tanto aquela do ser humano pesquisado quanto a do pesquisador. Apenas uma ciência humana subjetiva pode produzir um conhecimento vivo.

Como o atesta o exemplo da história da Psicologia, com o abandono de percepções originalmente pertinentes de Sigmund Freud sobre o abuso sexual, também a ciência corre o risco de inventar apenas novas histórias com cores científicas (como o "complexo de Édipo"), negando a conexão causal entre os traumas e os distúrbios psíquicos. O caminho da perdição está frequentemente balizado por muitas meias verdades inventadas pelas partes de sobrevivência.

A listagem e a caracterização das estratégias de sobrevivência reproduzidas na Figura 6 têm-se comprovado nas terapias de traumas conduzidas por mim, embora certamente também se possa pensar em outras classificações e descrições. Os sintomas relacionados nos manuais de diagnose mais usuais, como o ICD-10,[1] para os inúmeros "distúrbios da personalidade" (Dilling, Mombour, Schmidt, 1993, pp. 227-32) podem igualmente ser interpretados como uma listagem de estratégias de sobrevivência após experiências traumáticas. Tais estratégias de sobrevivência podem ser de tal forma dominantes que caracterizam amplamente uma personalidade. Apresento a seguir alguns exemplos:

- desconfiança e forte tendência a distorcer uma vivência, interpretando ações neutras ou amigáveis de outras pessoas como se fossem inimigas ou depreciadoras (distúrbio de personalidade paranoide, F60.0);
- pouca capacidade de manifestar a outras pessoas sentimentos calorosos e ternos, ou mesmo raiva (distúrbio de personalidade esquizoide, F60.1);
- tendência a incriminar outras pessoas ou a apresentar racionalizações aparentes sobre o próprio comportamento, pelo qual a pessoa entrou em conflito com a sociedade (distúrbio de personalidade antissocial, F60.2);
- sensação crônica de vazio interior, ameaças de suicídio e comportamento prejudicial a si mesmo (distúrbio de personalidade limítrofe *(borderline)*, F60.3);
- dramatização a respeito da própria pessoa, facilidade de ser influenciada por outras pessoas e situações (distúrbio de personalidade histriônica, F60.4);
- preocupação crônica com detalhes, regras, listas, ordem, organização ou planos (distúrbio de personalidade obsessivo-compulsiva, F60.5);
- sensação constante e abrangente de tensão e preocupação (distúrbio de personalidade ansiosa, F60.6);
- subordinação das próprias necessidades às de outras pessoas de quem é dependente, e demasiada condescendência com desejos alheios (distúrbio de personalidade dependente, F60.7).

Ressaltando mais uma vez: os mecanismos de sobrevivência são necessários para que alguém, numa situação de trauma, não morra de medo e superexcita-

---

1. ICD-10: versão da *International Statistical Classification of Diseases and Related Health Problems*, utilizada desde 1999 nos Estados Unidos para diagnoses de doenças. (N. do T.)

ção. Situações traumáticas envolvem risco de vida e delas não se pode fugir. O único caminho que resta nesses momentos é o distanciamento interior, a dissolução e abandono de estruturas psíquicas e a divisão psíquica.

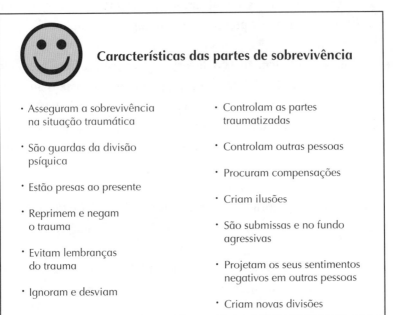

Figura 6: Características das partes de sobrevivência

Esse efeito salvador dos mecanismos de defesa, que numa situação de trauma são acionados espontânea e involuntariamente, torna-se, contudo, a longo prazo um risco de vida, porque bloqueia os desenvolvimentos físico, emocional e mental, que já não se compatibilizam adequadamente. Além disso, cria-se uma cegueira para novas situações traumáticas que eventualmente sobrevenham, e impede-se que se aprenda com as experiências negativas.

Por isso, os mecanismos de proteção contra o trauma precisam ser desativados logo que a situação originalmente perigosa já não esteja presente. Não devem ser conservados por toda a vida, pois à medida que percebemos, sentimos e pensamos a partir de mecanismos de proteção, não temos acesso ao centro saudável de nosso eu. Os mecanismos de sobrevivência deslocam excessivamente a atenção para o exterior, e a energia é desperdiçada em inúteis discussões com assuntos secundários.

Quanto mais traumatizado está alguém, mais ele dirige suas atividades psíquicas para o exterior, porque o contato com o interior é doloroso demais para ele. Aí existem sentimentos muito pesados de medo, raiva, tristeza ou vergonha, com os quais a pessoa traumatizada não quer mais entrar em contato. Por isso ela tenta, de certa maneira, desviar-se de si mesma, e para isso necessita de outras pessoas. Procura satisfazer as expectativas delas e se imiscui imoderadamente nos assuntos alheios, como se fossem seus. Envolve outras pessoas em seus problemas e de bom grado se deixa envolver em dificuldades alheias. Ao mesmo tempo, está em permanente conflito consigo mesma, porque suas diferentes partes querem coisas diferentes. Com isso ela pode chegar a tornar-se a mais ferrenha inimiga de si própria.

A divisão das partes da personalidade após uma traumatização é feita de modo diferente pelos diversos pesquisadores desse domínio. São comparáveis às "partes de sobrevivência" do meu modelo as "partes aparentemente normais da personalidade" mencionadas por van der Hart, Nijenhuis e Steele (2008). Minha caracterização das "partes traumatizadas" assemelha-se ao que os referidos autores definem como "partes emocionais da personalidade". Considero como uma notável confirmação da teoria do trauma que pesquisadores de lugares distantes, sem dependência recíproca e com diferentes abordagens, cheguem a compreensões semelhantes.

Um autor que igualmente muito aprecio é Arno Gruen, que se empenha, antes de tudo, em encontrar uma clara distinção entre as estruturas psíquicas saudáveis e os sentimentos, atitudes e comportamentos que se fingem de normais. Encontro em suas obras (Gruen, 2001, 2006, 2009) numerosos paralelos às minhas compreensões sobre as divisões na alma humana e sobre a perda de contato com o próprio centro interior, o que acarreta um prematuro abandono da busca da verdadeira autonomia.

Retraumatização

A despeito de todas as estratégias de sobrevivência, as lembranças do trauma são repetidamente "disparadas", e as imagens e os sentimentos que foram isolados inundam a consciência. É o que se chama de "retraumatização". Devido a uma vivência traumática, a situação anteriormente vivida torna-se uma realidade interior, a tal ponto que fica difícil sair dela sem ajuda terapêutica, mesmo que tenha ocorrido há decênios. Embora o perigo seja apenas imaginado no interior e não exista mais exteriormente, ele é vivido como se ainda estivesse presente no exterior. Isso provoca uma permanente fuga a estímulos externos que tragam à lembrança o acontecimento traumático, e também leva a evitar atividades que possam criar tais estímulos. Por exemplo, uma paciente minha procurava evitar exercícios físicos, porque a respiração acelerada lhe trazia a recordação de ruídos respiratórios associados ao abuso sexual que sofrera.

A jornalista Sabine Bode ocupou-se intensamente com as experiências de pessoas cuja infância transcorreu durante a Segunda Guerra Mundial. Ela conta uma história acontecida com Kurt Schelling, nascido em 1943. Quando criança, ele vivenciou – mais inconscientemente do que conscientemente – os bombardeios que atingiram sua cidade natal. A realidade externa (bombas e granadas) transformou-se em sua realidade interna (explosões no próprio estômago). Não havia limites que pudessem proteger o seu corpo. Nem mesmo sua mãe podia protegê-lo da realidade traumatizante. Um dos seus pesadelos se passa assim: "Jogo uma granada e fujo dali. Ao correr, percebo que estou na casa de minha infância e a granada passa com um ruído sibilante por trás de minha cabeça mas não me atinge. Corro pela casa e me escondo atrás do guarda-roupa de meus pais e aguardo a explosão, e ela explode em meu estômago. É nesse momento que sempre acordo. Sinto o sangue borbulhando no estômago, minhas pernas estão como que paralisadas, e essa é uma sensação muito antiga em mim: uma vontade de correr sem conseguir" (Bode, 2005, p. 108). Pode-se então admirar que Kurt Schelling tenha problemas de estômago?

Sabine Bode descreve também com precisão os comportamentos que no meu modelo chamei de estratégias de sobrevivência: "Quando as pessoas sofrem o assim chamado distúrbio de stress pós-traumático, tendem a adotar estratégias de evitação. Não se fala dos problemas reais, e tudo o que perturba é banido por meio da hiperatividade ou de banalidades. As pessoas se ocupam interminavelmente com assuntos sem importância, não admitem pensamentos novos, resolvem palavras cruzadas ou arrancam ervas daninhas, ou então controlam pela agressão aquilo que as perturba. Fazem guerra em todas as frentes, brigam com os amigos, às vezes até mesmo com os próprios filhos. Uma pessoa traumatizada não se julga doente. Os outros é que são culpados. As condições tornam difícil a sua vida" (Bode, 2006, p. 150).

A experiência traumática torna o mundo imprevisível. As outras pessoas tornam-se difíceis de entender, e seu comportamento passa a ser imprevisível. A pessoa torna-se um enigma para si mesma.

6.3 Trauma e simbiose

Como se relacionam então o trauma e a simbiose construtiva ou destrutiva? De acordo com o meu modelo, a simbiose construtiva se baseia em nossas partes psíquicas saudáveis. Elas nos permitem criar relações, de modo que possam existir, de um lado, uma boa convivência e, de outro, claros limites. Ninguém assume por outra pessoa mais responsabilidade do que for preciso. A responsabilidade por si mesmo e sua promoção são altamente prioritárias. Nas simbioses construtivas pode-se confiar nos próprios sentimentos, expressar o que se pensa e fazer o que se julga correto. Pode haver contenda e diferenças de opinião, mas sem ditados e sem submissão.

As simbioses destrutivas nascem quando pessoas traumatizadas se encontram e se tornam reciprocamente dependentes a partir de suas estratégias de sobrevivência. Nas relações simbióticas destrutivas, as estratégias de sobrevivência ao trauma:

- criam proibições de pensar e falar e impedem que se fale dos traumas existentes;
- submetem o outro às próprias táticas de controle;
- exigem do outro algo que ele não é capaz de satisfazer ou realizar;
- criam ilusões sobre a qualidade do relacionamento;
- criam constantemente conflitos insolúveis;
- e, apesar de todas as consequências negativas, não abandonam essa luta sem perspectiva com o seu oponente. Elas são uma espécie de compulsão interior para causar dano a si mesmas e aos outros.

A argumentação de uma pessoa é totalmente diferente, conforme fale por ela o lado traumatizado, a parte de sobrevivência ou a parte saudável. Uma vez que ela não consegue suportar e aceitar críticas quando está estressada e sujeita a mecanismos de sobrevivência a traumas, e como não ouve ou imediatamente responde com agressão, ela se fixa cada vez mais numa simbiose destrutiva. Portanto, é urgentemente necessário que sejam ativadas as partes saudáveis, para que se possa progredir e encontrar boas soluções que levem a formas construtivas de simbiose. Para isso também é preciso levar em consideração as partes traumatizadas com suas experiências.

capítulo 7

SIMBIOSE ENTRE PAIS E FILHOS

*"Vossos filhos não são filhos vossos,
vossos filhos são o anseio da vida por si mesma!"*
(Khalil Gibran 1883-1931)

7.1 Simbiose entre a mãe e a criança

A criança se desenvolve como um organismo autônomo no corpo da mãe durante um tempo que, para condições biológicas, é relativamente longo. O corpo da mãe fornece ao feto ou ao embrião, por cerca de nove meses, tudo de que ele precisa para a vida, principalmente contato, nutrição, movimento, calor e proteção. Para que o organismo da mulher não identifique o feto como um parasita, precisa aceitá-lo como uma parte sua. Somente quando o corpo da mulher em seus processos metabólicos se transforma num corpo materno é que ela aceita a criança que se desenvolve nela, sem expulsá-la como um corpo estranho. Em princípio, um corpo nasce do outro.

Quando a mulher também consegue dar o seu consentimento psicológico à maternidade, seu sentir, pensar e agir se ligam cada vez mais fortemente à criança que vai nascer. A criança torna-se cada vez mais uma parte da própria mãe, tanto no sentido físico quanto no psíquico. Na mulher que se torna mãe cresce cada vez mais a disposição de investir tudo o que tem, se for preciso, em favor da saúde e da vida de seu bebê.

Além dos impedimentos físicos, como doenças e subnutrição, existem numerosas razões psicológicas para que uma mulher não esteja suficientemente preparada para tornar-se (outra vez) mãe e tenha dificuldade em aceitá-lo:

- a concepção da criança foi forçada – por exemplo, por um estupro;
- a mulher não ama o pai da criança;
- o pai, desde o tempo da gravidez, não assume a responsabilidade pela criança que gerou;
- a mulher que se torna mãe sente-se ainda muito jovem para ter um filho;
- ela se encontra numa fase de sua vida em que lhe será difícil conciliar a criação de um filho com os outros interesses seus (por exemplo, durante uma formação de nível superior);
- ela já tem filhos, e mais uma criança aumentaria a sua sobrecarga e o seu stress, que já são elevados.

Como as crianças nem sempre são bem-vindas, pessoas de todas as culturas conhecem métodos e recursos para interromper uma gravidez indesejada. Entretanto, para um corpo que se prepara para ter uma criança, como também para a sua psique, matar uma vida que nasce é algo bem diferente de um simples procedimento técnico. Exterminar a própria descendência é contra os instintos naturais arcaicos. Por isso, os abortos provocam nas partes psíquicas saudáveis da mãe e do pai remorsos de consciência e permanentes sentimentos de culpa. Abortos são eventos traumatizantes, tanto no nível corporal quanto no nível psíquico, para mulheres que ainda não tenham sofrido graves traumatismos anteriores. Isso também ocorre com abortos espontâneos. Quanto mais adiantados estiverem a gravidez e, concomitantemente, o processo simbiótico entre a mãe e a criança que vai nascer, tanto maiores serão para a mulher o trauma da perda e, em associação com ela, a dor de alma (Rattensberger e Andreatta, 2009).

Por essa razão muitas crianças, embora não desejadas nem planejadas, têm uma chance de permanecer vivas. Não raras vezes, a atitude de uma mãe ou de um pai, em relação a um filho não desejado, muda após o seu nascimento, e essa criança recebe então a dedicação e o amor de seus pais. A rejeição inicial pode, porém, persistir por toda a vida.

Em alguns países do leste europeu é comum que mulheres jovens deem à luz os seus filhos, entregando-os depois a suas mães, para serem criados. Mulheres que emigram para trabalhar deixam, muitas vezes, seus filhos em sua pátria, aos cuidados de outros membros da família. Para mães psiquicamente saudáveis é uma experiência dolorosa estarem separadas, por muito tempo, de seus filhos pequenos e eventualmente, por acréscimo, cuidarem dos filhos de outras mulheres, mais abastadas, num país estrangeiro. Tal separação provoca uma divisão interior. A separação prematura de um filho ou filha é, portanto, basicamente para uma mãe algo que ela só pode suportar "de bom grado" quando já está psiquicamente dividida.

Diante das múltiplas sobrecargas que a maternidade traz consigo durante e após a gravidez, pergunta-se também que proveito a mãe recebe da criança no nível simbiótico. Esse proveito pode ser múltiplo:

- Uma mulher pode ver na maternidade a possibilidade de expressar suas qualidades femininas especiais e realizar-se com todo o seu potencial humano.
- Muitas mulheres descrevem as experiências de um parto e a vivência de tomar nas mãos um recém-nascido como os momentos mais felizes de sua vida.
- O contato corporal com o bebê pode satisfazer de modo particular a necessidade que tem a mãe de ser tocada carinhosamente.
- Observar os pequenos e os grandes passos da evolução de uma criança é, muitas vezes, uma fonte de profunda alegria e felicidade para a mãe.
- A gratidão e o amor de uma criança podem ser uma recompensa adicional que torna a simbiose com seus filhos extremamente desejável pela mãe.
- Seu reconhecimento e valorização como mãe no contexto da família e dentro da sociedade pode encher de alegria uma mulher e deixá-la orgulhosa do que realizou.

Quando suas próprias necessidades simbióticas não são suficientemente preenchidas pela criança e pelo trato com ela, é muito difícil para a mãe desempenhar por muito tempo os cansativos e estressantes esforços exigidos para se cuidar de um ou de mais filhos. A maternidade precisa ser sentida pelas partes psiquicamente saudáveis da mulher como satisfatória, do contrário essa tarefa enormemente exigente torna-se uma sobrecarga insuportável.

7.2 A simbiose entre a mãe e a criança

Da parte da criança o processo simbiótico original pode ser representado da seguinte maneira. Seu organismo está mergulhado, antes do nascimento, num ambiente de forças e energias físicas, emocionais e mentais, que fluem de sua mãe e também derivam de outras pessoas com quem sua mãe está em contato físico, emocional e mental. O organismo infantil recebe em si essas energias filtradas pelo atual estado de seu desenvolvimento embrionário. Ele se orienta por essas energias e se dirige para elas em sua evolução. Ele dispõe ainda de pouquíssimos filtros e mecanismos próprios de distanciamento e por isso é impressionado principalmente pelas energias mais fortes no campo que o circunda.

A primeira fase da simbiose com sua mãe tem para a criança o caráter de uma marca impressa de forma inconsciente. O mundo materno imprime nela o seu selo psíquico, colocando o fundamento para sua estrutura psíquica. Nessa fase inicial a criança que se desenvolve não está claramente diferenciada de sua mãe. De fato ela é um corpo individual, porém está ainda no corpo da mãe e é também, portanto, uma parte dela. Nesse estágio de desenvolvimento a mãe ainda não é um oponente pessoal. Existem diversas formas de comunicação hormonais e sensoriais entre o embrião e a mãe, mas a criança embrionária ainda não dispõe de uma percepção de si mesma que lhe permita distinguir o que sejam essas energias e estímulos que a inundam. Ela nada nessas sensações como uma onda no oceano. Como lhe falta uma percepção de si mesma, ela não pode distinguir o que está dentro do que está fora dela. Ainda não pode notar conscientemente o que pertence a ela e o que não lhe pertence. A percepção do próprio corpo ainda está misturada com a percepção do corpo da mãe.

Para que a criança possa chegar a uma percepção de si mesma e distinguir

- quem é a mãe, e quem é ela própria;
- que energias, entre aquelas que a circundam, estão nela e que energias estão fora dela,

a criança precisa que a mãe se coloque claramente diante dela. Essa presença da mãe diante da criança precisa ser sensível, tátil, constante e estável, para que a criança também possa formar aos poucos uma percepção de si mesma diferenciada e estável. Na carta de uma paciente cuja mãe carece de uma clara percepção de si mesma, que transcrevo a seguir, fica claro como é difícil para a criança perceber a si própria.

Perdida nos outros

"Não consigo olhar as pessoas nos olhos sem perder a mim mesma. Hoje cedo ainda consegui isso, mas no resto da manhã não consegui mais. Então não consigo absolutamente distinguir-me de outras pessoas. Isso acontece comigo automaticamente."

O nascimento opera uma separação entre o corpo da mãe e o da criança. O processo de cortar o cordão umbilical e tornar-se psiquicamente um eu, isto é, o processo de separação e de construção de uma identidade na criança, começa provavelmente após o nascimento. Suponho que o aparecimento de um eu consciente se realiza progressivamente na criança

- quando ela se vê refletida nos olhos de sua mãe e aprende pouco a pouco quem ela própria é, pelas reações da mãe a seus olhares e suas expressões faciais;
- quando ela já pode mover intencionalmente o corpo, as mãos e os pés, a boca ou o nariz;
- quando os sons que ela emite encontram na mãe uma caixa de ressonância e assim um nível de entendimento pode nascer aos poucos.

Uma percepção estável de si própria pela criança pode ser construída com a ajuda da ressonância e da resposta de uma oponente estável que, com toda a dedicação e todo amor pela criança, tenha a capacidade de distinguir-se dela.

A simbiose com a mãe satisfaz para a criança, nessa fase precoce de sua evolução, todas as suas necessidades vitais:

- de ser alimentada;
- de ser aquecida ou, eventualmente, refrescada;
- de ser movimentada, e de receber apoio em seu próprio movimento;
- de não ser deixada só;
- de ser percebida e entendida em suas necessidades;
- de ser amada;
- de ter seu próprio lugar numa relação;
- de pertencer a uma família, participando dela junto com outras pessoas.

A satisfação dessas necessidades é vital para toda criança.

A mitificação do amor materno

A rejeição aberta de uma criança por sua mãe é amplamente considerada como um tabu nas sociedades atuais. Isso não foi sempre assim, como demonstrou o historiador de fatos psicológicos Lloyd deMause. Por exemplo, em séculos passados mulheres da nobreza entregavam seus filhos recém-nascidos a amas de leite (deMause, 1980). O mito do amor materno nasceu como uma espécie de reação contra a entrega e a rejeição de crianças por suas mães, e afirma que, apesar de tudo, todas as mães amam seus filhos. Segundo Sabine Gschwend, esse mito dificulta que se encare a realidade tal como ela é. Pois se existem mães que amam seus filhos acima de tudo, também existem mães que não amam seus filhos, rejeitando-os, maltratando-os emocionalmente ou infligindo-lhes violência física.

O mito do amor materno exerce uma pressão universal sobre as mães para preencherem expectativas a que nem todas podem corresponder. Ele também pode despertar nas crianças uma expectativa irrealista do que suas mães podem fazer por elas. O mito materno atribui às mães o papel principal na educação das crianças e entrega as crianças, cujas mães não são capazes de amar e de educar, às suas estratégias de sobrevivência, pois não podem imaginar que mães possam ser destituídas de afeto. O fato de que a percepção dessa realidade é considerada como um tabu impede que se fale sobre ela. Gschwend recomenda: "A renúncia ao mito da mãe, a percepção sóbria e objetiva e a discussão aberta fariam mais justiça à realidade das mães e das crianças. Uma condição para isso é que os bloqueios de percepção e as negações baseadas na idealização da mãe sejam superados, e que os aspectos 'silenciados' da relação entre mães e filhos sejam reconhecidos, nomeados e descritos" (Gschwend, 2009, p. 117).

O mito materno pode ser um refúgio ideológico para mães traumatizadas – das quais nos ocuparemos de um modo especial –, uma música que acompanha suas estratégias de sobrevivência, para que não precisem ver o mal que causam a seus filhos, e continuem fechando os olhos aos seus próprios traumas.

7.3 Mães traumatizadas e crianças traumatizadas

Traumas no útero materno

É bem diferente se a criança se desenvolve numa mulher cujo corpo a criança percebe como cheio de vida e aberto para ela, ou numa mulher cujo corpo está enfraquecido por doenças e/ou rígido, contraído e bloqueado por efeito de traumatizações. Possivelmente um embrião terá uma percepção de si essencialmente menor num útero materno traumatizado do que num útero saudável, porque com o corpo da mãe traumatizada ele entrará em menor ressonância. Meus trabalhos com pacientes me levaram a uma forte suspeita de que uma criança pode ser traumatizada enquanto ainda está no útero materno. Isso ocorreria principalmente quando a mãe rejeita a criança e não quer que ela nasça.

A mãe como causa de stress

A mãe de Marita engravidou em decorrência de um estupro. Por isso não quis ter a criança e logo após o nascimento entregou-a a um lar de recém-nascidos. Para sobreviver, Marita provavelmente precisou dissociar-se interiormente já antes de seu nascimento, reprimindo os sentimentos de rejeição projetados nela pela mãe e desenvolvendo um forte instinto de sobrevivência. Na alma dessa paciente coexistiam uma forte vontade de sobreviver, sentimentos depressivos e um enorme stress em relação à mãe.

Quando uma mãe sofre um trauma durante a gravidez, esse fato atua sobre o feto em gestação. Isso poderia explicar por que algumas crianças já vêm ao mundo como um "feixe de nervos" e mais tarde tornam-se "hiperativas" (Ruppert e Freund, 2007). Mascha, por exemplo, depois de muitos anos aproximou-se do drama por que passou sua mãe durante a sua gravidez. Finalmente conseguiu entrar em contato com sentimentos seus que até então jamais conseguira entender. Enquanto estava grávida de Mascha, sua mãe sofreu um trauma de perda, devido à morte de seu pai. Ao escrever sobre os fatos, Mascha foi ficando cada vez mais consciente dos efeitos danosos que tiveram sobre ela.

Bebê chorão

"Há muito tempo tenho a sensação de que precisava lembrar-me de algo importante e decisivo, e sentia que esse conhecimento não vinha de uma lembrança consciente de minha infância, mas era anterior a ela. Enquanto escrevo isso, recordo um fato da minha história que deve ter tido um papel importante. Quando minha mãe engravidou de mim, já tinha tido alguns abortos. O último ocorrera uns seis meses antes do meu nascimento. Minha mãe ainda não havia decidido se me teria ou não. Assim ela também brincou com o pensamento de me abortar. Isso não era nada extraordinário na então União Soviética, era quase tão comum como ir ao banheiro. Ela também queria deixar meu pai, porque o casamento já não estava bem há muito tempo. Mas ela continuou a gravidez e me teve, porque o pai dela, que estava gravemente doente, a motivou a isso. Quando minha mãe estava no quinto mês da gravidez, seu pai morreu de câncer. Ele estava na casa dos 60 e minha mãe tinha 33 anos. Ele era tudo para ela. Ainda hoje ela fala dele como se ele fosse um santo. Quando ele morreu de repente, como minha mãe já contou centenas de vezes, os cabelos dela ficaram brancos. Teve uma crise nervosa e ficou em estado de choque.

De algum modo, isso agora faz sentido para mim, porque tenho medo da vida, sou muito instável e não confio no apoio de outras pessoas. O que tive de suportar quando ainda estava no ventre de minha mãe? Com que substâncias fui inundada? Eu ainda não tinha nascido e fui exposta a um dos piores traumas de minha mãe – de uma forma tão pura e imediata como não existe outra: no ventre materno, de onde não se pode fugir!

Enquanto escrevo isso, meu coração bate e uma onda de calor invade minha cabeça. Fico com raiva e sinto que se cometeu uma injustiça comigo. Naquela época eu não pude chorar, o que provavelmente teria feito com muito gosto. Mas depois, quando já estava no mundo, recuperei o atraso e não parei de chorar, de modo que minha avó, meu pai e minha mãe tinham que me carregar por turnos, porque eu não queria ficar sozinha no berço."

Traumas de nascimento

O nascimento de uma criança pode ser para a mãe o momento mais feliz de sua vida, mas também pode tornar-se para ela uma experiência traumática. Presumo que, principalmente quando uma mulher sofreu violência física, seu corpo não consegue reagir aos impulsos da criança que quer nascer. Em presença da intensa excitação de seus órgãos sexuais, seu corpo tende a passar por um enrijecimento e uma contração traumática, em vez de uma sensação prazerosa. Também no caso de uma criança não desejada e que não deveria nascer, o processo do nascimento presumivelmente transcorre de modo conflitante.

Uma atitude insensível de médicos ao lidar com a gestante pode contribuir para tornar o processo do parto uma ocasião humilhante para a mulher, provocando ou aprofundando nela a dissociação entre o corpo, a alma e o espírito. Presumo que o trauma da mãe no parto é transmitido à criança e impede desde o início uma troca simbiótica saudável entre ambas. Então também a criança recusa espontaneamente o contato com o corpo da mãe, porque esse contato desperta nela lembranças dolorosas.

O parto traumático

A mãe de Helga viveu com ela um parto extremamente traumático. Durante três dias, internada na clínica da universidade, tornou-se objeto de estudo de médicos e estudantes. Sentia-se entregue sem defesa e suas mãos foram amarradas à cama. Ficou profundamente envergonhada porque o seu baixo-ventre ficava exposto a tantos olhares e a tantas intervenções masculinas. Quando Helga finalmente nasceu, a mãe só conseguia fazer contato com a criança pelos olhos, não com todo o seu corpo. Todo contato corporal desencadeava nela defesa e tendência a afastar-se. Estas foram as sensações maternas de Helga: fortes sensações e imagens negativas no parto e o contato pelos olhos. Uma parte dela ficou fixada nesses sentimentos.

Para uma criança é também especialmente difícil assumir sua própria alegria de viver se sua mãe morreu ao dá-la à luz. O exemplo de Maria mostra as múltiplas consequências que resultam da falta da simbiose original com a própria mãe, e como toda a vida pode tornar-se confusa.

Sem nenhum bom sentimento por si mesma

A mãe de Maria morreu poucas horas após seu nascimento. O pai da criança, por exigência de sua própria mãe, entregou-a à sua irmã. Assim a tia de Maria recebeu a criança para criar. Até os seus 13 anos Maria julgava que seus pais de criação eram os seus pais verdadeiros. Quando o seu pai a visitava nos fins de semana e feriados, era apresentado como se fosse tio dela. Não foi de se admirar que Maria não tenha acreditado que seu pretenso tio era na realidade o seu pai, quando isso lhe foi oficialmente comunicado por outros adultos. Aos 50 anos, ela ainda exigiu um teste de paternidade porque, ao contrário do que sentia por seu pai biológico, tinha muito afeto pelo seu pai de criação – que, por sua vez, também tivera o destino de ser um filho de criação.

Maria conseguia ser amorosa com outras pessoas, não porém consigo mesma. Sobre si mesma ela só fazia juízos negativos: "Eu não conto, sou uma idiota." Numa sessão de terapia ela declarou que adotara esse sentimento de sua mãe de criação, que se submetera à sua mãe dominadora quando recebeu a filha do irmão para criar. Isso, porém, não lhe valeu o reconhecimento da mãe e também contribuiu para que perdesse sua relação com o marido, que se concentrou muito na filha de criação, com quem sentia inconscientemente uma forte afinidade psíquica, devido à perda prematura de sua própria mãe.

O suprimento simbiótico por sua mãe verdadeira faltou totalmente a Maria, e não somente no nível psíquico. Também corporalmente, pela falta de contato com sua verdadeira mãe, ela não aprendeu a sentir a si mesma. A mãe de criação não lhe oferecia uma compensação adequada. Faltava a Maria um sentimento por si mesma, o que a fazia sentir-se muito insegura diante de propostas de relacionamento. Não estava bem ancorada no próprio corpo e carecia de um sentimento sólido da própria existência. A falta de sentimento por seu corpo causava-lhe grandes problemas no tocante à sexualidade e a outros assuntos. Maria era mentalmente ágil em ponderar seus problemas, mas isso não a ajudava a acalmar seu alvoroço emocional interior. Quando algo lhe despertava medo, caía numa excitação quase incontrolável.

A simbiose como um processo atormentado

A criança encara sua mãe como um ser muito especial. Nenhuma união psíquica é tão profunda como a união da criança com sua mãe. Ela é nosso ponto de referência psicológico absoluto, e não somente em nossa infância mas por toda a nossa vida.

Parece haver dois processos básicos de ligação simbiótica de uma criança com sua mãe:

- O primeiro processo assemelha-se à impressão de uma marca, pois a criança adota inconscientemente os sentimentos da mãe. Eles podem ser saudáveis e positivos, mas também podem ser os sentimentos traumáticos da mãe, seus medos existenciais e temores de abandono, seus sentimentos de raiva, vergonha e impotência. Esses sentimentos se imprimem no corpo da criança e lhe pesam muito. Parto da suposição de que, nessa fase simbiótica, a condição física traumatizada da mãe se transmite ao corpo da criança, como uma sensação traumática. Assim a criança percebe menos o seu próprio corpo do que o corpo traumatizado da mãe, em si ou em torno de si. Com isso, a sensação do próprio corpo pode ser profundamente encoberta.
- No segundo processo, a criança participa ativamente da construção do processo simbiótico. Ela quer ser percebida por sua mãe, deseja ser vista pela mãe no que tem de especial, como um ser individual e único. Toda criança observa atentamente a mãe e percebe como ela se sente: se está feliz ou triste, confiante ou ansiosa, se está bem-humorada ou com raiva, se está presente ou emocionalmente ausente, e o que a mãe pode fazer por ela.

Mesmo quando a mãe rejeita seu filho, o filho por princípio jamais rejeita sua mãe, pois ama a mãe e se identifica com ela.

Mães traumatizadas não conseguem revogar o seu trauma quando o reprimem. Quando estão traumatizadas, o mecanismo de emergência traumática as leva a bloquear as intensas explosões emocionais, de modo que às vezes todo o seu corpo se torna quase insensível. Elas se esquivam diante das exigências emocionais da criança. Em consequência disso, o contato da mãe traumatizada com a criança fica um tanto amortecido, e é realizado pela mãe mais como uma tarefa do que com emoção.

Com isso a criança fica frustrada em sua necessidade do amor e do contato emocional da mãe. Isso faz com que ela abra os canais dos seus sentidos para perceber mais coisas de sua mãe. Ela presume: "Se eu me sentir como minha mãe, estarei bem perto dela." No entanto, essa abertura aumenta o perigo de que a criança perceba outras energias traumáticas cindidas em sua mãe e seja invadida por elas. Isso força a criança a retrair-se, por sua vez, diante da mãe, para não afundar no vórtice dessas energias traumáticas. Em outras palavras, a criança entra em conflito com duas necessidades contraditórias: aproximar-se ainda mais da mãe, partilhando o sofrimento dela, ou afastar-se dela para proteger-se de uma sobrecarga. Esse conflito só pode ser resolvido pela criança por uma dissociação interior. Uma parte da criança absorve as energias traumáticas maternas e se mistura com elas, como um recurso para obter, pelo menos, um contato emocional com a mãe. A outra parte foge da mãe e busca abrigo numa rígida separação. A conexão com os sentimentos traumáticos é para algumas crianças a única maneira de sentir uma mãe emocionalmente inacessível.

Como a mãe não pode, e geralmente também não quer, explicar à criança por que razão está tão distante e indiferente e, por outro lado, tão repleta de fortes sentimentos, isso traz à criança um problema quanto à sua própria identidade. Ela fica confusa e não sabe o que ocorre com ela. Atribui a si própria a culpa por não conseguir alcançar a mãe com o seu amor e manter com ela uma relação clara e inequívoca, transformando assim em deficiência própria a falta de clareza da mãe.

Para muitas mães traumatizadas é um tormento perceber uma parede separando-as de seus filhos, e assistir ao sofrimento deles. Empenham-se com todas as forças na busca de um contato, porém repetidamente não conseguem suportar a proximidade da criança porque isso desencadeia suas partes traumatizadas.

Vinculadas com insegurança

Alexander relata a situação que viveu em sua infância com a mãe gravemente traumatizada: "O importante é não decepcionar ninguém, não cometer erros, não chamar a atenção, estar sempre disponível para os outros, não contradizer, estar sempre atento. Isso funciona, mas requer tanta atenção e energia que acaba determinando toda a minha vida. E preciso ter muita energia para reprimir toda a raiva que está em mim, porque mostrar raiva é bem diferente de não chamar a atenção, não contradizer etc."

Por estar tão tensa, a criança insegura de sua vinculação aumenta, ainda mais, o stress de sua mãe, que reage, por sua vez, com uma rejeição ainda mais forte da criança etc. Assim começa e prossegue interminavelmente o círculo vicioso do enredamento simbiótico, até que seja entendido e conscientemente interrompido. Ele traz um tormento para ambas as partes: tanto para a mãe quanto para a criança, faminta por dedicação e amor.

A criança percebe intuitivamente os medos de seus pais traumatizados quando ela deseja proximidade. Ao perceber a tensão dos pais, ela tenta reprimir suas necessidades simbióticas. Assim ela vai se dissociando interiormente e perdendo o contato consigo mesma. No comportamento da criança a mãe se defronta com o seu próprio trauma, do qual procurava fugir.

Pânico gera pânico

Escreve Renate: "Infelizmente não consigo tomar uma decisão de aceitar os meus sentimentos, porque tenho muito medo deles. Mas também não consigo suportar por mais tempo minha condição atual. Às vezes imagino que, quando eu estiver mal e precisar chorar, simplesmente vai aparecer alguém que me abraça com firmeza, me segura e simplesmente me acalma e diz que tudo vai ficar bem, e me consola e simplesmente fica comigo e me tranquiliza. Porém, quando eu fico mal, meus pais sempre entram em pânico. Antigamente isso já acontecia toda vez que eu tinha esses acessos. Naquela época acho que eu queria apenas que alguém me tomasse nos braços, alguém que fosse forte e me tranquilizasse, mas meus pais sempre me repreendiam."

Fixação simbiótica

Até mesmo mães psiquicamente saudáveis sentem dificuldade em soltar os seus filhos pouco a pouco, permitindo que sejam responsáveis por sua vida e não se preocupando constantemente com o futuro deles. Deixar que os filhos tomem suas próprias decisões e confiar que eles irão superar as dificuldades da vida exige das mães uma disposição de se retirarem progressivamente da vida dos filhos. O risco de não soltá-los psiquicamente aumenta na razão inversa do número de seus filhos.

Um apego simbiótico da mãe a um filho ou a uma filha após a conveniente fase de seu desenvolvimento é muitas vezes uma consequência da perda precoce de sua própria mãe ou de não ter recebido o apoio dela. Nesse caso a mulher pode procurar numa filha a substituta da mãe que perdeu. Começa mimando a criança, passando depois a exigir cada vez mais cuidados, consolação e amor. Apega-se então à filha como se fosse uma criança dependente, não lhe permitindo uma existência autônoma.

Você não pode me abandonar!

Claudia, uma psicoterapeuta, quer finalmente aprender a distanciar-se. Sente-se sobrecarregada por sua família e por seus pacientes, e fica indefesa diante das expectativas de sua mãe. Estas são um tanto indefinidas, e a filha tenta satisfazê-la, entre outras coisas, com realizações especiais. Sua mãe investiu muitos recursos na vida da filha. Quando Claudia se afasta das expectativas de sua mãe, esta a insulta e recrimina, e começa a queixar-se de dores no coração e nas costas. Isso volta a prender Claudia em seu círculo mágico. Ela cede às chantagens e vive como uma prisioneira sob a rédea curta da mãe.

O bem-estar da criança e o bem-estar da mãe são, portanto, interdependentes. Entre a mãe e a criança, a dependência simbiótica é tão grande que a mãe assume o lugar dominante na vida psíquica de toda criança. Uma criança permanece por toda a sua vida ligada à sua mãe na preocupação pelo bem-estar dela. Que criança suporta ver sua mãe sofrer, abandoná-la numa emergência, não cuidar dela na doença e na velhice? Isso torna as crianças altamente vulneráveis à manipulação por parte de suas mães.

- Os conflitos entre o pai e a mãe são vivenciados pelos filhos como muito ameaçadores.
- Como frequentemente as violências partem dos pais, as crianças geralmente tomam o partido das mães e ficam apavoradas com a possibilidade de sofrimento delas.

Medo pela mãe

    Michaela já tem quase 40 anos e continua mantendo uma relação muito próxima com sua mãe, apesar do desejo de soltar-se mais. Quando criança, presenciou repetidas vezes como seu pai bêbado espancava e torturava cruelmente sua mãe. Enquanto era pequena, só podia assistir a essas cenas chorando e gritando por não poder suportar o pânico. À medida que foi crescendo, procurava interpor-se diante do pai, que então também a espancava. Nenhuma das pessoas a quem recorreu em seu desespero se colocou contra o pai para interromper seus acessos de violência na família. O trabalho terapêutico com Michaela mostrou que uma parte dela ainda estava presa nesse drama de ter que salvar a mãe da violência do pai.

Toda criança tem um medo arcaico de ser abandonada por sua mãe. Quanto mais traumatizado está todo o sistema familiar, tanto mais as crianças se tornam prisioneiras nesse sistema, do qual, como crianças, não poderão sair. Em face das exigências, das tentativas de chantagem e da pressão emocional que seus pais traumatizados lhes fazem, a partir de suas partes de sobrevivência, as crianças não dispõem de recursos adequados para defender-se. Isso elas só poderão conseguir na idade adulta, geralmente apenas por meio de um intensivo acompanhamento terapêutico.

"Eu era uma prisioneira"

No caso de Lydia, a história dos traumas familiares, através de várias gerações, envolvia, entre outras coisas, incesto, abuso sexual, várias formas de violência e venda de crianças a soldados na guerra. Para efeito externo, porém, era obrigatório manter na família a aparência de normalidade. Quem abalasse essa fachada estaria manchando o ninho e seria tratado como traidor ou como louco. Depois de muitos anos de terapia, Lydia conseguiu criar coragem e insistir na própria independência. Em seu casamento sentia-se também como numa gaiola dourada.

    O trabalho terapêutico com ela procurou, por meio de dois processos, que ela conseguisse maior independência. Por um lado, apesar de todas as experiências de violência que presenciara, havia em Lydia uma parte que preservara a sensibilidade para sua condição vulnerável, para limites positivos e para a ternura. Pouco a pouco, Lydia conectou-se melhor com essa parte. O segundo processo consistiu numa percepção que ela teve: quando se preocupava com a mãe e com o sofrimento acumulado em sua família, perdia o contato consigo mesma. O medo de que a mãe cometesse suicídio se não a assistisse não permitia a Lydia cuidar bem si mesma.

A ameaça da mãe, de que preferia morrer se a filha deixasse de fazer o seu jogo de varrer todos os seus traumas para debaixo do tapete, fazia dela uma prisioneira da mãe.

Abuso simbiótico

As crianças não contradizem quando são chamadas de más e perversas por suas mães. Ficam totalmente indefesas e mudas para se protegerem, ou convertem o ódio materno contra elas num programa de autodestruição, ou em agressividade e violência contra outras pessoas. Quando jovens, essas crianças se transformam em bombas-relógios, prontas a explodir a qualquer momento. Perdem o interesse por sua formação escolar, usam drogas, infringem as ordens dos pais, transgridem leis e tornam-se também suicidas.

No isolamento

Monika foi sadicamente torturada por sua mãe e separada do mundo ao redor. Exteriormente a mãe fingia-se de mãe amorosa. Porém a criança não tinha chances e foi progressivamente recolhendo-se em si mesma. Na juventude teve uma psicose temporária e precisou combater vigorosamente impulsos de suicídio.

De vez em quando, parece que certas mães deliberadamente entregam suas crianças a pessoas que as maltrataram quando crianças. Naturalmente jamais admitiriam isso. É como se uma parte delas inconscientemente precisasse reencenar os próprios maus-tratos. Para as crianças, porém, a ideia de serem traídas por sua mãe é insuportável. Preferem refugiar-se na ilusão de que sua mãe jamais admitiria isso, e o impediria logo que tivesse conhecimento disso. O que faz a criança para não precisar reconhecer que sua própria mãe é uma agressora?

- Minimiza as próprias dores: "Não dói. Não é tão ruim."
- Assume a culpa: "Eu irritei papai."
- Desculpa a mãe: "Mamãe não sabe de nada, senão faria alguma coisa."
- Desvaloriza-se: "Não mereço que alguém goste de mim."
- Castiga-se: "Sou estúpida". Daí resulta o conhecido "comportamento de autopunição".

Para as crianças, o abuso sexual não tem absolutamente nada a ver com a sexualidade. Entretanto, isso as ensina a associar a sexualidade com as sensações de dor física, vergonha e nojo.

Sacrificada pela mãe

Dorothea era seguidamente entregue pela mãe aos avós. Para isso eram alegadas razões aparentemente lógicas: que a mãe precisava internar-se no hospital por causa do nascimento de outra criança, ou que Dorothea gostava muito da avó, ou que gostava muito de deitar-se com ela por volta das três horas da tarde. Dorothea também era tida como uma criança difícil, muito forte e consciente de si. Levaram-na a uma psicóloga, que a diagnosticou como hiperativa; portanto, como psiquicamente enferma.

O que realmente ocorria é que Dorothea era sistematicamente estuprada pelo avô, o pai de sua mãe. Esse avô participara, como soldado, da Segunda Guerra Mundial, e na Polônia violentou e assassinou mulheres e crianças. Depois da guerra, continuou vivendo em sua família seu ódio compulsivo por mulheres e por crianças. Por isso, a avó e a mãe de Dorothea a empurraram a esse homem como vítima, para que ele as deixasse em paz. A mãe de Dorothea tinha sido, por sua vez, vítima de violência sexual por parte de seu pai.

Dorothea sobreviveu a essa loucura, dissociando-se radicalmente em seu interior durante as orgias violentas do avô. Uma parte dela se evadia do corpo, enquanto a parte restante, que permanecia no corpo, refugiava-se no mais íntimo de si mesma. Ela tentou sobreviver permanecendo forte. Acreditava que a avó a teria protegido se soubesse disso. Estava convencida de que sua mãe absolutamente não soubera de nada a respeito. Apresentava-se ao exterior como invulnerável e forte. Assim conseguiu deixar de reconhecer que fora utilizada pela mãe e pela avó para servir de vítima para o avô.

Com a ajuda de muitas sessões de terapia, ela conseguiu livrar-se, pouco a pouco, de todas essas ilusões, e reconhecer que a tinham levado à loucura em sua própria família. Ela expressou a firme determinação de não continuar participando de todas essas mentiras. Somente então pôde, aos poucos, ir percebendo melhor o próprio corpo. Entrementes, sua parte de sobrevivência já tentara acalmá-lo por meio de remédios betabloqueadores, porque seu "coração" – na verdade, sua parte infantil traumatizada – às vezes batia forte demais.

De modo especial, meninos cujas mães foram vítimas de violência sexual correm um grande risco de servir como alvos para a projeção do ódio de sua mãe ao perpetrador original. A seguir, um paciente descreve a relação perturbada que vivia com sua mãe e que o levava sempre mais longe no caminho da destruição de si mesmo.

O perpetrador no filho

"Autodestruição deve ser o nome correto para tudo que fiz, mas não encontrei outro caminho. Não conseguia suportar a permanente inquietação que estava em mim. Eu procurava a solução mas acabava ficando sempre só, no meio do caminho. Os ataques de pânico e a impotência ganhavam cada vez mais poder. Em certas situações eu sempre ficava bêbado, e tudo ficava cada vez pior. Mas a impotência em certas situações era uma total loucura. Num determinado momento cessaram as surras de minha mãe, mas continuaram as discussões. Sempre que podia, ela falava mal de mim, e chegou a ligar para meu patrão. Como eu podia me defender disso? É preciso matar a própria mãe para finalmente ficar em paz? Choveram acusações de todos os lados, e ainda mais depois da morte de minha mãe. Eu era o bode expiatório. Acho que foi isso também que provocou minha doença. Essa mulher fez tudo para me destruir, e mesmo depois de morta me perseguiu. O que ela fez contra mim foi algo pavoroso. Naturalmente, como revide, lancei mão de todos os meios para destruí-la. Não compreendo nada disso. Falta-me simplesmente o fio vermelho para entender isso.[2] Só sei de uma coisa: se continuar agindo assim, vou destruir a mim mesmo."

Somente quando ficou claro para esse paciente que sua mãe fora sexualmente maltratada pelo próprio pai é que ele começou a entender por que ela o tratara daquela maneira. Como era homem, a mãe o equiparou ao avô. A sexualidade masculina era para ela o símbolo do seu próprio sofrimento. A parte de sobrevivência da mãe combatia em seu filho a ameaça que ela jamais expressara.

Também no caso de Hubert, o abuso sexual que sua mãe sofrera de seu próprio pai foi a razão pela qual ela desde o princípio rejeitou violentamente o filho e até mesmo tentou matá-lo.

Sem valor?

Num seminário, Hubert revelou, pela primeira vez, que sua mãe tentara matá-lo pelo menos dez vezes – numa ocasião, com uma corda de náilon, e em outra, jogando-o numa cisterna. Por mais de uma hora ele contou os tormentos de sua infância. Em seu relato alternavam-se momentos de pânico, raiva, amor simbiótico infantil, desconfiança e dor, e ele ia passando de um sentimento a outro.

---

2. Alusão ao fio de Ariadne que ajudou Teseu a sair do labirinto do Minotauro, na mitologia grega. (N. do T.)

Finalmente, começam a aparecer nele esperança e alegria. Seu processo interior prosseguiu nos dias seguintes. No final do terceiro dia do seminário ele afirmou: "Não preciso mais provar meu valor com um monte de realizações. Eu tenho valor!"

Ilusões infantis de amor

Filhos negligenciados, rejeitados ou até mesmo sadicamente torturados por suas mães tentam, apesar de tudo, guardar delas uma imagem positiva. Eles fazem um trabalho de Sísifo,[3] na tentativa de empurrar a pedra além do obstáculo criado pelas estratégias traumáticas de defesa da mãe. Estão sempre aguardando uma ruptura, esperando que desabe o muro que a mãe ergueu contra eles, que ela se alegre com o amor que lhe oferecem, e que abertamente e talvez mesmo com arrebatamento os tome nos braços. Entretanto, quanto mais e com mais veemência a criança se esforça para ter acesso ao coração de sua mãe, tanto mais fortemente ela se defende e resiste ao contato. Muitos pacientes falam de momentos de experiências quando acreditaram que finalmente tinham alcançado a mãe. Mas então, com um olhar, um gesto, uma frase ou um comportamento dela, todos os seus esforços desabaram como um castelo de cartas.

Adormecida

Josef estava muito contente, pensando que sua mãe iria ouvi-lo quando lhe falava, à mesa, das privações que sofrera em sua infância e que agora estava vendo com clareza em sua terapia. Então, subitamente, sua mãe adormeceu no meio da conversa. Essa é uma estratégia a que recorrem pessoas traumatizadas, como último recurso para apagar da mente a realidade de seu trauma.

"Posso ficar bom, mesmo que minha mãe não fique boa." Esta foi a frase que sugeri a Josef na sessão seguinte de sua terapia. Esse pensamento trouxe a ele uma perspectiva totalmente nova e o aliviou muito.

7.4 Pai traumatizado e criança traumatizada

A perda de filhos

O relacionamento entre o pai e a criança cria igualmente relações simbióticas emocionalmente muito intensas. Elas normalmente não têm a mesma densi-

---

3. Alusão ao mito grego de Sísifo, condenado pelos deuses a rolar eternamente para o alto de uma montanha uma grande pedra, que sempre rolava de novo montanha abaixo. (N. do T.)

dade simbiótica do vínculo entre a mãe e a criança, pois a ligação da criança com o pai não passa pela vivência dos nove meses de gravidez, do período de amamentação e do íntimo contato corporal nos primeiros meses de vida. Os homens, sobretudo os que são criados em sociedades que exigem deles dureza e insensibilidade emocional, geralmente não conseguem sentir pelos bebês uma empatia semelhante à que sentem as mulheres, principalmente as mães. Em muitas culturas, o mecanismo de medo e agressão é também mais fortemente desenvolvido nos homens do que nas mulheres. Em outras palavras, em termos estatísticos, os homens descarregam tensões emocionais como raiva e ações agressivas com mais frequência do que as mulheres (Hüther, 2009).

Quando o pai tem contato direto com seus filhos, a relação de paternidade pode inibir nele a disposição de agredir, estimulando sua abertura emocional. Por intermédio deles, o tema do amor pode adquirir para os homens uma dimensão essencialmente mais profunda e emocional do que até então em sua vida. Um pai psiquicamente saudável, diante da carência e da criatividade de um filho ou uma filha, faz do bem-estar da criança um assunto que toca o seu coração. O futuro da criança é uma referência fundamental para um pai psiquicamente saudável. Ele assume a responsabilidade por esse futuro e investe nele suas forças vitais. Por isso, a perda de um filho ou de uma filha é, também para o pai, uma experiência muito traumática. Com frequência, um pai elabora o seu luto por essa morte de uma maneira diferente da mãe. Essa poderosa dor desencadeia nos homens, mais facilmente do que nas mulheres, reações de raiva e agressão.

O que se espera do pai

Para os filhos e as filhas, o pai é, depois da mãe, a mais importante referência psíquica. Para um desenvolvimento psíquico saudável é essencial que a criança seja percebida, acolhida e amada pelo pai. É importante:

- que ele brinque com a criança e lhe mostre o mundo, de sua perspectiva;
- que, em casos de necessidade, ele fique ao lado da criança e lhe dê apoio;
- que ele aponte limites à mãe quando ela se intrometer demais na vida da criança;
- que ele tenha valor social e seja reconhecido na sociedade, de modo que a criança não precise envergonhar-se dele.

Por isso as crianças também se preocupam com o bem-estar de seus pais, e temem pela vida deles quando exercem profissões perigosas ou vão à guerra como soldados. As crianças percebem quando o pai está triste e procuram animá-lo e consolá-lo. Desejam que ele esteja presente na família e junto da mãe. Nessas condições podem nascer enredamentos simbióticos na relação entre pai e filho, principalmente quando o pai é traumatizado.

A menina dos olhos

Julia era a menina dos olhos de seu pai. Tinha orgulho dele e queria que ele também se orgulhasse de seus sucessos escolares. Quando o pai procurou outras mulheres, a mãe tentou atrair a filha para o seu lado, mas interiormente Julia era mais leal ao pai. Por isso, o seu mundo infantil desabou quando o pai abandonou a família por outra mulher e perdeu quase completamente o interesse pela filha. Julia não conseguiu lidar sozinha com essa situação e procurou ajuda terapêutica.

Quando uma criança não tem acesso emocional à mãe, procura um substituto no pai, principalmente se ele é um pouco mais aberto que a mãe. Às vezes uma filha idolatra o pai, idealiza-o e apaga todos os seus defeitos. Então corre um grande risco de ser envolvida pelas estruturas psíquicas traumatizantes e pelos mecanismos de sobrevivência do pai.

A voz depreciativa

Konstanze procurou a terapia pela vontade de ver com mais clareza suas chances de trabalho profissional. Tinha-se formado em medicina natural, com especialização em homeopatia, e estava fazendo uma formação de três anos em dança. No trabalho comigo, ao lado de uma esfuziante alegria de viver, Konstanze fazia críticas questionáveis sobre a solidez de seu trabalho, duvidando se não seria uma insensatez esotérica. Esse lado se revelou como uma parte de seu pai, com quem ela inconscientemente se identificava. O seu avô paterno, que era nazista, criou os filhos com dureza e espírito militar, proibindo-os de demonstrar emoções. Por isso o pai de Konstanze tinha uma depressão latente. A parte entusiasta da filha queria alegrá-lo e ajudá-lo a abandonar sua visão negativa do mundo. Apenas quando reconheceu esse enredamento simbiótico inconsciente com o pai é que Konstanze se tornou capaz de fazer profissionalmente as coisas que lhe davam prazer.

Pais sádicos

Alguns pais, em consequência de acontecimentos terríveis em sua infância ou de experiências traumáticas como soldados na guerra, tornam-se extremamente sádicos, criando em torno de si um clima de medo e violência. Devido a divisões interiores extremamente consolidadas, já não conseguem perceber as próprias carências psíquicas. Por isso, não se compadecem da esposa ou de seus filhos, a quem aterrorizam com seus acessos de fúria e violência. Deleitam-se com a dependência e a impotência de seus filhos, que não conseguem escapar de seu poder, e os espancam justamente quando as crianças choram ou se borram de medo.

Odiando a própria fraqueza

O pai de Ramona foi vítima de violência quando menino. Ao tornar-se pai, abusava do amor de sua filha que, rejeitada pela mãe traumatizada, procurou nele afeto e apoio. Submetia-a a abusos sexuais e, na insensibilidade de sua parte de sobrevivência, sentia prazer com o medo e o desamparo da menina. Quanto mais Ramona se defendia, tanto mais agradava ao pai senti-la indefesa sob o seu poder. Sua parte de sobrevivência encenava inconscientemente, por meio da tortura de sua filha, suas próprias experiências infantis de impotência. Ramona adotou de seu pai o ódio à própria fraqueza. Essa parte dela impediu-a por muito tempo de manifestar o seu lado infantil maltratado e de revelar o que havia sofrido com o pai.

Especialmente para filhas de pais traumatizados existe um grande perigo de que o pai dê uma conotação sexual à necessidade infantil de proximidade física, calor e carinho, e que sua parte de sobrevivência o leve a pôr em prática suas perversas fantasias sexuais. Quando há violência sexual, o enredamento simbiótico com o pai torna-se frequentemente inextricável.

A santa prostituta do pai

A mãe de Sabine morreu durante o parto da filha. Seu pai tinha uma obsessão religiosa, que pôs em prática com a filha, que violentou desde pequena até que, aos 16 anos, ela conseguiu fugir de casa e mudar-se para outro país.

Numa sessão de terapia, manifestaram-se em Sabine duas partes divididas. Uma delas queria assassinar o pai, para que finalmente a deixasse em paz. Para essa parte tudo seria válido, inclusive o atropelamento por um caminhão, para que o pai deixasse de persuadi-la a realizar aquelas ações perversas. Mas outra parte dela dizia que isso não teria sentido e seria um assassinato.

Nesse ponto ocorreu a divisão que continuava fixando Sabine em sua impotência. As fantasias de assassinato do pai ainda eram um sinal de resistência, vitalidade e esperança de cortar a dependência, enquanto a parte resignada conduzia Sabine diretamente à depressão.

As repetidas situações de violência, em casos de abuso sexual dentro da família, induzem uma cisão radical na criança. Uma parte psíquica permanece extremamente alerta para perceber exatamente o que o perpetrador está tramando. Essa parte jamais fica tranquila, pois tem a função de ficar focada no perpetrador e não pode adormecer. Por isso também o sono de pessoas sexualmente traumatizadas é frequentemente ruim. A outra parte retira-se do corpo, tanto quanto possível, percorrendo diversos estágios:

- ampla imobilidade;
- rigidez;
- controle da respiração;
- extrema retração interior, até o risco de uma dissociação;
- vontade de fundir-se com o mundo exterior, por exemplo, enterrando-se, inserindo-se numa planta ou dissolvendo-se nela.

Quando essas duas partes de algum modo se juntam numa terapia, a realidade da traumatização torna-se consciente e toda a dor vem à tona, porém isso descongela o corpo enrijecido. É particularmente tocante assistir a esse retorno ao próprio corpo na evolução de pacientes que por muitos anos persistem em trabalhar na própria terapia.

A perda do pai

A relação entre pai e filho merece uma análise especial. Um menino costuma amar seu pai acima de tudo. Luta pelo reconhecimento dele, quer que aprove suas realizações e busca o apoio dele em seus confrontos com o ambiente social. A perda prematura do pai traumatiza o filho e cinde o seu desenvolvimento psíquico. Nesse caso ele também não conseguirá mais tarde estar presente para o seu próprio filho.

Toda a vida à beira de um túmulo

Sebastian ficou enredado com a depressão de seu pai, que tentava anestesiar com a bebida a dor pela perda de seu próprio pai. Esse avô tinha morrido na guerra quando o pai tinha 12 anos, e não pôde ser sepultado. Como se revelou na terapia de Sebastian, seu pai, por sua parte traumatizada, ficou fixado num túmulo aberto onde imaginava estar o avô. Por isso Sebastian não conseguia aproximar-se do pai nem desprender-se dele. A relação esfacelada entre o filho e o pai evidenciou que o problema do pai ausente e emocionalmente inacessível, bem como toda a dor reprimida, já tinham passado para a geração seguinte.

Um filho orienta-se muito fortemente pelo comportamento de seu pai. O que o pai faz é considerado pelo filho como uma lei natural, que prescreve como um homem deve agir.

Isso é, no fundo, algo positivo se o pai é psiquicamente saudável. Entretanto, quando o pai é gravemente traumatizado e o filho imita suas estratégias de sobrevivência, isso pode tornar-se perigoso para o filho e o ambiente dele.

Pare!

Roland ficou por longo tempo fixado num enredamento simbiótico com seu pai. Identificava-se amplamente com os lados violentos e cruéis do pai, e tornou-se brigão e viciado em bebida. A parte grosseira, uma introjeção simbiótica do pai, desenvolveu-se tanto no filho que certa vez provocou um grave acidente de carro, em que Roland quase morreu. Foi somente na terapia que ele começou a elaborar uma imagem mais realista do pai.

Filhos sexualmente maltratados

Para um menino é também extremamente importante ter um contato físico com seu pai sem conotação sexual – por exemplo, medindo forças com ele. O contato físico com o pai é uma necessidade simbiótica arcaica da criança. Contudo, não apenas uma filha, mas também um filho é às vezes violentado pelo pai.

Se a criança não pode contar nessas ocasiões com nenhum apoio por parte da família, isso geralmente resulta de que também a mãe foi vítima de abuso em sua infância, pelo que suas partes de sobrevivência não podem proteger a criança da violência.

Deixando para trás o menino sujo

Hans-Peter já trabalhara muito em si e reconhecera que tinha sido vítima de abuso. Mas ainda havia algo fora de ordem. Ele notou isso, entre outras coisas, porque sofria de súbitos acessos psíquicos que, durante várias horas, o deixavam entorpecido e incapaz de pensar ou fazer qualquer coisa sensata. No trabalho terapêutico ele conseguiu, a partir desse sentimento, ter contato com a parte de si mesmo que ele havia dissociado por ocasião dos vergonhosos abusos que sofreu por parte de seu pai e de seu tio-avô. Nessa parte de sua psique, Hans-Peter sentia-se constantemente como um menino sujo, fétido e violentado. Ele tinha dissociado essa parte naquela época, e em seguida se comportava como se nada lhe tivesse acontecido. Também não havia ninguém a quem pudesse contar sobre o abuso. Numa sessão de terapia ele pôde trabalhar com essa parte, resgatando-a do lixo em que fora deixada e reintegrando-a em sua personalidade total.

capítulo 8

O TRAUMA DE SIMBIOSE

*"Não existe diferença entre o interior e o exterior,
pois o que está dentro está fora."*
Johann W. von Goethe (1749-1832)

Agrupando, do ponto de vista da criança, os casos mencionados, em que o processo de simbiose está ligado a um trauma da mãe ou do pai, parece apropriado falar de um "trauma de simbiose" que uma criança sofre quando nasce de mãe traumatizada ou é criada por pai traumatizado. O relato seguinte, feito por um paciente, mostra o caminho de sofrimentos que isso traz para uma criança.

Esperança decepcionada

"Eu sempre esperei que a situação em casa com a minha mãe melhorasse. Havia sempre novas pílulas e novos médicos, novas ideias e novas esperanças; sempre um novo lampejo e uma nova destruição. Mas a situação jamais melhorava. Eu sempre desejei que ela ficasse melhor e que finalmente eu tivesse uma família. Eu sempre esperava, todos os dias; muitas vezes desisti e muitas vezes me animei de novo. Todo dia havia uma mudança. E eu me perguntava: Quando é que isso vai acabar? Fiz o máximo que podia, aguentei, colaborei, pois o essencial era que minha vida seguisse em frente.

Toda manhã, todo fim de semana eu acordava cheio de esperança de que tudo ficaria bem. Eu saía, sentia o astral e quase sempre me decepcionava. Mas a situação nunca melhorava. Aí eu esperei que, pelo menos, papai me ajudasse. Mas isso muitas vezes só acontecia pela metade, pois a cabeça dele estava em casa com mamãe e não comigo. Estava claro que ele só saía comigo por obrigação.

Todos os dias, esperei que minha mãe ficasse melhor. Nesse intuito, eu tudo fiz, tudo suportei, as pancadas, o terror, essa coisa de sexo, o confinamento, a privação de comida, sempre com um único pensamento na cabeça: se eu não reclamar e colaborar, talvez melhore."

Nessas condições a criança precisa dividir-se psiquicamente desde o começo. Sua traumatização consiste em que, como depende existencialmente de sua mãe e não encontra nela nenhum apoio emocional, vive em permanente angústia mortal. Sente-se abandonada, rejeitada e só, e fica com uma raiva enorme dessa mãe inacessível. Mas precisa reprimir essa raiva, junto com a dor e a tristeza. Com isso nascem nela um comportamento extremamente reservado e a tendência de desistir de si mesma. Essas são as características essenciais das partes traumatizadas numa criança afetada por um trauma de simbiose. Ela precisa dissociar-se de si mesma para poder suportar a situação e sobreviver a ela (Figura 7). Essa divisão psíquica primária faz com que a criança perca toda a confiança em si mesma numa fase muito precoce de seu desenvolvimento. Uma parte vital da criança praticamente renuncia a si mesma.

Em contraposição, a parte de sobrevivência, que se dissociou da criança, luta com obstinação e tenacidade para conseguir contato com os pais, valendo-

Características das partes traumatizadas num trauma de simbiose

- Desespero por não sentir nenhum amor na mãe ou em ambos os pais
- Sentimentos de abandono e solidão
- Medo mortal
- Raiva reprimida
- Dor reprimida
- Tendência a renunciar a si mesmo

Figura 7: Partes traumatizadas num trauma de simbiose

-se de todas as oportunidades que lhe são oferecidas. Suas estratégias de sobrevivência consistem em se empenharem com todos os meios para convencer os pais a cuidarem dela. Essas partes de sobrevivência gritam e choram à medida que lhes permitam isso, ou calam-se se os pais as castigam por chorarem. Fingem-se de crianças felizes quando notam que com isso conseguem um pouco de benevolência por parte dos pais.

As partes de sobrevivência das crianças envolvidas num trauma de simbiose idealizam a mãe ou o pai, só enxergando neles os lados bons, e presumem que os pais as amam, mesmo que não o demonstrem. Identificam-se totalmente com seus pais. Percebem suas necessidades mais íntimas, tentam adivinhar suas expectativas e satisfazê-las da melhor maneira possível. Se não conseguem fazer com que os pais fiquem felizes e lhes deem atenção, atribuem a si mesmas a culpa, depreciando-se como se não fossem suficientemente amáveis, obedientes, corajosas, bonitas ou boas para serem amadas por eles.

Partes de sobrevivência enredadas no trauma simbiótico copiam as estratégias de sobrevivência dos pais, que de muitas maneiras negam os seus próprios traumas. Partes de sobrevivência de crianças enredadas em traumas simbióticos também negam as próprias carências psíquicas e condenam-se quando não são bastante fortes para reprimir as próprias necessidades e os próprios sentimentos.

Como desejam tão intensamente o contato com os pais e se abrem amplamente com essa intenção, as partes de sobrevivência da criança, em sua carência simbiótica, fundem-se inconscientemente com as partes traumaticamente dissociadas de seus pais. Absorvem as informações e os padrões de energia dos traumas dos pais (superexcitação, pânico, raiva ilimitada ou vergonha) em seu próprio corpo e os incorporam à sua própria vida psíquica (Figura 8).

Dessa maneira, os traumas dos pais se transmitem aos filhos, passando de uma geração a outra. Enfermidades psíquicas e dores corporais crônicas são expressões do compromisso de manter uma proximidade simbiótica com os pais traumatizados e simultaneamente defender-se interiormente dessa aproximação.

"Trauma de simbiose" significa, portanto, a traumatização da necessidade infantil do amor dos pais. Em seu amor pela mãe e pelo pai a criança sente-se impotente. Suas necessidades de amor não são satisfeitas pelos pais, e ela não vê nenhuma alternativa a que possa apegar-se para substituí-los. A essa sensação de impotência, de ser deixada só, abandonada, rejeitada e não amada, a criança contrapõe, como estratégia de sobrevivência, suas ilusões de amor. Acha que,

Características das partes de sobrevivência num trauma de simbiose

- Luta tenaz pelo contato com os pais
- Idealização da mãe e/ou do pai
- Identificação com os mecanismos de sobrevivência dos pais
- Repressão e negação do seu próprio trauma
- Fusão com as partes traumatizadas dos pais

Figura 8: Partes de sobrevivência num trauma de simbiose

amando a si mesma com muita firmeza e mostrando-se amável, acabará despertando o amor dos pais, independentemente do tempo que for necessário e do tamanho da aversão manifestada pela mãe ou pelo pai. "Um dia vou conseguir que meus pais me amem", é a crença de toda criança não amada. Ela não admite que haja mães e pais que – por causa dos próprios traumas psíquicos – não são capazes de amar seus filhos. O paciente mencionado continua assim o seu relato:

As ilusões do amor

"O pequeno Thomas em mim espera até hoje que, de repente, sua mamãe chegue curada, tome-o nos braços, cheia de amor materno, faça-o sentir que é um filho maravilhoso, tome-o pela mão e leve-o para fazer junto com ela coisas maravilhosas. E espera também que o papai bata em seu ombro e diga-lhe como está orgulhoso do filho, e que todos os três tenham uma vida familiar, com tudo o que pertence a ela."

Num trauma de simbiose, as partes de sobrevivência idealizam sua dependência até o limite da negação de si. Do mesmo modo que o "mito da mãe", também o "mito do pai" é uma estratégia para sobreviver a um trauma de simbiose. É o sonho de um pai sempre presente, bondoso e justo. Quanto menos o pai real preenche essas qualidades, tanto mais intensa e persistente se torna essa fantasia do pai ideal, e tanto mais tenazmente as partes de sobrevivência envolvidas no trauma simbiótico se apegam a ela.

Como as crianças não têm diante de si um oponente real, elas se refugiam num mundo de fantasia, criam figuras protetoras, amigos imaginários e parceiros de conversas inventados por elas.

Espíritos protetores

Marianne, quando criança, esteve entregue sem defesa a violências em sua família. Num determinado momento ela só via saída no suicídio. Com a ajuda de espíritos protetores imaginados por ela, uma mistura multicolorida de figuras cristãs (Arcanjo São Miguel, São Sebastião) com xamãs (Grande Mestre, Velha Sábia) e personagens do mundo, ela conseguiu recalcar as ideias de suicídio. Até hoje conversa com eles, busca seu conselho e consolo, tenta haurir as forças e utilizar a sabedoria deles. Isso a ajudou muitas vezes em situações críticas e impediu-a de suicidar-se. A desvantagem dessa estratégia de proteção é que a pessoa permanece no reino da fantasia e não consegue distinguir adequadamente entre a realidade e a fantasia. Da mesma forma, nem sempre consegue separar presente e passado, ou distinguir claramente entre a realidade e a ilusão.

Esses espíritos protetores interiores são uma das estratégias de sobrevivência de Marianne. Todas as suas partes de sobrevivência negam-se a reconhecer como reais os traumas por que passou. Preferem refugiar-se constantemente em novos campos esotéricos.

Com isso, suas partes traumatizadas permanecem presas ao seu mundo particular, e não podem aprender que o passado não existe mais. Não conseguem perceber que os ruídos que ouvem e os deixam em pânico são ruídos de hoje e não os ruídos daquela época, associados à violência que sofreram.

Nesse processo, que chamo de trauma de simbiose, a criança terá muita sorte se conseguir preservar suas partes psíquicas saudáveis. Isso porque elas possibilitam um certo desenvolvimento de sua autonomia e talvez possam ajudá-la mais tarde, num contexto terapêutico, a encontrar uma saída da armadilha do envolvimento simbiótico com seus pais. A forma como se apresentam essas partes saudáveis e os meios com que podem ser estimuladas são temas desenvolvidos no Capítulo 11 deste livro.

O conceito de trauma de simbiose substitui parcialmente, em minha construção teórica, o conceito de trauma de vinculação, no qual, aliás, eu já dava um especial destaque aos aspectos da vinculação entre a mãe e a criança e, em grau mais atenuado, entre o pai e a criança. Entretanto, também existem formas de coexistência humana fora do sistema familiar de vinculação, como as relações conjugais, de amizade e outras, associadas a contextos de trabalho. Também aqui as tentativas de pertencer e de ligar-se a pessoas que deem apoio, podem adquirir um caráter traumático se não forem bem-sucedidas. Isso pode acontecer, por exemplo, em casos de maus-tratos por colegas de escola ou de trabalho, ou em discriminações contra estrangeiros. Para esses casos, o conceito de trauma de vinculação conserva a sua importância. Assim, o trauma de simbiose é uma subcategoria do trauma de vinculação.

capítulo 9

ENREDAMENTOS SIMBIÓTICOS

"As pessoas farão qualquer coisa, não importa quão absurda, para que não precisem encarar a própria alma."
Carl G. Jung (1875–1961)

As consequências de um trauma de simbiose são os enredamentos simbióticos. Dou esta denominação a formas de relacionamento em que os parceiros envolvidos não recebem o que precisam e desejam um do outro (amor, cuidados, apoio...) mas, apesar de todos os conflitos que travam entre si, não conseguem desprender-se. Os enredamentos simbióticos apresentam uma luta permanente, no interior de uma relação ou de todo um sistema de relações, para que um exista para o outro, embora faltem as condições necessárias a uma relação simbiótica construtiva.

São características de enredamentos simbióticos:

- apegar-se ao outro e segurá-lo com todas as forças;
- repelir o outro quando ele se aproxima demais e quando suas exigências ficam excessivas;
- reaproximar-se, quando o medo, o isolamento interior e a solidão se tornam excessivamente fortes;
- acusar o outro, recriminá-lo, brigar ferozmente com ele e voltar sempre a perdoá-lo;
- não saber como terminar o relacionamento, e permanecer juntos até um amargo fim.

No capítulo precedente já tematizei as diferentes formas de enredamento de crianças com suas mães e pais. A seguir acrescento algumas indicações sobre as formas de enredamento entre indivíduos e entre unidades sociais maiores e seus membros.

9.1 Enredamentos simbióticos entre irmãos

A configuração dos irmãos depende basicamente de seu número, sexo e diferença de idades (Leman, 1999). A evolução psíquica de cada criança é também marcada por sua posição na sequência dos irmãos (Forer e Still, 1982). Cada criança nasce numa configuração especial de relações entre seus pais e os irmãos que eventualmente já nasceram. A condição da mãe durante a gravidez varia para cada criança. Por isso, nem toda criança reage da mesma maneira a eventuais traumas de seus pais (Walper, Thönissen, Wendt e Bergau, 2009). Os fatores, tanto de proteção quanto de risco, variam para cada criança. Nesse particular, também têm importância as condições do contexto social e nacional. Não é irrelevante que a criança pertença a um estrato social mais baixo ou mais alto, ou que nasça após uma guerra ou em períodos de paz.

Amor e rivalidade

Em famílias psiquicamente saudáveis a solidariedade entre os irmãos é incentivada. Nessas famílias os irmãos se amam e podem distinguir-se bem uns dos outros. Cada um pode expressar suas próprias habilidades e talentos. Os conflitos entre os irmãos não são imediatamente interrompidos pelos pais, mas são vistos como necessários para o amadurecimento psíquico da prole. Com isso, irmãos nascidos em famílias saudáveis também se entenderão bem em sua vida futura e respeitarão os respectivos caminhos de vida.

Em famílias com pais traumatizados, os irmãos também se enredam de forma simbiótica. Então competem exageradamente pela atenção do pai e da mãe, invejam-se e tornam mais difícil a vida dos demais. Cada um acredita que o outro é o preferido dos pais, embora nenhum deles tenha um real contato com os pais. Estes não conseguem apaziguar as rixas entre os filhos e interromper as pequenas e grandes animosidades e as maldades que eles se fazem. Por exemplo, não ajudam os menores e mais fracos nos conflitos com os mais desenvolvidos física ou mentalmente, ou então sobrecarregam os irmãos mais velhos com uma responsabilidade excessiva pelos mais novos. Com frequência as crianças não são diferenciadas nem reconhecidas pelo que elas têm de especial.

A relação entre esses irmãos permanece tensa por toda a vida, mesmo depois da morte dos pais. Nas contendas, frequentemente insolúveis, em torno da herança, os enredamentos simbióticos voltam à tona, mesmo que nesse meio-tempo os irmãos tenham tomado direções diferentes.

Gêmeos

Os gêmeos, devido às experiências partilhadas antes do nascimento, têm entre si uma ligação psíquica especial. Por exemplo, se um dos gêmeos morre numa fase adiantada da gravidez, isso provoca no sobrevivente um precoce trauma de perda, agravado pela dor da mãe.

Gêmeos nascidos em famílias traumatizadas podem tentar apoiar-se mutuamente. Com isso, porém, também se enredam mutuamente e não conseguirão, sem ajuda externa, encontrar uma saudável distância entre si.

Enredamento de gêmeos

Doris e Franziska são gêmeas. Desde o nascimento foram ameaçadas de morte pela mãe traumatizada e entregues sem defesa a abusos por parte de homens, dentro e fora da família. Doris tornou-se, pouco a pouco, protetora da irmã, assumindo progressivamente traços masculinos e desenvolvendo em si uma forte energia de agressora. Franziska, ao contrário, permaneceu no papel de vítima.

À medida que Franziska, em sua terapia, foi trabalhando a história da própria infância, foi percebendo, cada vez mais, como sua irmã gêmea a dominava e se intrometia em sua vida sem lhe pedir permissão.

Doris, por sua vez, pôde livrar-se melhor de sua energia de agressora quando reconheceu que essa energia, sobre a qual construíra seus mecanismos de sobrevivência, também estava presente em sua mãe. Dessa maneira ela mantinha disfarçadamente o contato simbiótico com a mãe. A partir desse reconhecimento, Doris pôde buscar saber melhor quem realmente era.

9.2 Enredamentos simbióticos em casais

O caráter simbiótico da relação entre homens e mulheres é entusiasticamente aclamado em canções, evocado com paixão em romances e constantemente encenado nos filmes de amor. Como seres humanos, temos uma insaciável necessidade de avivar constantemente em nós a sensação do enamoramento. "Minha maior felicidade é você!" – "Tendo você, não me falta mais nada!". A imagem de um só coração e uma só alma, a fusão corporal e o sentimento oceânico de dissolver-se no outro, parecem a meta mais desejável de duas pessoas ligadas por amor.

Entrementes, já é um saber adquirido que os sentimentos apaixonados são poderosamente dirigidos por neurotransmissores e hormônios, e são temporários. A paixão serve para reforçar a disposição de acasalamento, para não perceber as deficiências e fraquezas do parceiro, e para reforçar o que ambos já possuem em comum. Com isso, em termos biológicos, é incentivada a formação de casais, que assegura a geração de uma posteridade e proporciona à relação entre o homem e a mulher uma certa estabilidade para o cuidado comum pela prole.

A redução do amor conjugal à Biologia e à Neuroquímica não faz justiça, porém, à complexidade da prática amorosa entre os seres humanos, como demonstra, com argumentos válidos, o filósofo Richard David Precht (Precht, 2009). Na formação do casal importam para os envolvidos, entre outras coisas, a confirmação do próprio valor e a formação mais profunda da própria personalidade. Queremos ser amados por nossos parceiros como uma pessoa especial, única e insubstituível, inclusive com nossas deficiências e erros. No fundo, essas são as mesmas necessidades simbióticas arcaicas que já conhecemos em nossa infância: ser amado, estar junto, pertencer, ser cuidado, e também poder amar e cuidar de alguém.

É duvidoso que um parceiro consiga satisfazer, a longo prazo, todas essas necessidades simbióticas. Como o ingresso numa relação conjugal, pelo menos em comunidades culturais mais livres, é um ato voluntário, a sensação do caráter único do parceiro pode ser perdida, e sua atratividade original pode esmaecer aos poucos. Os inúmeros conflitos nas relações conjugais e as elevadas taxas de separação e divórcio atestam que, num certo sentido, esse fenômeno é normal.

Em última análise, parceiros psiquicamente saudáveis não querem perpetuar sua fusão com o outro, do mesmo modo que crianças psiquicamente saudáveis não gostariam de passar toda a vida ao lado da mãe. As ideias românticas do amor, do tipo "e viveram felizes para sempre", não se coadunam com a realidade de uma longa relação de casal. Nas relações conjugais saudáveis, o que importa não é somente a satisfação das necessidades simbióticas, mas também o desenvolvimento da autonomia individual, das áreas de interesse pessoal e do desenvolvimento conjunto através das diferentes fases da vida. Isso envolve um grande potencial de conflitos, mas também muitas oportunidades de soluções construtivas.

As ilusões de amor e o medo de perder o controle

Quando os conflitos entre o casal, que forçosamente aparecem, são insolúveis, geralmente se baseiam em enredamentos simbióticos. O enredamento simbiótico numa relação de casal resulta da atração recíproca entre pessoas que viveram experiências traumáticas na infância. Como os parceiros estão interiormente divididos entre uma parte que anseia por proximidade e amor, e outra que, devido às experiências negativas da infância, teme a proximidade excessiva e apega-se a uma falsa concepção de amor, as partes traumatizadas se concentram na esperança de finalmente ser olhadas por outra pessoa. Por outro lado, contudo, por ação de suas partes de sobrevivência, os parceiros não se harmonizam corretamente mas sempre voltam a esbarrar um no outro. Assim, casais enredados não se largam mas jamais conseguem conviver em verdadeira harmonia.

As ilusões e idealizações elaboradas na relação com a mãe e com o pai são transferidas para o parceiro. Do mesmo modo, cada parceiro tem uma grande disposição para sintonizar-se com os traumas do outro, carregando parte da respectiva carga psíquica e tentando ajudá-lo, independentemente do que tenha feito ou ainda faça em relação ao próprio pai deprimido ou à própria mãe estressada. A idealização de um parceiro, bem como a identificação com seus sofrimentos psíquicos, é confundida com amor, pois a pessoa não conheceu outra forma de amor em sua infância. "Precisamos um do outro para carregar juntos o nosso sofrimento" é o lema dos relacionamentos enredados por simbiose.

O medo de conectar-se com os intoleráveis sentimentos do trauma simbiótico impede uma abertura mais ampla e provoca facilmente, em caso de proximidade excessiva com o parceiro, um desligamento automático das emoções, para impedir a temida perda do controle. O excesso de proximidade mobiliza as estratégias de sobrevivência e pode fazer inclusive que a alma se separe do corpo, isto é, que os processos físicos e psíquicos se dissociem ainda mais.

A carta seguinte, recebida de uma paciente, é um caso típico de um casal enredado por simbiose. Eles não se harmonizam, apesar de intensos sentimentos recíprocos.

Temos alguma chance?

"Eu me pergunto se temos alguma chance. M. escreveu que não consegue viver nossa relação, porque a tentativa de criar um entrosamento entre nossos mundos nos prejudica muito. Ele sempre encontra razões para justificar o desajuste. E isso também é muito difícil para ele porque, pelo que escreve, ainda me ama muito. Se não fosse tão importante para mim, eu deixaria de lutar. Custa-me muita força, mas existe aí tanto sentimento, tanta profundidade e concordância!

Desde o início houve uma grande confiança entre nós. É como uma afinidade de alma, seja o que for que isso signifique. Sinto-me profundamente entendida e amada por ele. Ele é como a minha segunda metade, e ele também diz isso."

É frequente, principalmente entre as mulheres, a ilusão de que podem salvar, pelo seu amor, homens que sofreram um trauma de simbiose em sua infância. Possivelmente isso se relaciona com a característica tipicamente feminina de reagir ao stress intensificando seus esforços por relacionamentos. Esse pensamento foi-me inspirado pela leitura do livro *Das weibliche Gehirn* [O Cérebro Feminino], da professora americana de Neuropsiquiatria Louann Brizendine (2007). De acordo com ela, os homens reagem em situações estressantes prevalentemente com "luta" ou "fuga", enquanto as mulheres em situações de perigo tentam construir melhores redes sociais de relacionamento para se protegerem em comum dos agressores. Talvez se possa afirmar que, em situações de conflito, os homens têm antes a tendência de desistir ou de impor-se sozinhos, enquanto as mulheres procuram intensificar e salvar os relacionamentos. Com a ruptura de um relacionamento elas se sentem ainda mais ameaçadas do que antes e querem mantê-lo pelo tempo que for possível.

Essa programação evolutiva das mulheres, que as leva a querer manter e salvar os relacionamentos, é levada parcialmente a um grau absurdo quando se prendem por toda a sua vida a homens que habitualmente as tratam com violência. Em tais casos, o alinhamento simbiótico a um parceiro incapaz de ser fiel a um relacionamento e de vivê-lo de modo construtivo representa, via de regra, uma forma de fugir da confrontação com o próprio trauma simbiótico. Pois, enquanto se ocupa com alguém, a pessoa se dispensa de reconhecer o que está acontecendo consigo mesma, e de saber quem ela é, o que quer e o que sente.

O "parceiro sonhado"

Em lugar do amor conjugal autêntico, manifestam-se em casais enredados as antigas ilusões sobre o amor que a criança alimentava em relação aos pais inacessíveis. Do mesmo modo como as partes de sobrevivência, enredadas numa simbiose, não conseguem ver os pais como realmente são mas os idealizam, assim também elas idealizam os parceiros potenciais. O cinema e a propaganda comercial oferecem em profusão modelos em que as pessoas poderão encontrar "o homem dos seus sonhos" ou "a mulher dos seus sonhos". Quem não se percebe, e não sente quem é, fica inclinado a tomar esse mundo de belas aparências como modelo para sua própria vida. Tanto mais amargo é o despertar, quando se verifica que o parceiro não possui nada em comum com a fantasia veiculada pelo reclame. Não se pode suprir, por meio de um parceiro pretensamente ideal, a falta da valorização de si mesmo, de segurança interior e de orientação na vida. As deficiências do próprio desenvolvimento e os problemas de identidade logo se tornam manifestos numa relação conjugal e provocam insolúveis conflitos de relacionamento.

O sexo como compensação

Pessoas que em sua infância não tiveram um suficiente suprimento simbiótico frequentemente recorrem ao sexo para não precisar sentir, pelo menos por alguns momentos, a própria solidão interior. O toque e a estimulação sexual por outra pessoa destinam-se a preencher o próprio vazio e a insensibilidade interior. O ato sexual pode estimular a ilusão de satisfazer os desejos infantis não preenchidos na infância e finalmente criar uma unidade com outra pessoa. Como verifiquei em meu trabalho com pacientes masculinos, homens que foram negligenciados em sua simbiose infantil associam a penetração sexual numa mulher a fantasias de retorno ao útero materno, o único lugar onde puderam sentir-se em ligação simbiótica com suas mães.

Meninas que sofreram um desligamento emocional prematuro por parte de uma mãe traumatizada tornam-se extremamente receptivas a ofertas de proximidade corporal por parte do pai. Elas suportam até mesmo abusos, apenas para terem para si uma pessoa que lhes dê atenção e um pouco de afeto. A criança só pode suportar a contradição entre a necessidade de proximidade e o asco que surge numa situação de abuso por meio da dissociação psíquica entre uma parte que idealiza o pai e outra que tolera o asco, a dor e o medo. Pode-se dizer *a posteriori* que o abuso sexual acontece quando uma criança precisa dividir-se psiquicamente para ter contato físico e emocional com um adulto ou um adolescente mais velho.

Ao se tornarem adolescentes e adultas, essas meninas já se acostumaram à ideia de que só existe proximidade ao preço da satisfação sexual do homem. Não raramente procuram homens cuja sexualidade também funciona como válvula de compensação para a falta de nutrição simbiótica em sua infância. Assim o sexo pode tornar-se um vício na relação conjugal, com uma exigência de intercurso sexual várias vezes ao dia. Isso também pode levar a perversões sexuais, como o sadomasoquismo, baseadas em torturas, excessos, violência e submissão, com a intenção de arrancar sensações prazerosas dos corpos insensibilizados. Nesses casos, o amor, o medo, a raiva, a dor, a culpa e o prazer já não são vividos como sentimentos especificamente distintos.

Sexualidade bloqueada

A conjunção dos órgãos sexuais humanos com os órgãos de excreção traz adicionalmente o perigo de associar sensações de prazer e de nojo. Urina e fezes despertam nojo e repelem pelo seu cheiro. Do mesmo modo, existe o risco de uma associação entre sensações de prazer e de vergonha. As pessoas não gostam de ser observadas quando expelem. Sensações de prazer também podem associar-se a sensações de dor, quando a sensação de prazer não é suficiente para lubrificar o órgão feminino para o contato com o órgão sexual do parceiro. E, finalmente, existe a consciência de que as sensações de prazer são breves, mas a longo prazo podem trazer enormes responsabilidades quando se gera uma criança. Por todas essas razões, os impulsos sexuais têm que ser muito intensos para impor-se contra esses obstáculos psíquicos. E precisam também ser apoiados por outros sentimentos intensos, principalmente pelo enamoramento e pelo amor.

Enquanto alguém endeusa uma pessoa distante, pode imaginar com belas cores uma convivência com ela. Entretanto, quando efetivamente acontecem a proximidade e a intimidade, talvez prevaleçam as sensações de medo, nojo e vergonha, e as partes de sobrevivência enredadas por simbiose reagirão do mesmo modo como aprenderam na relação com os pais, a saber, com recuo interior, raiva, autocrítica ou perturbação.

Uma sexualidade saudável não é infantilmente carente, nem submissa ou possessiva. A pessoa desfruta, em sua união corporal com outra pessoa, a própria sexualidade e o próprio valor como homem ou como mulher.

Infidelidade

Quem está emocionalmente ligado a um parceiro sexual sente como infidelidade e traição ao relacionamento quando esse parceiro tem relações sexuais com outra pessoa. Tanto os homens quanto as mulheres sentem-se pessoalmente rebaixados quando o parceiro é infiel. A infidelidade também é sentida como uma agressão à própria atratividade sexual, como homem ou como mulher. A pergunta que se faz então é a seguinte: "O que ele/ela tem, que eu não tenho?" A infidelidade coloca em grande risco a parceria sexual. Por isso geralmente não acontece abertamente mas é praticada em segredo.

Crianças simbioticamente subnutridas são, mesmo quando adultas, muito vulneráveis a propostas de intimidade. Frequentemente aceitam tudo o que lhes é oferecido, mesmo que estejam numa relação conjugal. Nessa situação, os homens têm simultaneamente várias amantes, e as mulheres não rejeitam quando um homem lhes dedica sua atenção e se mostra pessoalmente dedicado a elas. Quanto mais dividida esteja uma pessoa quanto ao corpo, à alma e ao espírito, tanto mais fácil lhe é acrescentar um segundo, um terceiro ou um quarto relacionamento.

Por essa razão, casais enredados por simbiose estão sempre lutando com sentimentos de ciúme. De fato, não conseguem jamais estar seguros da fidelidade do parceiro, assim como não podem garantir sua própria fidelidade. Quem careceu de suprimento simbiótico na infância também não se livra facilmente de um segundo parceiro, mesmo que o parceiro principal sofra muito com essa infidelidade. O desejo de ser considerada e amada, e o medo da solidão, são tão fortes que a pessoa não renuncia de bom grado a alguém que lhe dê atenção.

Como a própria honra é muito ferida e afrontada pela infidelidade sexual do parceiro, isso pode acarretar a recusa de todo intercurso sexual com o parceiro infiel. Entretanto, devido ao medo da solidão, a relação de parceria ou de casamento continua a ser mantida. Isso dá origem a esses arranjos de relacionamento, em que são "permitidas" ao parceiro fiel a permanência no casamento e ao parceiro infiel a satisfação sexual fora da sociedade conjugal.

Amor obsessivo

Há pessoas que não aceitam ser rejeitadas pela pessoa em que se fixaram com seu amor simbioticamente enredado. Em sua ilusão amorosa de que essa pessoa é propriedade sua, mesmo quando ela lhes manifesta sinais de uma clara rejeição, elas dramatizam suas demonstrações de amor, convertendo-as numa obstinada perseguição, que na terminologia penal recebe o nome de "assédio". O quadro de fundo são também dramas de infância, em que os pais eram inacessíveis à criança, embora esta pintasse uma imagem ilusória do amor deles. Na fantasia das crianças, esse amor dos pais era tão grande que nem mesmo a rejeição deles conseguia afetar essa ideia. Quando alguém desperta de uma parte de sobrevivência como essa e reconhece a realidade, toda a miséria de sua história de amor fica dolorosamente exposta. Como suas partes de sobrevivência julgam que não poderiam suportar essa visão, preferem permanecer presas na negação da realidade e na ilusão.

Violência e reconciliação

Em enredamentos de casais não são raras as explosões de violência. Elas obedecem ao seguinte padrão:

- briga e explosão de violência;
- arrependimento e fase de manipulação por parte do ofensor;
- perdão pela vítima;
- nova fase de lua de mel na relação;
- finalmente, renovação da briga e escalada da violência (Peichl, 2008 p. 165 ss.).

"Eu o amo, apesar de tudo"
Certa vez trabalhei por mais de dois anos com uma paciente que, a intervalos regulares, queixava-se de acessos de violência de seu marido, relatava separações dramáticas e depois sempre se reconciliava de novo. Nas fases da reconciliação achava que esse homem era simplesmente o homem ideal para ela. Como eu não conseguia ter acesso às partes psíquicas saudáveis dela, propus-lhe de minha parte terminar a terapia. Isso porque eu não queria continuar funcionando como uma sucursal do enredamento entre ela e seu marido que, com ouvidos pacientes, apoiava o jogo dela: "Bata-me, para que nos apaixonemos de novo." Com partes de sobrevivência não se pode fazer uma psicoterapia consistente. Naquela época eu ainda não estava tão consciente disso, caso contrário ter-lhe-ia proposto muito antes terminar a terapia.

A criança mitificada

Mesmo numa saudável relação de casal, os filhos comuns constituem uma enorme sobrecarga. Especialmente nos primeiros anos de vida, as crianças exigem tantos cuidados e atenção que frequentemente quase não sobra tempo para o cultivo da relação conjugal. Muitas vezes, a mãe absorvida com crianças pequenas sente-se excessivamente estressada para poder corresponder às expectativas do marido.

É uma ilusão esperar que uma relação conjugal ruim melhore com o advento de um filho comum. Além disso, às vezes o casal perde totalmente o interesse recíproco e cada um dos pais quer ter a criança totalmente para si, afastando dela o cônjuge. A criança deve suprir o vazio interior e a falta de sentido da própria vida. Ela é idealizada e não é percebida como uma criança real. Torna-se a "criança mitificada", que absorve toda a atenção da mãe ou do pai.

A criança também pode ter a função de encobrir os problemas não resolvidos do casal, por exemplo, quando reage, com doenças e distúrbios de comportamento, à perturbação do relacionamento entre a mãe e o pai, que as crianças registram com extrema sensibilidade. Então o cuidado pela criança "doente" ou "difícil" serve para desviar-se dos problemas do casal e fixar-se num adversário comum, a pretensa "hiperatividade", os "problemas escolares" ou os "problemas de drogas" do filho ou da filha. Com isso as crianças são introduzidas inextricavelmente na relação simbioticamente enredada e nos traumas de seus pais.

Separações que não liberam

Quando já passou o momento de resolver os problemas do casal e se abre o caminho da separação ou do divórcio, isso frequentemente não só não provoca a dissolução dos enredamentos simbióticos, como também atrai outras pessoas para dentro deles: amigos, consultores, advogados, elaboradores de laudos, juízes, assistentes sociais etc. Os juizados de menores e as varas de famílias são sucursais de enredamentos simbióticos entre homens e mulheres que não conseguem vivificar o relacionamento mútuo nem desprender-se um do outro, porque não sabem o que podem fazer de sua vida. O conflito conjugal não resolvido impossibilita, em muitos casos, soluções consensuais para o bem das crianças.

Uma satisfatória terapia de casal

A partir do meu trabalho com casais, sei que eles podem apoiar-se mutuamente para livrar-se do enredamento com seus próprios pais. Isso requer, por um lado, a compreensão de que cada um, à sua maneira, está enredado com sua família de origem e possivelmente carrega consigo outros traumas. Por outro lado, é útil reconhecer que ambos, de modo pessoal mas inconsciente, muitas vezes reavivam em sua relação os padrões destrutivos de relacionamento de suas famílias de origem. Quando ambos os parceiros estão dispostos a trabalhar os temas de seus próprios enredamentos, a relação do casal fica mais simples, mais livre de conflitos e mais satisfatória. Então se consegue viver a relação conjugal, de uma forma crescente, a partir das partes psíquicas saudáveis.

Julgo que uma boa terapia de casal é em muitos casos a porta de entrada para uma terapia individual que leve mais longe. Quando ambos os parceiros estão dispostos a trabalhar terapeuticamente os seus traumas e especificamente o seu trauma simbiótico, a relação conjugal tem uma chance real de desenvolver-se, de modo a permitir que ambos os parceiros tirem dela uma profunda satisfação.

9.3 Enredamento simbiótico com toda a família

As famílias podem fornecer proteção, apoio, abrigo e orientação para a vida na sociedade. Quando a família aumenta e floresce, quando existem bodas, filhos e netos, e todos os membros da família têm realizações especiais na vida, isso proporciona uma alegria comum. Do mesmo modo, numa família saudável, a necessidade e a dor podem ser suportadas conjuntamente.

Quando, porém, existem na família traumatizações não superadas, isso tem efeitos sobre todos os membros da família. Por exemplo, sabe-se que em famílias de sobreviventes do holocausto as gerações subsequentes sofreram muito com seus pais ou avós traumatizados:

- pela irrupção descontrolada das lembranças traumáticas deles;
- pelas rígidas estratégias de sobrevivência que adotaram, e
- devido à sua contraditória expectativa de que o trauma do holocausto jamais seja esquecido e simultaneamente que seja resolvido, sem prévio entendimento sobre como isso pode acontecer (Danieli, 1998; Grünberg, 2000; Cohen, 2010, DePicciotto, 2010). Assim funcionam as estratégias de sobrevivência: elas querem alcançar algo sem jamais mencionar o essencial, isto é, o trauma. Por isso filhos de pais traumatizados também não conseguem jamais satisfazer as expectativas deles.

A situação fica especialmente crítica quando se atribui à "família" um valor muito superior às necessidades de seus membros individuais e quando se exige de todos que sacrifiquem por ela seus interesses, sua saúde ou toda a sua vida.

Do ponto de vista ideológico e religioso, essas relações são garantidas pelo mandamento que obriga os filhos a prestarem uma obediência incondicional a seus pais. Serap Cileli, uma ativista turca de direitos humanos, descreve isso da seguinte maneira: "O respeito aos pais é outro conceito básico da educação de moças e rapazes turcos. Os filhos devem respeitar os pais, sempre e em todo lugar. Essa é uma lei imprescritível, tanto no Islã como na cultura turca. Segundo uma antiga sabedoria popular, a criança precisa incondicionalmente da bênção de seus pais para obter felicidade, saúde e prosperidade.... Respeitar os pais significa, na cultura turca, renunciar à própria individualidade e conformar-se totalmente à vontade deles" (Cileli, 2008, p. 44).

Nessa fórmula arcaica, que se encontra em todas as sociedades marcadas pelo regime patriarcal, a família, o casamento e as bodas funcionam como garantias da dominação masculina sobre a mulher. O patriarcado é a expressão exterior da dominação, da autossuficiência e da vaidade masculinas. É uma fachada que esconde o medo do abandono e do fracasso, bem como a incapacidade de lidar prazerosamente com as sensações corporais da sexualidade masculina, frequentemente avassaladoras, de modo que não sejam simplesmente supervalorizadas como força vital, nem condenadas como puras manifestações do instinto.

Em minha teoria, vejo as condutas dominadoras masculinas também como consequências de traumas simbióticos sofridos pelos rapazes que vivem sob essas condições familiares e sociais. Como nessa situação as meninas e mulheres são gravemente traumatizadas de muitas maneiras, muitas mulheres não conseguem proporcionar aos filhos uma disponibilidade emocional. Por essa razão, as características especificamente masculinas resultantes são marcadas pelas estratégias simbióticas de sobrevivência. As mães são excessivamente idealizadas, e o medo do abandono e a raiva reprimida contra a própria mãe, frutos da divisão psíquica, são projetados contra outras mulheres e contra o sexo feminino em geral. Daí nasce uma imagem da mulher profundamente dividida: ela é uma santa ou uma prostituta.

Como as mulheres em tais condições sociais têm poucas chances de reagir à dominação e à violência masculina, muitas se submetem e se sentem desvalorizadas. Então as próprias mulheres superestimam o valor da masculinidade. Como mães, geralmente se orgulham muito mais ao dar à luz um filho, do que uma filha. E educam o filho, sem levar em conta suas necessidades infantis, segundo o modelo do patriarca mais próximo.

Nas famílias patriarcais utiliza-se a sensação infantil de dependência para criar uma identificação com "a família". A criança é condicionada a interiorizar os padrões de valor da família, como se fossem os seus próprios. As sequelas já mencionadas do trauma de simbiose tornam a criança inclinada a identificar-se com as estratégias de sobrevivência de seus pais. O que a família sofre é sentido pela criança como se fosse sua própria dor, e o que alegra a família lhe traz uma felicidade pessoal. Em tais famílias não se toleram desvios, e os traumas por violência são muito numerosos, tanto nos homens quanto nas mulheres. As meninas sofrem em sua infância muitas violências, abusos sexuais e incesto, e também os meninos são frequentemente violentados por seus pais e irmãos mais velhos. Assim se desenvolvem, às vezes, nessas estruturas famílias fechadas em si, formas extremas de simbiose destrutiva. Para fins externos, por exemplo, para os juizados de menores, a polícia e a escola, transmite-se uma aparência de normalidade. Toda tentativa de, pelo menos, deter o sofrimento das crianças nessas famílias é rechaçada com indignação, como uma interferência indébita.

Numa família enredada em simbiose, as vítimas só conseguem contestar a aparência de dignidade e sustentar a verdade da violência que lhes foi infligida, expondo-se a grandes medos e perigos para seu corpo e sua vida. Muitos preferem ferir-se ou matar-se para escapar do conflito com sua família, que são incapazes de resolver. As tentativas de romper com tais estruturas familiares são frustradas, enquanto for possível, pelos membros fiéis à família e também pelas partes psíquicas da vítima que permanecem leais a ela.

"Meu pai não me ama."
>N. suportou na infância o terror que seu pai violento difundia constantemente na família. Graças à influência do pai, N. teve uma boa formação e conseguiu um emprego lucrativo. Ganhava muito bem, mas isso não o deixava feliz. Começou a drogar-se, comportava-se como um *playboy* e tinha impulsos suicidas. Não vivia sua própria vida, mas sofria a pressão das expectativas paternas. Finalmente, o dinheiro perdeu todo o valor para ele, e ele se perguntava se o "amor" realmente existia. Sua mãe estava fraca e desamparada. Depois do casamento do filho, ela tentou interferir nas relações entre ele e a esposa. Quando N. reconheceu, em sua terapia, que seu pai não o amava mas servia-se dele para os seus jogos de poder, emergiu nele uma dor profunda e irresistível.

9.4 Enredamentos simbióticos em nível nacional

O que ocorre nas famílias exerce influência sobre as comunidades sociais maiores. As condições étnicas, culturais e sociais podem tanto promover quanto impedir enredamentos simbióticos no domínio pessoal e familiar.

Contextos sociais superiores, como clãs, raças, grupos populares ou estados nacionais, representam geralmente comunidades de sobrevivência para se diferenciarem de outros agrupamentos humanos, porque os clãs, as raças e grupos similares apoderam-se do espaço vital, com os correspondentes recursos, que reivindicam e pretendem controlar. Um retrospecto da história da humanidade, bem como uma visão dos múltiplos conflitos atuais entre etnias e nações mostram a agressividade com que muitos grupos humanos se tratam e sua incapacidade de tolerar-se mutuamente. Não são capazes de aceitar suas diferenças e sua pluralidade, de apreciar-se reciprocamente e viver pacificamente, lado a lado.

Membros de grupos humanos maiores são geralmente obrigados por seus líderes a defender a própria comunidade, a competir e lutar com outras e, se necessário, a guerreá-las. Os interesses do próprio grupo são inquestionavelmente considerados como bons e justos, enquanto as necessidades, posições e atitudes "dos outros" são, em princípio, tratadas como suspeitas, não confiáveis ou más. Muitos grupos investem boa parte de seus recursos para aterrorizar, combater, conquistar e submeter de forma violenta outros grupos. As guerras, como meios de destruir e traumatizar outros grupos humanos, são tidas como naturais e em parte chegam a despertar entusiasmos. Muitas pessoas acham que a violência é um recurso natural para a solução de conflitos entre os seres humanos. Para essas pessoas, a palavra "pacifista" é um insulto.

Lamentavelmente, os exageros da filosofia da história ou das religiões, ou as peculiaridades da própria "cultura", baseadas em exterioridades como a língua, as roupas ou hábitos alimentares, somente mencionam as diferenças que a separam de outros grupos. Nos numerosos casos de conflitos, também só se invocam as oposições inconciliáveis. As amplas vivências negativas de guerras e as experiências de opressão e de intolerância que as características étnicas de um grupo sofrem por parte de outras etnias contribuem para fazer da coesão simbiótica desse grupo uma indispensável estratégia de sobrevivência.

Com respeito ao "nacionalismo", que nesse contexto se manifesta em todos os Estados nacionais como um *leitmotiv* da convivência de um agrupamento humano, os alemães já são "gatos escaldados". De uma forma patente, Adolf Hitler e seus sequazes nazistas se valeram das necessidades de identificação, inclusão e participação das pessoas em sua "comunidade popular" para seus fins de guerra, isto é, em última análise, para a expressão de seus próprios medos diante da vida, e de seus sentimentos de inferioridade e de ódio. A ideia obsessiva de Hitler, de uma fusão simbiótica com "o povo alemão", a quem se apresentava como redentor, fica bem visível nas palavras seguintes, proferidas em convenções do partido nazista.

"Nós"

"Sempre tive a sensação de que o ser humano, enquanto lhe é dado viver, deve ansiar por aqueles com quem construiu sua vida. O que seria da minha vida sem vocês? O fato de que vocês me encontraram e creram em mim deu a suas vidas um novo sentido, uma nova missão! E o fato de que eu encontrei vocês tornou possíveis minha vida e minha luta."

"Como podemos deixar de sentir outra vez neste momento o milagre que nos uniu? Um dia vocês escutaram a voz de um homem. Ela pulsou em seus corações e os despertou, e vocês seguiram essa voz. Vocês a seguiram durante anos sem ao menos ter visto quem portava essa voz; vocês apenas ouviram a voz e a seguiram. Quando nos encontramos aqui, a maravilha dessa comunhão nos preenche a todos. Nem todos de vocês me enxergam, e eu também não enxergo a todos, mas eu os sinto e vocês me sentem! É a fé em nosso povo que nos transformou de pequenos homens em grandes homens, de homens pobres em homens ricos, de homens indecisos, desanimados e medrosos em homens decididos e corajosos. Foi essa fé que nos transformou de desorientados em videntes, e que nos ajuntou a todos!" (Discursos de Adolf Hitler nas convenções partidárias de 1937 e 1936, transcritos de Joachim Fest, 2000, p. 733)

Analisando a biografia de Adolf Hitler, acho muito provável que ele tenha sofrido um grave trauma de simbiose. Num intervalo de duas semanas, sua mãe perdeu seus três filhos pequenos, que tinham seis meses, um ano e meio e dois anos e meio de idade, por difteria. Essas crianças morreram atormentadas pela sufocação. Quatorze meses depois, nascia Adolf. Portanto, ao ser concebido e ao nascer, ele participou do tríplice trauma de perda de sua mãe. Como ela teria podido esquecer as imagens dos filhos mortos quando tomou nos braços o bebê recém-nascido? Pelo que se sabe, ela cercou Adolf de cuidados especiais e o alimentou em excesso.

Dessa maneira, os cuidados maternos e o medo da morte estiveram inseparavelmente misturados para Adolf Hitler. Sua mãe via nele o portador de sua esperança, e por intermédio dele queria superar o seu trauma. O encargo de ser especialmente forte e capaz de sobreviver tornou-se ainda maior para Adolf quando também o seu irmão mais novo Edmund morreu de varíola aos 6 anos de idade. Adolf tornou-se assim o único filho sobrevivente de seus pais. Nessas condições, não é de se admirar que toda a sua vida tenha se tornado uma luta interior pela sobrevivência. Essa luta ele dramatizou exteriormente, imaginando-se como um membro eleito da "raça de dominadores", que devia exterminar do mundo tudo o que era "fraco" e "indigno de viver".

Em razão de seu enredamento simbiótico, Hitler percebia intuitivamente como deveria falar a pessoas que igualmente estavam presas em sofrimentos simbióticos e eram altamente receptivas às propostas de alguém que conhecia seus medos e sua desorientação e se preocupava com elas. As múltiplas traumatizações de seus semelhantes forneceram a Hitler um solo fecundo para suas fantasias simbióticas destrutivas.

A realidade dessa simbiose com todo o povo, nascida da defesa contra o medo da morte e encenada pelo partido de Hitler, naturalmente era algo bem diferente de uma comunidade de paz e harmonia. Como pode uma sociedade ser dirigida corretamente, se nenhum dos responsáveis age a partir de uma parte psíquica saudável, mas todos são pressionados por suas partes de sobrevivência a não encarar os próprios traumas? O "Führer" sentia-se incumbido pelo "apelo da história" e também, em última análise, pelos medos traumáticos de sua mãe, a não se incluir entre os fracos que precisam morrer. As "massas" que ele conquistou na Alemanha, em parte devido à derrota na Primeira Guerra Mundial, seguiram-no cegamente em grande número, acreditando em sua mensagem de salvação, de que eram um povo eleito. Enquanto houve sucesso, todos puderam sentir-se como vencedores, triunfadores e heróis. Mas quando tudo se transformou em ruínas, Hitler os desprezou pela fraqueza deles, e nenhum dos sobreviventes quis assumir responsabilidade pelo que tinham cometido na loucura geral. Até mesmo era negada a manifesta existência dos campos de concentração. Isso também é típico das partes de sobrevivência, pois ficam cegas à realidade e não querem ver o mal que cometem.

Sinto-me feliz quando sou convidado a apresentar meu trabalho com constelações de traumas em muitas cidades do mundo. O trabalho com diferentes grupos de pessoas me mostra que diferenças de nacionalidade têm pouca importância no nível mais profundo de nossa alma. Na maior parte dos meus seminários, os participantes vêm de diversos países e diferentes regiões de um país. Eles têm problemas psíquicos semelhantes e podem entender bem os problemas dos demais participantes. Quando atuam como representantes nas constelações de outras pessoas, percebem exatamente os traumas na alma delas, mesmo que não falem a mesma língua. Quando termina o seminário, geralmente todos os participantes sentem-se especialmente ligados entre si. Tenho a impressão de que as estratégias de sobrevivência têm realmente uma série de características culturais. Assim, nos diferentes países, com seus respectivos passados históricos, o que bloqueia e distorce os instintos saudáveis das pessoas envolvidas são acontecimentos traumáticos específicos. Já as partes psíquicas saudáveis são essencialmente comuns entre as culturas. Em outras palavras, as estratégias de sobrevivência são especificamente culturais, enquanto as partes saudáveis são universais.

9.5 Enredamento simbiótico com clubes esportivos

Por experiência própria, conheço a relação de enredamento simbiótico com um clube esportivo. Depois que meu tio me levou, ainda criança, várias vezes ao estádio vizinho de um time de futebol da Liga alemã, minha identificação com esse clube foi sempre aumentando, principalmente quando, alguns anos mais tarde, ele se tornou o campeão da Liga. Então meu entusiasmo não conheceu mais limites. Tudo o que eu podia encontrar sobre esse clube em jornais e revistas esportivas, eu recortava cuidadosamente e colava em meu álbum de torcedor. Sentia-me secretamente como o maior e mais fiel torcedor de meu clube. O orgulho pelo campeonato alemão, entretanto, não se repetiu. Pelo contrário, meu clube foi rebaixado para divisões inferiores, depois subiu outra vez e foi de novo rebaixado. Isso me fazia passar por altos e baixos, mas os momentos baixos foram bem mais numerosos, com sentimentos de decepção, frustração, vergonha e medo do rebaixamento.

Quando cresci mais e deixei minha cidade natal, estava sempre lutando comigo mesmo para não me interessar mais pelo destino desse clube. Por que razão eu deveria deixar que meu humor fosse influenciado, sobretudo nos fins de semana, pelas vitórias ou derrotas do clube, ou porque ele estava na primeira divisão, na segunda ou na terceira? Contudo, por mais argumentos que eu juntasse sobre a inutilidade de ligar uma parte do meu sentimento de vida ao destino desse clube, nada disso ajudava. Meu coração caía sempre em grande agitação quando eu procurava saber pelo rádio, pela TV ou pela Internet o resultado dos jogos do clube. E logo meu humor se turvava de novo por vários dias se ele tivesse perdido, e em minha mente rolavam pensamentos em torno de sua classificação e das possibilidades de ascensão ou rebaixamento.

Só consegui livrar-me desse enredamento simbiótico quando se evidenciou para mim o que significava para mim no nível da alma a identificação com esse time de futebol. Para isso precisei fazer um retrospecto histórico. O tio que me entusiasmou por esse clube, e era meu padrinho de crisma, nasceu em 1941. Seu pai, meu avô, morreu em 1952 devido a um acidente de trabalho. Assim meu tio sofreu em sua infância um grave trauma de perda quando seu pai morreu de repente, deixando uma família com oito filhos desassistidos. O entusiasmo pelo time de futebol tornou-se para o meu tio uma compensação inconsciente pelo pai que perdera. Nós dois tínhamos a fama de ser os maiores fanáticos desse time em nossa cidade. As derrotas e principalmente o rebaixamento desse clube reavivavam em nós – naturalmente, sem que estivéssemos conscientes disso – a sensação da perda de seu pai e meu avô, e da catástrofe familiar relacionada a esse acontecimento. Por outro lado, naturalmente, pelo contato com minha mãe, irmã mais velha de meu tio, eu já estava há muito tempo enredado nesse trauma. Quando reconheci a associação entre os fatos, ganhou sentido para mim, de repente, um comentário que minha mãe tinha feito quando o clube foi rebaixado pela primeira vez à segunda divisão: "Você está se comportando como se tivessem acabado de carregar um defunto para fora do quarto." Isso era o que ela havia vivido quando seu pai fora esmagado por uma árvore.

Pelo exemplo de clubes esportivos podemos ver quanto dinheiro a sociedade investe nesses domínios que satisfazem necessidades arcaicas e inconscientes, e como esses enredamentos simbióticos ganham tamanho incentivo no noticiário esportivo que podem funcionar como drogas. Muitas vezes, a preocupação de alguém com os êxitos e fracassos do seu clube favorito é uma forma de distrair-se do cuidado devido com a própria situação psíquica ou a própria condição social.

Por outro lado, as competições esportivas são um instrumento útil para manter em trilhos pacíficos as contendas de força física, a necessidade de lutar e a satisfação de ser melhor do que o outro. Principalmente os homens parecem ter um prazer especial em lutar e duelar com outros e sentir-se vitoriosos e campeões. Nosso mundo não ficaria bem melhor se o confronto de forças e a concorrência se restringissem ao âmbito dos esportes e não ditassem também as leis de conduta na política e na economia? Teria algum sentido que, no interior de um organismo, o coração competisse com o fígado? Quando se trata das coisas elementares da vida e da convivência diária, vitória e derrota não são bons princípios. Elas criam compulsoriamente vencedores e perdedores, que precisam continuar a conviver. Em vez disso, a política e a economia deveriam ter interesse em criar situações em que ambas as partes sejam vencedoras.

9.6 Economia, dinheiro e enredamentos simbióticos

O dinheiro cria relacionamentos

À primeira impressão, o dinheiro é algo material: uma moeda, uma peça de ouro, um pedaço especial de papel. Na realidade, o dinheiro é uma convenção universal, um regulamento legal sobre a forma de se processarem a troca de mercadorias e a prestação de serviços entre as pessoas dentro da sociedade. O dinheiro cria relacionamentos humanos, imprimindo neles, de certa maneira, a sua marca. Por meio do sistema monetário as pessoas se definem reciprocamente e informam como se veem e como veem as outras pessoas (Litaer, 2000, 2002).

Nicole Rupp escreveu um livro esclarecedor que realça especialmente os aspectos psicológicos do dinheiro: "Você é quem é, e vive sua relação com o dinheiro, em todos os domínios de sua vida, da mesma maneira como vive sua relação com as outras pessoas" (Rupp, 2010, p. 128). Duas de suas teses afirmam: Quem não se relaciona com o dinheiro também não se relaciona consigo mesmo. Quem quer comprar barato admite baratear-se como força de trabalho.

As relações sociais intermediadas pelo dinheiro exercem uma enorme influência sobre o modo de perceber, de sentir e de pensar das pessoas envolvidas. Embora se julgue que o dinheiro, por si só, não traz felicidade, a pobreza ou a abundância de recursos influi grandemente no bem-estar psíquico, estimulando medos, cortando esperanças, provocando vexames, causando alegria ou frustração – porque, no fundo, o mundo das relações gira em torno do dinheiro. Ele faz nascer amizades, indiferença e inimizades. O sistema monetário que numa sociedade impõe sua marca às relações humanas, tem um peso considerável no que toca às necessidades de simbiose e de autonomia dos seres humanos. Ele pode promover ou impedir formas construtivas ou destrutivas de relacionamento simbiótico. Do mesmo modo como nascemos numa família, com sua força e com suas fraquezas, e precisamos adaptar-nos a ela, assim também nascemos num sistema monetário e tentamos lidar com suas vantagens e desvantagens.

A economia competitiva

A economia capitalista é uma economia competitiva. Ela cria, em grande escala, relações de concorrência, dependência e exploração, baseadas no dinheiro. A obtenção de dinheiro sob a forma de crédito contra o pagamento de juros é um fator essencial de exacerbação das condições de concorrência (Senf, 2004). O sistema monetário ganha com isso uma crescente autonomia na esfera da produção, com respeito às mercadorias e à prestação de serviços e, em última análise, com respeito a todas as outras formas de relações sociais. A relação ameaça inverter-se, pois o sistema financeiro começou como prestador de serviços à competição econômica na esfera da produção, e atualmente é a indústria produtora de bens que precisa satisfazer às crescentes exigências do mundo financeiro. Até mesmo as áreas sociais que não estavam diretamente envolvidas na economia competitiva, como educação, transportes, assistência à saúde, serviços sociais, lazer e esporte são obrigados, cada vez mais, a satisfazer a curto prazo as exigências do mundo financeiro para a utilização de recursos, e precisam criar novas esferas, até então poupadas do pensamento competitivo, onde podem fazer investimentos de capital financeiro.

Embora seja fácil perceber a ilusão contida no *slogan* dos bancos: "Deixe seu dinheiro trabalhando conosco", porque quem trabalha são as pessoas e não o dinheiro, e embora a especulação e o lucro daí derivado não gozem socialmente de alto prestígio moral, os assim chamados "serviços financeiros" são considerados e tolerados numa economia competitiva como um mal necessário, porque estimulam o pouco questionado princípio econômico da "competição" de todos contra todos.

Crises previsíveis

Na crise global do mercado financeiro, que desde 2008 voltou a abalar todo o sistema econômico capitalista, revela-se a dimensão dos riscos envolvidos no jogo do comércio e da especulação com a forma capitalista do dinheiro. Sobre lucros ainda não realizados são concedidos novos créditos e sobre estes, ainda outros etc. (Creutz, 2009; Kennedy, 2006).

Na economia competitiva vigora portanto este lema: "Vamos simplesmente em frente, e então veremos o que sairá daí. Talvez se possa tirar de uma crise um lucro ainda maior." Aqueles que fazem girar a grande roda do sistema financeiro sabem, melhor do que ninguém, que a próxima crise infalivelmente sobrevirá.

Economias e trabalhos como estratégia de sobrevivência e enredamento simbiótico

O fato de que na política, na produção, no sistema financeiro e em muitos domínios da sociedade civil, o principal motivo das atividades é o acréscimo (de poder, de mercadorias, de lucros, de prestígio...) indica claramente, no meu entender, que o que atua, quando se trata de política, de economia e de convivência social, são predominantemente estratégias de sobrevivência e não estruturas psíquicas saudáveis. O acréscimo do dinheiro é, em muitas partes do mundo, um fim em si mesmo, e em muitas pessoas uma mania e um vício. Isso estimula a ganância, a exploração, a inveja, a cobiça, as decepções e frustrações e libera uma enorme energia criminosa para apoderar-se do dinheiro alheio (Marx, 2008). Em tudo isso, o que importa não é o que se necessita para uma vida confortável, mas a medida são os outros, com quem as pessoas se medem e comparam, e de quem no fundo têm medo. "Sou melhor, mais rápido, mais esperto e mais intransigente? Quem é que revela fraqueza e pode ser explorado...?" Esse é o padrão básico de todos os enredamentos simbióticos.

O fato de que os trabalhos e as economias numa grande parte do mundo são antes estratégias de sobrevivência do que bases para uma vida confortável revela, a meu ver, como são numerosas as traumatizações provocadas pelas guerras e pelas catástrofes naturais que a humanidade sofreu no curso de sua história. Esse fato revela também:

- como é elevado o número de medos existenciais;
- como é grande o potencial de ódio em muitas pessoas, e
- como é marcante a desconfiança recíproca num grande número de pessoas na terra.

A fé cega da economia capitalista competitiva na regulação de oferta e procura pelos "mercados" não se baseia, segundo penso, numa posição saudável, mas é uma estratégia cega de sobrevivência traumática que não olha para as causas, mas apenas se ocupa dos sintomas do sofrimento interior que se acumula no mundo exterior.

Quem está envolvido nas formas de simbiose destrutiva geradas por esses sistemas de relações de concorrência e de dependência, precisa necessariamente dividir-se interiormente ainda mais e negar suas próprias partes psíquicas saudáveis. Como nas crianças que não sabem o que mais podem fazer para reconciliar os ânimos de seus pais traumatizados, cresce sob esses pressupostos, em cada crise do sistema financeiro e econômico, a disposição das pessoas simbioticamente enredadas com esse sistema:

- em submeter-se ainda mais à pressão de realizar;
- em produzir novas vítimas para esse sistema, para que finalmente ele se torne confiável;
- em exercer uma pressão recíproca para satisfazer às exigências "da economia", em vez de livrar-se dela em sua forma atual e criar em conjunto algo novo no qual, em primeiro lugar, as partes saudáveis tenham a primazia.

Visão

Com o nível atualmente alcançado pela técnica, poderíamos satisfazer nossas necessidades básicas de uma forma relativamente tranquila se concentrássemos nossas energias econômicas para alcançar essa meta, em vez de dissipá-las na luta pela concorrência privada ou pública, esgotando em poucos decênios as bases naturais da vida, como o ar, a água e a terra fértil. A compreensão disso provavelmente ainda demandará algumas gerações, que à custa de outras crises aprenderão dolorosamente que o poder político, a produção de bens ou sistema monetário não podem ser fins em si próprios. O sistema monetário que utilizamos nos informa em que medida nós nos respeitamos e nos valorizamos mutuamente como seres humanos autônomos, e em que medida confiamos ou não uns nos outros.

Talvez os seres humanos de séculos futuros sorriam diante do zelo dos habitantes da Terra nos séculos XIX, XX e XXI, correndo atrás de seus mitos de "mercado", "competição", "lucro" e "crescimento", "oportunidades de investimento", "dividendos de ações" etc. Depois que tiverem abandonado essas ilusões, poderão utilizar sua inteligência, livre de coerções exteriores e interiores, sua alegria de viver e sua força de trabalho para discutir, decidir em comum e colocar em prática as condições de uma economia global construtiva.

Para chegar até lá, provavelmente ainda serão necessários uma boa dose de trabalho de consciência e muito mais trabalho de alma, tanto no nível pessoal quanto no coletivo. Discussões e exposições intelectuais, por si sós, não produzirão nada de novo. Não poderemos esperar de outras pessoas a maturidade pessoal necessária para as relações simbióticas construtivas se nós mesmos não estivermos dispostos a desenvolvê-las. Cada um tem que começar em si mesmo e pode ser um bom exemplo para os outros. Por isso os exemplos seguintes, tirados da prática terapêutica, mostram que, quando se trata de dinheiro:

- são tocados problemas psicológicos não resolvidos da própria biografia ou do passado dos pais;
- os conflitos atuais despertam traumas antigos;
- e esses ensejos de crises podem ser utilizados para o crescimento pessoal.

Digna de viver?

Rita é autônoma e, embora goze de boas ofertas de trabalho e de boas relações com seus principais contratantes, caiu subitamente num medo de ficar pobre e não poder mais sustentar-se. Como se evidenciou em seu trabalho comigo, um conflito com uma repartição pública desencadeou nela um antigo trauma de infância, de que ela não deveria ter nascido. Sua mãe, traumatizada gravemente por um estupro, pensou repetidas vezes, quando estava grávida de Rita, em abortar a criança. Quando Rita pôde entender emocionalmente a conexão entre a ameaça à sua existência desde a sua concepção e seus atuais sentimentos de medo, ela reduziu sua grande carga de trabalho e se concedeu mais lazer e belas experiências de vida.

Também no caso de Jan não havia falta de dinheiro e sim o medo de empobrecer e a compulsão de poupar, que nele se associavam ao tema do dinheiro.

O dinheiro do coração

Jan tinha dinheiro suficiente mas estava sempre preocupado com o dinheiro. Qualquer despesa o estressava e o fazia se perguntar se era realmente necessária. Jan tratava seu dinheiro com tanta mesquinhez que provocava fortes críticas de sua esposa. Concordei em representar para ele numa constelação o seu objetivo de melhorar de atitude com relação ao dinheiro. Inicialmente senti um enrijecimento em meu peito e não sentia uma boa relação comigo mesmo nem com ele. Perguntei-me o que eu realmente queria. Apenas quando nos encaramos frente a frente ocorreu pela primeira vez um princípio de relação entre nós. Começamos a conversar sobre o que realmente queríamos da vida. Jan trouxe à tona suas lembranças de infância, que sempre giravam em torno de propriedade de terras e automóveis em sua família traumatizada pela Segunda Guerra Mundial. Suas necessidades emocionais e as de seus irmãos eram totalmente ignoradas.

Pouco a pouco, comecei a sentir meu coração nesse papel e tive simpatia por Jan. Ele também se tornou sensivelmente mais suave, e percebemos que o que estava em jogo não era o dinheiro, mas nós e nossos sentimentos. No papel do objetivo dele, tive de repente esta inspiração: "Quando gastamos dinheiro, isso também deve vir do coração." Para Jan isso foi esclarecedor: "Agora vou investir dinheiro em meu desenvolvimento pessoal." Esta foi a conclusão que tirou dessa constelação.

No trabalho com um paciente que trabalhava na área de investimentos, eu tive uma breve visão do modo de agir do atual mundo financeiro.

Obsessão de enriquecer

Para descobrir como deveria proceder com um parceiro de negócios, o paciente me atribuiu o papel de um administrador de fundos com quem ele trabalhava. Logo que me colocou como representante em sua constelação, eu corri pelo aposento, como se tivesse sido picado por uma tarântula, e só tinha na cabeça uma ideia: "Já fiz hoje um bom negócio? Seja o que for, algo precisa acontecer hoje." Perguntei ao paciente o que ele me sugeria hoje, e ele já tinha em mente algumas ideias: minas de diamantes na África, especulações cambiais com o iene japonês, negócios com matérias-primas no Brasil. ... Eu continuei incitando-o a propor novas ideias, pois algo de grande precisava acontecer ainda hoje. Suas objeções, de que nosso grande ideal financeiro ameaçava ruir naquele momento, absolutamente não me interessavam. Então era necessário um negócio ainda maior para compensar essa perda. Pouco a pouco ele foi me aborrecendo com suas objeções, e eu pedi um interlocutor do nível administrativo imediatamente superior da instituição financeira. Nesse ponto terminamos a constelação para refletir sobre ela.

O paciente com quem trabalhei nesse caso não teve uma infância agradável. Sua mãe se suicidara quando ele tinha 12 anos. A especulação financeira era para ele uma ocupação exterior excitante para que pudesse sentir menos, por algum tempo, o próprio caos interior.

Seria esclarecedor conhecer as histórias de desenvolvimento psíquico e os dramas familiares que atuam por trás de homens que, com sua obsessão pelo aumento da fortuna, causam a tantos semelhantes preocupações existenciais e muito sofrimento.

9.7 Enredamentos simbióticos de perpetradores e vítimas

Quando estamos em contato com as partes saudáveis do nosso "eu", reconhecemos que, como seres humanos, somos em certa medida tanto perpetradores quanto vítimas. Isso porque impomos a outras pessoas nossos interesses, consumimos animais como alimentos e esgotamos recursos naturais que fazem falta a outros seres vivos em nosso ambiente. Somos vítimas, por exemplo, quando temos de empregar nosso tempo e nossa força de trabalho em interesses alheios, ou quando vírus e bactérias enfraquecem nosso corpo e nos causam doenças.

Temos a tendência espontânea de considerar-nos vítimas, e dificilmente admitimos interiormente que em certas ocasiões também somos perpetradores. Quando algo traz sofrimento a alguma pessoa do nosso grupo, instintivamente nos solidarizamos com ela. Em contraposição, sofrimentos de seres humanos com quem não temos ligação tendem a deixar-nos indiferentes, e talvez mesmo os julguemos culpados por isso.

O juízo sobre a condição de perpetradores e vítimas fica ainda mais unilateral quando se passa por uma experiência traumática. Então cada pessoa se vê apenas como uma vítima e julga que os outros são os agressores. Ou então não admite interiormente que foi vítima de violência ou abuso, e nega o fato com obstinação.

As consequências da simbiose entre perpetradores e vítimas são responsáveis pelas dinâmicas psíquicas mais destrutivas que, no contexto de uma psicoterapia, estão entre as mais difíceis de se discernir e superar. Algumas pessoas fazem muitas terapias por vários anos, mas evitam confrontar-se com sua parte psíquica enredada numa simbiose com perpetradores e vítimas.

Características de perpetradores

Perpetradores são pessoas que desvalorizam, humilham, espancam, roubam, maltratam, manipulam, exploram ou matam outros seres humanos. Querem manter controle sobre outras pessoas, dominá-las ou exterminá-las. Eles traumatizam outras pessoas. Suas características são múltiplas:

- São destituídos de consideração pelas outras pessoas e não se sentem culpados por isso. Utilizam recursos violentos para pressionar outras pessoas e acham isso natural. Não questionam o próprio modo de agir e estão convencidos de que não têm alternativas.
- Mesmo que manifestem outros sentimentos, além do medo e do ódio, os perpetradores pouco diferem emocionalmente entre si. Julgam que a frieza é tão boa quanto o afeto, viver é tão bom quanto morrer. Não se

assustam com punições nem com a morte, e podem provocá-la quando necessário, pois que valor tem uma vida humana?
- Aos olhos dos perpetradores, todas as outras pessoas são iguais a eles. Perpetradores sexuais presumem que as crianças têm os mesmos desejos sexuais que eles. Por isso acham que não sofrem com seus abusos. Não conseguem distinguir entre o prazer e a dor.
- Perpetradores criam seu próprio mundo e o isolam de todas as influências que possam impedir suas ações. Temem a divulgação e cometem seus crimes secretamente. Estratégias apreciadas por eles: recusar elevadas posições de comando, esconder-se atrás de instruções escritas e manter anonimidade na Internet.
- Acusar perpetradores de seus crimes provoca agressões de sua parte. Recusam-se a ponderar ou a questionar suas ações. Na medida de suas possibilidades, reprimem críticas à sua conduta e, em revide, atacam sem piedade seus críticos.
- Atitudes abstratas, como a honra e o orgulho, desempenham um papel importante em sua mentalidade. Por isso tentam criar em torno de si uma aparência de normalidade e um bom nome social.
- Os perpetradores criam suas próprias concepções morais sobre o bem e o mal. Seus recursos preferidos são a mentira e a distorção, inclusive de fatos de conhecimento público. Consideram-se mais espertos e inteligentes do que as outras pessoas.
- Quando, apesar de suas táticas de ocultação e de suas práticas de intimidação, são descobertos e chamados à responsabilidade, são bastante hábeis para se apresentar como se fossem eles as vítimas. Incriminam todo mundo pelo que fizeram, exceto a si mesmos. Imploram por compaixão e se desfazem em pena de si próprios.

Como nascem as estruturas de perpetradores?

A teoria dos traumas nos proporciona uma boa possibilidade de esclarecer as estruturas de perpetradores. Elas resultam de traumatizações e são, portanto, partes da sobrevivência. À estrutura do perpetrador, de um lado, corresponde a estrutura da vítima, do outro. Perpetradores tornam outras pessoas impotentes, porque elas os tornaram impotentes. Perpetradores negam os próprios delitos, porque outras pessoas negaram sua condição de vítimas. Perpetradores agem sem consideração, porque outras pessoas não tiveram consideração com eles.

Perpetradores acham normal a violência, porque outras pessoas julgaram normal a violência contra eles. Se antes eram os mais fracos, agora buscam outras pessoas ainda mais fracas que eles possam dominar. Porque estão cheios de medo, expõem outras pessoas a medos mortais.

Isso significa também que podem mudar, de repente e sem transição, de uma estrutura de perpetradores para uma estrutura de vítimas. Então tornam-se chorosos, dependentes e submissos, não querem mais viver e pensam em suicídio.

Da perspectiva da teoria dos traumas, não é uma contradição que perpetradores também tenham partes saudáveis. Em determinadas fases de vida e dentro de certas situações de relacionamento, podem ser amorosos, dedicados e prestativos. Sabe-se de alguns perpetradores nazistas do alto escalão que eram tidos como pais amorosos no âmbito de suas famílias (Lebert e Lebert, 2002).

Alguém se torna perpetrador a partir de experiências traumáticas pessoais ou por ação de um trauma de simbiose. Neste último caso, a pessoa vive os traumas de seus pais, avós e, às vezes, também bisavós como um trauma pessoal, e inconscientemente se enreda com essas energias traumáticas não dissolvidas.

Vítimas

Alguém torna-se vítima quando seus limites físicos, psíquicos e sociais são invadidos por forças da natureza ou por perpetradores. Depois de uma traumatização, as vítimas também vivem principalmente em suas partes de sobrevivência e reprimem suas partes traumatizadas. O "eu" de sobrevivência de uma vítima, em grande parte dos casos:

- fica bloqueado e não consegue defender-se;
- subordina-se e submete-se;
- reprime impulsos saudáveis de defesa, tais como acessos de raiva, bater, morder, arranhar etc.;
- não pode defender os próprios limites;
- não consegue recusar exigências;
- teme ser punido;
- obedece a prescrições e ordens, mesmo que irracionais;
- não consegue tomar decisões próprias;
- não tem pensamentos próprios e acredita no que dizem as outras pessoas;

- julga-se incapaz de viver, e sente que a própria vida está sendo comandada de fora;
- tem um medo indefinido de novos golpes do destino e de novas catástrofes de vida.

Reprimindo a si mesma

Ainda bebê, V. foi separada de sua mãe e entregue à família de seu pai. Com isso seus impulsos vitais foram fortemente inibidos. "Sei que isso começou no meu primeiro ano de vida. Eu queria fugir de minhas tias e avós, e não conseguia entender por que meu pai não me levava para casa e por que minha mãe não ficava comigo. Enquanto eu ainda estava relativamente saudável, devo ter gritado e me defendido. Minha ideia era sempre esta: eles me amarravam, me davam comida e me metiam medo – 'Se você não ficar boazinha, mamãe não virá nunca mais!' Minha conclusão infantil foi que não fui boazinha e por isso minha mãe me entregou a eles. Depois de seis meses fiquei muda, gorda e medrosa. 'V. é uma estúpida', devo ter dito então.

Eu sempre soube que desde então minha vontade de viver ficou muito limitada. Mais tarde, sempre atribuí as causas disso a fatores externos, e não entrei em contato com minha dissociação interior. Agora está claro para mim que a mudança necessária é que eu me permita sair para fora. Conheço os argumentos que uso para sufocar meus impulsos de sair de mim mesma, de mostrar-me. Creio que aqui nasce um propósito: quero seguir meus anseios de vitalidade e livrar-me das convicções interiores que me limitam!

Fiquei muito espantada com o efeito que está fazendo a pequena frase que eu devia dizer, na constelação, à minha parte reprimida: 'Eu permito que você saia para fora – agora o ar está puro!' No início, não entendi por que estava tão insatisfeita nos últimos dias. Então me veio a ideia de que há em mim uma parte insatisfeita, que quer viver de outro jeito e é impedida por medos e ordens.

Então reconheci meu impulso e meu desejo: Quero sair! Agora, quando essa frase está claramente presente, reconheço que esse desejo esteve sempre em mim, mas esse impulso tinha sido bloqueado de fora e aprendi a reprimi-lo. Mais tarde passei a senti-lo como um anseio, fiquei insatisfeita e me retraí, conformada e resignada, dizendo-me: 'Sou mesmo tímida, não posso mudar nada, a vida acontece em outros lugares e não aqui, não sei como chegar lá.' Agora tenho uma ideia sobre o modo de mudar isso."

As estratégias de sobrevivência de uma vítima reprimem, portanto, todos os impulsos saudáveis de vida. Nessa perspectiva, as depressões são a consequência de que a parte de sobrevivência do "eu" de uma vítima bloqueia cada vez mais sua própria vitalidade.

Suicídio

O suicídio pode ser uma opção de uma parte de sobrevivência, que renuncia à vida para escapar do papel de vítima. No tema do suicídio fica bem clara a confusão sobre quem é o perpetrador e quem é a vítima. Quem mata a si mesmo é simultaneamente perpetrador e vítima. O caso de Gabriele mostra como essa confusão pode perdurar numa família através de gerações. O método de constelação, que usei neste exemplo e nos seguintes, será tratado mais de perto no próximo capítulo.

Heróis e suicidas

Gabriele compareceu a um seminário porque estava desesperada com o que ela vivia em sua família. Sobre a história familiar, contou que seu avô foi recrutado como soldado na Primeira Guerra Mundial e aí morreu em duas semanas, deixando sua mulher, a avó de Gabriele, com quatro filhos. Nessa ocasião, a futura mãe de Gabriele tinha apenas 3 anos de idade, e seu irmão caçula tinha 1 ano. A avó de Gabriele não conseguiu superar a morte do marido e ficou emocionalmente indisponível para seus quatro filhos, vivendo apenas no luto.

Mais tarde, o filho mais velho tornou-se soldado na Segunda Guerra Mundial e ganhou várias condecorações por sua coragem. Quando voltou para casa depois da guerra, não conseguiu mais lidar com a vida e matou-se com um tiro de pistola na boca. Esse tio era o irmão predileto da mãe de Gabriele, que também o considerava o seu tio predileto. Depois da morte do irmão, a mãe de Gabriele caiu em profunda depressão, e morreu de derrame cerebral, poucos anos depois, quando Gabriele tinha apenas 10 anos.

Aos 33 anos de idade a irmã de Gabriele suicidou-se, atirando-se de um edifício. Mas isso ainda não era bastante, e o único filho de Gabriele suicidou-se aos 37 anos, deixando mulher e dois filhos.

Nos numerosos suicídios de sua família, Gabriele viu um padrão que ela queria interromper. Preocupava-se muito com seu neto mais velho, que brigava muito com a mãe. Esta parecia ter problemas mentais e proibiu Gabriele de ter contato com os netos.

Gabriele estava altamente alarmada. Queria proteger seus netos de outras desgraças, mas não tinha mais acesso a eles. Seu propósito para a constelação foi o de encontrar um caminho para interromper a cadeia de desgraças em sua família e poder ajudar. Notei como o seu propósito estava enredado, porém aparentemente não lhe restava outro caminho a tomar.

Pedi-lhe então que colocasse em cena uma pessoa como representante do seu propósito. Ela escolheu espontaneamente um homem. Ambos ficaram próximos, lado a lado, e se encaravam em silêncio. Gabriele tinha os olhos fixos nele e era incapaz de qualquer outra reação. Depois de algum tempo perguntei-lhe quem podia ser esse homem. Ela achava que era o avô, e o representante teve a mesma sensação. Gabriele disse então que o avô, se tivesse estado presente, teria podido preservar a família dessa desgraça. Essa frase indicava a fixação psíquica em sua família, cuja origem provavelmente remonta à avó, que jamais conseguira superar a morte do marido. "Somos todos vítimas" é a frase que aparentemente se tornou o lema da família, inclusive nas gerações seguintes.

Entretanto, existiam realmente apenas vítimas nessa família? O avô foi levado à guerra como soldado e foi morto por soldados inimigos. Mas talvez ele próprio já tivesse matado homens do outro lado do *front*, que via como inimigos. Com muita probabilidade teria feito isso se tivesse participado por mais tempo das lutas assassinas nos Alpes do sul do Tirol.

A avó enviuvou prematuramente e ficou entregue a si mesma depois da morte do marido. Nessa medida foi vítima da guerra e sofreu um grave trauma de perda. Mas não terá prejudicado seus filhos por não ter saído jamais desse estado? Não se tornou, ela também, uma perpetradora em relação ao futuro dos filhos? Não descarregou sobre os filhos o peso de seu trauma, vestindo apenas trajes de luto e julgando que tudo dependia da falta do marido? E teria a situação realmente melhorado e mudado se o marido tivesse voltado da guerra? Talvez voltasse traumatizado, como muitos outros soldados, e não pudesse mais sustentar a família.

O irmão da mãe, como herói de guerra, não terá sido também um perpetrador, causando sofrimento a outras pessoas? A mãe de Gabriele, por sua vez, terá sido apenas uma vítima das tragédias familiares ou, por sua fixação no sofrimento de seus pais e de seus irmãos, não terá perdido da vista os próprios filhos, distanciando-se deles afetivamente? E Gabriele seria apenas uma vítima, impedida de ver os netos, ou sua nora teria percebido que, em sua condição depressiva, ela teria pesado neles?

Na constelação procurei que Gabriele ficasse mais consciente da necessidade de superar o próprio enredamento simbiótico com o sofrimento da avó e da mãe, para que pudesse dar uma ajuda real a outras pessoas. Se quisesse fazer algo positivo pelas outras pessoas, ela precisava, antes de tudo, aceitar ajuda para livrar-se de suas divisões interiores.

Introjeção de perpetradores

Uma forma especial de envolvimento entre perpetradores e vítimas manifesta-se na violência (sexualizada) dos pais contra seus filhos. Nesses casos os filhos desenvolvem em si a chamada "introjeção do perpetrador", identificando-se com ele. Jochen Peichl, um especialista no domínio da introjeção de perpetradores nas vítimas, distingue as introjeções de acordo com a forma como se gravam nas vítimas as estratégias de comportamento dos tipos sádicos e não sádicos de perpetradores. Peichl reporta-se à teoria dos estados do ego (*Ego-State-Theory*), desenvolvida por Helen e John Watkins (2003). Além do estado de "desvalorizador de si mesmo", que adota a perspectiva do perpetrador e se acha insignificante, impotente, sem valor e mau, Peichl distingue o estado do "ajudante abnegado": "Essa parte do ego não consegue dizer 'não' nem impor limites, e tenta perceber, como se fosse um radar, os mais secretos desejos de outras pessoas. Essa parte é modesta, extremamente conformista e dócil" (Peichl, 2007, p. 155).

Hedwig Sombroek também especializou-se no trabalho terapêutico com introjeções de perpetradores. Ela distingue três espécies de introjeções: de "colaboradores interiores", "destruidores interiores" e "sabotadores interiores". Escreve ela:

- "O 'colaborador interior' é a personalização do complexo de comportamento que expressa a dinâmica traumática específica da submissão medrosa e da repressão a si mesmo" (Sombroek, 2009, p. 226).
- "A introjeção do perpetrador torna-se uma 'parte inimiga dentro de outra parte'. Ela fica adormecida no interior da criança agressiva, como um 'destruidor interior', e apenas mais tarde se manifesta numa variada gama de comportamentos destrutivos, tais como acidentes frequentes, excesso de fumo e drogas, ferimentos causados em si mesmo e impulsos suicidas" (p. 226).
- "Por meio de sua adesão à agressão destrutiva do perpetrador (a 'parte inimiga'), a criança rebelde agressiva transforma-se numa 'sabotadora interior', e passa a atuar como um fiel assistente do perpetrador, que

então pode permanecer num segundo plano. O sabotador interior dirige seus impulsos agressivos principalmente contra o próprio 'eu', dominado por medos e preso ao papel de vítima." (p. 227)

O resultado é que, pela ação das introjeções, as vítimas se tornam agressoras de si mesmas e vítimas se transformam em perpetradoras contra pessoas incapazes de defender-se.

Quando uma mãe odeia um filho –, por exemplo, porque nasceu de um estupro e a mãe odeia o estuprador –, esse ódio deposita-se muito cedo na alma da criança, como uma introjeção do perpetrador. Para essa criança é muito difícil livrar-se desse enredamento profundo com sua mãe, alijar de si a introjeção materna do perpetrador e amar a si mesma, mesmo que a mãe não a ame.

O ódio da mãe dentro da alma
"Minha mãe não queria pecar, por isso cuidou de mim quando eu era um bebê. Mas como posso dizer 'sim' a mim mesma, se ela me odeia? Esse ódio está em mim, como posso livrar-me dele? Pois não sou ninguém! Receio ter sido fruto de um estupro, pois então terei nascido da violência e não quero isso. Seria preferível que minha mãe tivesse tido um caso e eu fosse concebida num momento de amor. Quero dizer 'sim' a mim mesma. Com minha mente digo que tenho valor, mas não sinto isso.

Quando quero levar-me a sério e me percebo interiormente, vem à tona essa raiva destruidora. Isso é uma loucura. E eu estou dentro disso."

As mães que rejeitam seus filhos, ou até mesmo os odeiam, não lhes dão proteção e fecham os olhos quando eles sofrem violência. Às vezes os oferecem abertamente para abusos sexuais. Na vinheta de caso apresentada a seguir, uma paciente reproduz, da perspectiva de uma observadora, as vozes de suas partes perpetradoras. Trata-se de vários perpetradores que tomaram posse de amplas partes de sua psique: o pai que a submeteu a abusos, a mãe que a entregou aos abusos do pai, seu irmão, seu tio e também homens estranhos que a estupraram.

As vozes dos perpetradores

"As partes perpetradoras ameaçam em bloco: 'Você tem que amá-lo. Tem que obedecer. Você não passa de uma prostituta. Você vai ver o que vai acontecer, se falar disso. Todos me ajudarão e você vai ficar completamente só. Ninguém vai ajudá-la, sem mim você não pode existir. Sem mim você não é nada.'"

No abuso sexual o perpetrador extorque da criança o seu próprio gozo. Ele excita a criança, contra a vontade dela. A criança percebe inicialmente certas sensações de prazer e calor nascendo nela, mas também percebe que não quer isso e fica dividida. Ela dissocia suas sensações e abandona o corpo, enquanto o perpetrador continua abusando sexualmente dela.

As partes do corpo e os movimentos do perpetrador também se gravam no corpo da criança. O perpetrador excita-se com o próprio corpo na sensação corporal da criança. A criança deixa de perceber o próprio corpo e percebe o corpo do perpetrador como se fosse uma parte de si mesma. A criança que sofre o abuso não consegue mais distinguir entre o seu corpo e o corpo estranho.

Essa confusão abre a porta a atividades autodestrutivas, como orgias alimentares, vômitos, ferimentos impostos a si mesmo ou consumo de drogas, porque com isso se alimenta a esperança de afastar de si o perpetrador. Isso envolve também a mania de lavar-se. Na tentativa de limpar-se do sangue, da urina ou do esperma, as partes de sobrevivência acabam por destruir a si mesmas. O desejo de limpar-se transforma-se na tentativa de dissolver-se, pois o perpetrador não está mais no exterior, mas fixou-se no corpo da vítima.

A criança fica extremamente envergonhada pelo abuso. Disso resulta, entre outros efeitos, que em sua vida futura ela não consiga viver sua sexualidade de forma prazerosa.

Em pessoas que sofreram essas experiências de violência, a atenção e a proximidade despertam muito medo de tornarem a cair numa posição de fraqueza e dependência, e de serem vítimas de abuso. Por isso é importante que o terapeuta seja cuidadoso em suas manifestações de compaixão e simpatia.

Em casos de enredamento entre perpetradores e vítimas, que geralmente estão associados a abusos sexuais, as seguintes questões são problemas essenciais na terapia:

- Como se pode adquirir certeza de que um abuso realmente ocorreu?
- Como se pode distinguir se os sintomas reconhecíveis nasceram de abuso sofrido pelo paciente, ou se são sentimentos traumáticos adotados da mãe ou da avó?

- Como se pode distinguir entre os sentimentos do perpetrador e os sentimentos da própria vítima?
- Como se pode substituir a sensação do corpo do perpetrador pela sensação do próprio corpo?
- Como é possível banir da mente as vozes do perpetrador?
- Como se pode banir tudo o que é estranho e prejudicial, e retornar às suas próprias vivências?
- Como a pessoa pode aceitar-se e amar-se sem reservas?

9.8 Dependência e enredamentos simbióticos

Há duas formas principais de dependência:

- consumo desregrado de bebidas, alimentos, fumo, medicamentos ou substâncias químicas;
- comportamento excessivo em relação a trabalho, jogo, atividades sexuais, atividades esportivas, televisão, compras etc.

De acordo com minhas observações, as dinâmicas psíquicas que levam à dependência são as seguintes:

- A dependência é uma estratégia de sobrevivência para evitar o confronto com estados emocionais desagradáveis que resultam de emoções traumáticas dissociadas. Logo que afloram à consciência estados emocionais negativos, como medo, vergonha ou dor, as pessoas dependentes imediatamente os abafam com o auxílio de drogas de uso diário (vinho, cerveja, aguardente, cigarros, café...), medicamentos (soníferos, tranquilizantes...), drogas narcotizantes legalmente proibidas (maconha, heroína...) ou estimulantes químicos (anfetaminas, cocaína...). Certos comportamentos também se destinam a reprimir sensações traumáticas emergentes, como de soldados que fazem rápidas visitas a bordéis para sufocar seus medos com a estimulação sexual.
- A dissociação das próprias emoções cria um vazio interior que passa a ser preenchido por compensações físicas artificialmente provocadas, e pela hiperatividade. Como falta a conexão interior, isso não proporciona uma satisfação natural ou a sensação interior de suficiência.

- Outro mecanismo que provoca dependência resulta do trauma simbiótico. As partes infantis simbioticamente carentes, para que não se sintam sós e abandonadas, unem-se a sentimentos traumáticos dos pais ou também dos avós. Somente por meio dos sentimentos traumáticos, que sempre têm uma certa intensidade, é que elas conseguem contato com outras pessoas e, consequentemente, com o próprio corpo. Mais tarde procurarão constantemente suscitar essa qualidade especial de sentimento recorrendo a alguma droga, pois essa sensação lhes proporciona, pelo menos, a ilusão de um contato humano. Por isso, apegam-se obstinadamente a essa sensação e procuram sempre recriá-la artificialmente. Com isso seu desenvolvimento emocional fica estacionado numa fase muito primitiva.

Quanto mais graves tiverem sido as traumatizações originais, tanto mais pesadas são as drogas usadas pelo dependente, e tanto mais frequente o seu uso. Nos comportamentos típicos da dependência, também pode haver um nexo entre a extensão das atividades compulsivas e a gravidade da traumatização. A gravidade do trauma que provocou uma dependência pode ser avaliada pelo grau de dificuldade que a pessoa encontra para abandonar o consumo de drogas ou o comportamento dependente. Por exemplo, quem se tornou fumante por um mau hábito consegue renunciar ao fumo de modo relativamente rápido. Quem, ao contrário, controla pela nicotina seus estados de superexcitação, quem se entorpece e busca desvios para não perceber seus sentimentos negativos, tentando preencher o próprio vazio interior ou criando sentimentos que refletem um enredamento simbiótico com sua família, mostra que está sob a influência de um trauma grave.

O luto que não foi vivido

O objetivo de Anita era livrar-se de sua dependência do fumo. Por um lado tinha um envolvimento simbiótico com a mãe traumatizada, muito manipuladora, da qual ela não conseguia aproximar-se nem desprender-se.

Por outro lado, Anita também estava enredada com seu pai. Contou que ele bebia muito, batia frequentemente na mãe e certa vez chegou a derramar gasolina num quarto para pôr fogo na casa. Não obstante, chamava-o de "meu sol" – provavelmente o mesmo nome que o pai lhe dava – e competia com a irmã pelo lugar de filha predileta dele.

Um passo essencial para Anita foi admitir que havia criado uma ilusão sobre o pai para não precisar reconhecer a dura realidade de sua própria infância. Para isso lhe serviam, entre outras coisas, os cigarros. Com eles enchia seu vazio interior e sua solidão com um intenso sentimento de tristeza que permanecia preso em sua garganta. Essa tristeza reprimida e contida era um sentimento traumático de seu pai, que mantinha a filha ligada a ele e que, com a ajuda do cigarro, ela sempre podia evocar.

Pessoas com dependência química veem em sua droga apenas os efeitos que desejam. No entanto, as drogas e os comportamentos dependentes não causam apenas os efeitos positivos desejados, mas efeitos múltiplos e duradouros sobre o corpo, o cérebro, as realizações psíquicas e as relações sociais. As estratégias de sobrevivência negam-se a reconhecer essas conexões e não associam a essas consequências negativas o seu consumo de drogas ou os seus comportamentos dependentes. Pelo contrário, a droga ou o comportamento dependente são utilizados como remédio para os insuportáveis estados emocionais e físicos, os quais, entretanto, são sempre provocados pela própria droga, proporcionalmente ao tempo de evolução do processo de dependência. Pelo contrário, a droga ou o comportamento dependente são utilizados como remédio para os insuportáveis estados emocionais e físicos, os quais, entretanto, são sempre provocados pela própria droga, na proporção do tempo de evolução do processo de dependência.

Em processos de dependência química a dose precisa ser aumentada, pois o efeito das drogas diminui, porque o corpo empreende uma reação e tenta neutralizar esse efeito. Então, quando não se toma a droga, aparecem os chamados sintomas de abstinência. Quando se trata de drogas estimulantes o organismo cai num estado de subexcitação, e no caso de drogas sedantes cai num estado de superexcitação. No final, muitas vezes os dependentes consomem suas drogas apenas para evitar os sintomas de abstinência e tomam substâncias psicoativas sedativas ou estimulantes, de acordo com o momentâneo estado de seu corpo. Tenta-se reparar, por meio da droga, os danos corporais que ela própria causou.

Dessa maneira, o comportamento dependente é uma estratégia de sobrevivência que atinge os limites dos recursos psíquicos, físicos e sociais da pessoa envolvida e, por vezes, vai muito além deles. Isso é confirmado pelo grande número de alcoólicos e fumantes inveterados gravemente enfermos, bem como pelas inúmeras vítimas fatais da heroína. Muitas pessoas reencenam, com sua dependência, seus traumas originais. Elas se infligem ferimentos e se envenenam, não têm a menor consideração pelo próprio corpo e tentam suportar, por meio de drogas, o permanente stress em que vivem. Os reflexos saudáveis (por exemplo, não inalar a fumaça tóxica), que eles parcialmente perderam na situação traumática original e negligenciam em favor de seu envolvimento simbiótico, não têm neles a menor possibilidade de afirmar-se contra suas partes de sobrevivência.

Os mecanismos traumáticos de defesa das pessoas com dependência química esgotam sem consideração não apenas seus próprios recursos, mas também os recursos de outras pessoas que se relacionam com elas ou não conseguem escapar de suas influências manipuladoras e parcialmente chantagistas.

Para entender essas conexões e desenvolver a vontade de abandonar os processos de dependência, é necessário que partes da personalidade tenham permanecido saudáveis, apesar do prolongado consumo de drogas. Em muitos casos, as partes de sobrevivência dependentes também sabotam a psicoterapia ou só a fazem por cálculo como, por exemplo, para cumprir uma intimação judicial. Kevin é um típico exemplo dessa atitude.

Sem um propósito

Kevin pediu-me para recebê-lo como paciente porque, devido a um grave acidente de automóvel sob a influência de drogas, foi intimado judicialmente a submeter-se a uma terapia. No início participou com muito entusiasmo. Falamos de seus relacionamentos com mulheres e de sua relação com a mãe, o pai e os irmãos. Ele ficou muito impressionado com o que mudou nele em pouco tempo. Tinha uma boa cabeça, sabia exprimir-se bem e era muito compreensivo quando eu lhe explicava alguma coisa. Entretanto, depois que redigi um atestado para o juizado, declarando que ele tinha começado com êxito uma terapia, sua vontade de confrontar-se mais profundamente com sua psique começou a esmorecer. Passou a perder sessões de terapia, voltou a se encontrar com antigos amigos e a drogar-se, a ponto de sofrer um colapso físico. Então retornou à terapia, recriminando-se muito e prometendo melhorar. Não consegui, porém, nem uma única vez, que ele trouxesse à sessão de terapia um propósito pessoal em que quisesse trabalhar. Sentava-se na cadeira do paciente, falava muito e novamente se esgotava a hora, sem que tivesse trabalhado um propósito concreto.

Como terapeuta, eu não quis assumir o papel de "codependente", isto é, da pessoa de quem outra se serve para continuar cultivando o próprio vício. Por isso coloquei-o diante da opção de comparecer às sessões com um objetivo concreto, ou de deixar a terapia. Ele optou pela segunda alternativa.

O comportamento do dependente tem uma tendência suicida, porque não leva em consideração a saúde do corpo. Isso revela que, nas situações traumáticas que viveram, muitos dependentes químicos renunciaram ao contato com o próprio corpo e se dissociaram dele em larga medida.

Indiferença

A característica específica das partes dependentes de uma pessoa ficou clara para mim quando representei o papel de uma paciente que tentava encobrir os traumas da infância e da juventude por meio de um consumo excessivo de álcool e de injeções de heroína. Logo que ela me colocou em cena, comecei a oscilar de um lado para o outro, e tinha a sensação de que poderia cair para a frente e bater com a cabeça no chão. Num certo momento deixei-me cair e comecei a rir. Naquele estado tudo era indiferente para mim. Alguém poderia fazer comigo o que quisesse, pois eu não temia nenhuma dor.

A paciente se reconheceu claramente no comportamento que manifestei como seu representante. No decurso da constelação ocorreu nela uma mudança radical, e surgiu uma criança abandonada que pedia para ser tirada de sua solidão.

Muitos vícios lembram, e não por acaso, o comportamento de uma criança pequena, que exige a satisfação imediata de suas necessidades por outros. Os motivos do comportamento do dependente químico têm suas raízes, em numerosos casos, num trauma de simbiose, por não terem sido satisfeitas suas necessidades simbióticas originais de calor, proteção e cuidados. Por isso o álcool, a maconha e a heroína são drogas apreciadas por pessoas com carência simbiótica, pois podem aquecê-las rapidamente e como que narcotizá-las.

O trabalho com o pai de um viciado em computador me mostrou como alguém pode refugiar-se no mundo virtual do computador, com o risco de ficar preso nele.

O vício do jogo

Simon estava muito preocupado, porque seu filho de 20 anos interrompera sua formação superior e se instalou no porão da casa da avó, onde passava mais de 12 horas por dia com jogos de computador. Simon considerava seu filho um viciado em jogos. Seu propósito era recuperar o contato com ele.

Como se evidenciou nesse trabalho, o que impedia uma boa relação de Simon com seu filho era o seu trauma simbiótico, ligando-a à sua mãe traumatizada e depressiva, que perdera o noivo durante a Segunda Guerra Mundial. Para o filho de Simon, o mundo colorido da Internet parecia menos estressante do que a relação real com seu pai depressivo.

As pessoas com dependência química se buscam e se encontram porque cada uma reconhece imediatamente na outra a mesma falta de nutrição simbiótica e quer ajudá-la e consolá-la. Nos meios afeitos às drogas, pessoas gravemente dependentes estabelecem relações conjugais simbioticamente enredadas. Seus filhos correm então um grande risco de se tornarem a próxima geração de pessoas dependentes:

A dependência, como tática predileta de sobrevivência, tem sido uma tradição em algumas famílias por muitas gerações. Ela envolve não apenas o uso de drogas mas ainda variadas formas de repressão do trauma, por meio da compulsão no trabalho, no consumo, no jogo ou no sexo. Por isso, os membros dessas famílias com dependência química se apoiam reciprocamente nesses mecanismos de repressão e se estimulam, por exemplo, a um excessivo consumo de bebidas. Pessoas com dependência química também se sacrificam umas pelas outras. Isso se aplica principalmente a mães que sofreram um trauma de simbiose. Elas apoiam seus filhos em sua dependência de drogas, mesmo que isso custe a elas, muitas vezes, as últimas forças.

A "codependência", ou o envolvimento nos problemas dos outros (Kolitzus, 2000, Mellody, 2007), ocorre, portanto, quando alguém se recusa a cuidar de seu próprio trauma. Por exemplo, esposas e mães pessoalmente enredadas em traumas simbióticos deixam-se facilmente capturar pelas hábeis estratégias de sobrevivência de seus parceiros ou filhos com dependência química. A experiência mostra que mulheres "codependentes" que trabalharam nos próprios traumas deixam de apoiar o marido ou o filho dependente de drogas. Podem então colocá-los diante de uma alternativa: ou renunciam às drogas ou não terão mais seu apoio. Quando elas querem viver a partir de suas partes saudáveis, podem tomar e manter claramente essa atitude. Então veem claramente pela primeira vez, com muita frequência, que seus parceiros ou seus filhos não têm a menor disposição de trabalhar em si mesmos e nos próprios traumas.

9.9 "Psicose", "esquizofrenia" e enredamentos simbióticos

Psiquiatria biológica

"Psicose" significa literalmente "doença da psique", e "esquizofrenia" é o termo grego para "mente dividida". Ambos os termos são usados na ciência psiquiátrica para nomear singularidades frequentemente bizarras no modo humano de perceber, sentir, pensar e agir. Os psiquiatras tentam distinguir essas singularidades como diferentes formas de "doenças psíquicas": "esquizofrenia" paranoide, catatônica ou hebefrênica, "mania", "transtorno bipolar", "depressão". A nosologia psiquiátrica considera essas singularidades basicamente como consequências de distúrbios metabólicos e dirige seus esforços principalmente para encontrar a dosagem presumidamente correta de psicofármacos adequados para bloquear vivências "psicóticas" em pacientes ou tirá-los de seus "estados depressivos".

Na concepção de que as "psicoses" e "esquizofrenias" são efeitos de doenças físicas, do cérebro e/ou dos nervos, pouca coisa mudou nos últimos cem anos no pensamento psiquiátrico, apesar de numerosas objeções científicas contra essa suposição (Breggin, 1996; Bentall, 2004, 2009) e das queixas de muitas pessoas afetadas, de que o tratamento psiquiátrico não lhes traz ajuda real e chega a causar-lhes danos. Até mesmo psiquiatras progressistas, que são abertos à psicoterapia e a praticam, sustentam a opinião de que as depressões e psicoses "endógenas" são enfermidades do cérebro e por isso consideram os psicofármacos e os eletrochoques como os recursos mais indicados em seu tratamento (Lütz, 2009, p. 80).

Muitos pacientes pouco familiarizados com a lógica psiquiátrica ficam surpresos e perguntam por que razão, nas clínicas e nos ambulatórios, os psiquiatras não se interessam por sua história de vida pessoal, e basicamente tudo gira em torno de saber se os sintomas melhoraram ou pioraram com essa ou aquela medicação.

Alternativas psicológicas

Existem também, contudo, algumas tentativas alternativas de explicar as "psicoses" e a "esquizofrenia" por parte da Psicologia. Stavros Mentzos propõe uma abordagem teórica numa perspectiva psicanalítica (Mentzos, 2000), e Fritz Simon apresenta outra, baseada na teoria da comunicação (Simon, 1993). Margret Mahler, já mencionada no Capítulo 3 deste livro, julga que as psicoses já se manifestam em crianças, que se afastam da realidade quando a simbiose com sua mãe não é bem resolvida (Mahler, 1998).

Até mesmo para a Psicotraumatologia, tal como foi desenvolvida na Alemanha, sobretudo no círculo do Prof. Gottfried Fischer, na Escola de Colônia, e se destacou no esclarecimento de pressupostos traumáticos de distúrbios psíquicos (Fischer e Riedesser, 2009), as "esquizofrenias" e as "psicoses" continuam constituindo um enigma. Em relação a pessoas que se tornaram esquizofrênicas, falta manifestamente aos pesquisadores dessa orientação teórica o "critério do evento", isto é, de uma situação que possa ser considerada como traumática para a pessoa envolvida. Da mesma forma, as "psicoses" e "esquizofrenias" não se ajustam ao modelo de elaboração de traumas desenvolvido por Fischer. Por isso, inclusive nessa orientação teórica, continua se mantendo a opinião de que distúrbios "esquizofrênicos", como a "esquizofrenia paranoide", se explicam "prevalentemente como biológicos e idiopáticos", e por isso "não se pode questionar a utilização de neurolépticos em distúrbios esquizofrênicos" (Bering e Kamp, 2009, p. 44 s.).

Psicotraumatologia multigeracional

Para esclarecer também, sob o enfoque da Psicotraumatologia, as causas dos fenômenos psíquicos denominados "psicoses" e "esquizofrenias" no pensamento psiquiátrico, julgo necessário que pensemos em termos de várias gerações. Não basta pesquisar apenas a biografia do paciente em busca de experiências traumáticas. No que se refere aos traumas, também são relevantes as biografias dos pais, dos avôs e, às vezes, dos bisavôs, para entender o ambiente traumatizado e por isso psiquicamente perturbado em que o paciente se criou e eventualmente ainda se encontra.

O trabalho com o método das constelações permitiu-me, desde o início, uma visão da vida psíquica de pessoas que manifestam as chamadas "vivências psicóticas", bem como das famílias cujos membros se tornaram "esquizofrênicos". Nesse trabalho, revelaram-se geralmente, nas respectivas histórias familiares, associações com traumas graves, que eram estritamente considerados como tabus. Por essa razão, sinto-me obrigado a contradizer radicalmente as concepções dominantes nas doutrinas psiquiátricas e psicológicas sobre a origem das "psicoses" e das "esquizofrenias". Em todos os trabalhos terapêuticos que realizei com pacientes psicóticas desde minha primeira publicação sobre essa temática (Ruppert, 2003), obtive uma confirmação do procedimento baseado no conceito de traumas transmitidos através de várias gerações. Por trás das "psicoses" e das formas "esquizofrênicas" de comportamento e de vivência estão, portanto, experiências traumáticas dissociadas, que as pessoas envolvidas adotaram devido ao enredamento simbiótico com suas mães, avós ou pessoas de gerações ainda mais recuadas.

Nesses casos, o trauma original tem uma intensidade particularmente aflitiva, pois envolve medos profundos, fortes sentimentos de raiva e ódio, insuportável dor psíquica, vergonha e culpa avassaladoras, ou sentimentos muito intensos de dedicação e amor que foram ocultados.

As ocorrências traumáticas que dão origem a isso são as seguintes:

- ameaças de morte, por parte de alguém a quem a pessoa estava emocionalmente ligada: por exemplo, uma tentativa da mãe para sufocar a criança, comprimindo um travesseiro contra o rosto dela;
- abuso sexual e incesto dentro da família, sobretudo quando foi cometido pelo próprio pai e eventualmente tenha gerado uma criança;
- atos irreparáveis, como matar alguém, principalmente se for uma criança própria, ou um crime grave, como um assassinato.

Tais vivências, dentro do sistema de vinculações familiares, acarretam uma ampla dissolução da própria identidade, tanto nas vítimas quanto nos perpetradores. Num trauma do sistema de vinculações tudo é simultâneo: caos e silêncio, normalidade e loucura, tudo se faz presente no mesmo momento. Depois desses acontecimentos, que colocam em xeque a existência de todo o sistema de vinculações, a pessoa já não pode definir-se com clareza, pois não consegue abrigar-se simplesmente no papel de vítima, nem buscar refúgio permanente no papel de perpetradora. Pois como poderia uma mãe admitir que assassinou seu próprio filho? Como poderia um soldado que regressou da guerra confessar abertamente as atrocidades que viveu e também cometeu? Como suportaria uma criança ver claramente o próprio pai como autor de um abuso? E como poderia esse pai confessar abertamente que estuprou sua filha? Em suma: o modo esquizofrênico de pensar e agir é uma reação a uma realidade que a pessoa não é capaz de suportar e superar psiquicamente. Por essa razão, ela precisa negá-la e escondê-la de si mesma e das outras pessoas.

Com seu modo *"esquizofrênico"* de pensar e agir, a pessoa tenta apagar interiormente suas experiências insuportáveis, deformá-las, apresentá-las de outra maneira ou dar-lhes um outro significado. O preço que ela paga por isso é que sua mente renúncia ao contato com a realidade, de maneira que essa realidade e sua representação psíquica se tornam dois mundos separados entre si. Por ser excessivamente real e claro, o modo normal de perceber, sentir, pensar, falar e agir precisa ser substituído por um modo de perceber e de pensar cujo objetivo é tornar-se obscuro e confuso. Nessas condições, a pessoa envolvida torna-se incapaz de estabelecer relações unívocas com outras pessoas. Ela não consegue mais distinguir entre as percepções autênticas e suas próprias imagens e fantasias. Isso porque, ao reconhecer plenamente a realidade, tal como ocorreu, a existência sensível se tornaria impossível para ela.

As *"psicoses"*, em contraposição, são os estados emocionais de uma pessoa inundada pelas emoções dissociadas do trauma, porque os mecanismos de divisão e de sobrevivência deixam de atuar de modo suficiente. Nesses estados emocionais as pessoas já não são capazes de distinguir quem são e em que época vivem. Não distinguem mais se são outra pessoa ou elas mesmas, não sabem distinguir o que viveram e o que não viveram. Devido à perda do contato emocional consigo mesmas, perdem a própria identidade e o contato com a realidade.

Enquanto a pessoa ainda conserva uma ideia do que aconteceu, do que viveu e do que fez, ela consegue exibir exteriormente uma aparência de normalidade. Para ela, torna-se uma tarefa vital cultivar essa aparência e defendê-la contra os que a põem em dúvida.

A situação muda quando esses traumas são transmitidos pelos pais a seus filhos. Por efeito de um trauma de simbiose, como já se mencionou, as crianças podem enredar-se simbioticamente com seus pais a tal ponto que se fundem com as partes dissociadas deles, como perpetradores ou como vítimas. Que faz então uma criança, ao entrar em contato com esse caos interior de seus pais? Para poder viver em tal sistema, para incluir-se nele e ser amado como uma criança, ela precisa forçosamente dividir-se e desconfiar dos próprios sentimentos, para poder acreditar na aparência de normalidade criada pelos pais.

Richard é um exemplo do modo como traumas silenciados da geração dos avós vêm à luz quando um neto se torna esquizofrênico.

Vítima de abuso por freiras

> Richard tinha 25 anos quando procurou terapia. Ele construíra em sua mente um mundo imaginário com três figuras femininas insatisfeitas e vítimas de abusos, com quem ele mantinha relações, tinha filhos e sentia-se responsável por suas vidas. Na realidade, ele ainda não mantinha relações com mulher alguma.

A fantasia em sua mente começou a desfazer-se quando, no trabalho com sua mãe, que igualmente fazia terapia comigo, revelou-se que a mãe dela, em sua infância, viveu num internato, onde foi vítima de abuso sexual por parte de freiras que aí trabalhavam. A mãe de Richard, durante toda a sua vida, enredou-se em violentas discussões com sua mãe, gravemente traumatizada. Sofreu terrivelmente com a constante rejeição da mãe e lutou em vão pelo seu afeto, até a morte da mãe.

Com isso, mesmo depois de adulta, permaneceu em sua fixação simbiótica na mãe, e não proporcionou a seu filho uma presença sensível. Para substituir os sentimentos positivos da mãe, Richard adotou inconscientemente o caos interior dela, constituído por emoções dolorosas e sexualmente obsedantes, que a mãe adotara inconscientemente em sua simbiose com sua própria mãe. Também o filho ficou simbioticamente fixado na mãe e não conseguia sair de casa. Quando os envolvimentos inconscientes foram se tornando claros para ele, conseguiu começar uma formação superior e soltar-se da mãe. Esta, por sua vez, deixou de alimentar inconscientemente os apegos simbióticos do filho.

Especialmente quando os pais, devido aos traumas dos avós, estão psiquicamente tão perturbados que não conseguem assumir seu papel de pais, muitas vezes a criança mergulha diretamente nos sentimentos traumáticos dos avós, que exercem uma atração mágica sobre sua alma, ávida de sensações. O trauma original da assim chamada "doença esquizofrênica" pode datar de quatro gerações.

O terrorista

A Sra. S. veio à terapia porque não conseguia mais conter seu filho de 12 anos que a aterrorizava, destruía a mobília da casa, urrava de cólera e torturava sua irmã mais nova. A paciente, por sua vez, passara toda a sua vida aterrorizada pela própria mãe. Aos olhos da mãe ela não fazia nada direito, era sempre tida como estúpida, incapaz e má. A mãe a caluniava diante dos parentes, telefonava aos patrões dela para difamá-la, intrometia-se na educação dos netos e os atiçava contra a mãe.

Deixei-me colocar em cena pela paciente, como representante de seu filho. Embora ela estivesse à minha frente e bem perto de mim, eu não lhe dava nenhuma importância e a percebia como fraca e irrelevante. Sentia meu corpo apenas pela metade, como se faltasse o meu lado esquerdo. Sentia-me como se estivesse amarrado e meu olhar se fixava num ponto distante no aposento, que me fascinava muito mais do que o relato que "minha mãe" (a Sra. S) fazia sobre "mim" e sobre si durante a constelação. Naquele ponto distante havia algo que atraía toda a minha atenção. A situação ficou clara quando foram colocadas ali representantes da avó e da bisavó. Ali residia o trauma original.

Uma pessoa que esteja inconscientemente fundida com um sentimento traumático, pelo fato de ignorar a situação original que lhe deu origem, completa-a em sua fantasia. Por outras palavras, devido ao seu estado interior, ela percebe o ambiente externo como traumatizante. Daí nasce, por exemplo, o fenômeno da "paranoia", a obsessão de estar sendo perseguido e vigiado por outras pessoas, embora não haja atualmente razão para isso. A obsessão consiste, portanto, em ligar a uma situação presente uma sensação traumática do passado, que foi adotada pela pessoa.

Como no campo de concentração
Em sua primeira "psicose", Rosalinde sentia-se açulada e perseguida por automóveis e aviões. Ela abandonava sua casa, refugiava-se nas montanhas e fugia de uma pensão para outra. Rosalinde vivia interiormente o terror de sua mãe que no final da Segunda Guerra Mundial passou vários meses num campo de concentração sérvio. A "psicose" da paciente foi desencadeada quando sua gata foi sadicamente torturada por alguém.

Falsas explicações

Para explicar esses sentimentos que são adotados por simbiose e irrompem, aparentemente sem causa, num membro de uma geração posterior, procura-se em geral encontrar no presente uma causa plausível. Uma crise atual de relacionamento, um stress momentâneo ou um eventual consumo de drogas são então facilmente considerados como causas. Tais ocorrências, entretanto, são apenas acionadores que trazem para o centro da vivência consciente a parte traumatizada que a pessoa assumiu por simbiose e até então reprimia. Naturalmente, não podem ter um êxito duradouro as tentativas de recuperar o controle desses sintomas traumáticos sem reconstituir o seu nexo com a situação traumática original. O efeito mais provável de uma repressão irrefletida das energias traumáticas é que a situação piore para as pessoas envolvidas.

Estudos de casos de crianças presumidamente "hiperativas", ou com um "distúrbio de atenção" também me mostraram que essas descrições de sintomas são variantes dos chamados distúrbios "psicóticos". Em outras palavras, as perturbações de comportamento dessas crianças não se explicam por alguma falha em seu metabolismo cerebral, mas por seu profundo envolvimento nos traumas de suas mães e de suas avós. O medo e a raiva que estas não expressaram são psiquicamente absorvidos pelas crianças afetadas pela "síndrome de déficit de atenção" e cegamente vividos por elas. Também as agressões dos perpetradores ocultos dentro de uma família são inconscientemente manifestadas pelas crianças. O trauma original está geralmente associado à violência sexual (Ruppert e Freund, 2007).

Correndo em círculos

Ao representar, certa vez, uma criança hiperativa, fiquei consciente da tragédia dessas crianças. Elas sentem um medo e uma agitação indefiníveis, querem fugir desses sentimentos mas não sabem para onde dirigir-se. Por isso, correm constantemente em círculos. O medo e a agitação são tão grandes que elas não conseguem concentrar-se em nada.

Renunciando à inclusão na família

Em casos de "esquizofrenias" e "psicoses", julgo necessário, antes de tudo, identificar os traumas mantidos em segredo no sistema familiar, ou conscientizar o paciente de que ele está enredado num trauma de cuja existência ainda não tem conhecimento, ou possui apenas uma ideia muito vaga. Uma outra questão é em que medida esse trauma poderá ser reconstituído por uma adequada indagação na família. Em muitos casos isso não terá êxito. Nas constelações geralmente se evidencia, pelo menos, que existe algo oculto na família. A melhor solução para a pessoa envolvida é desprender-se do enredamento simbiótico com a mãe ou o pai ou ambos, e seguir os próprios caminhos. Na maioria dos casos, ela precisará renunciar totalmente ao desejo de pertencer à família.

Uma criança enredada por simbiose liga-se à mãe traumatizada por uma mistura de ódio e de amor. Ela não pode expressar esses sentimentos, que nela se representaram pela falta de acesso emocional à mãe. Pois, se o fizesse, perderia toda esperança de vir a receber algum dia o tão desejado amor materno. Por isso essa raiva é reprimida na criança e se manifesta, por exemplo, em obscuras fantasias de violência. A criança reprime seus impulsos de raiva contra a mãe porque sente que, se não o fizer, a mãe se afastará mais ainda, e talvez mesmo se mate.

Assim a criança fica presa nessa simbiose. Ela não se aproxima da mãe nem se afasta dela. Uma parte na criança vela ansiosamente pelo estado da mãe.

A seguinte história de caso de Jutta é reproduzida por mim de forma um pouco mais detalhada. Ela mostra como é importante, no decurso de uma terapia baseada numa relação terapêutica de confiança, que sejam claramente perceptíveis os estados delirantes e os impulsos suicidas controlados pela paciente, para que se possa trabalhar na solução dos mesmos.

Obsessão de culpa

Jutta sofreu uma grave traumatização na infância. Sua mãe não queria tê-la e tentou várias vezes matá-la, numa delas colocando o bebê em água fervente. Esses traumas repetidos se tornaram tão insuportáveis para Jutta, que ela se afastou totalmente de seu corpo e de seus sentimentos, e passou a viver principalmente em suas partes de sobrevivência. Apenas uma vez, já na casa dos seus 20 anos, quase foi internada numa clínica devido a um episódio psicótico.

Quando resolveu submeter-se a uma cirurgia nos olhos, durante a terapia que fez comigo, entrou em pânico, temendo que os vírus letais que, segundo ela, estavam em sua secreção lacrimal, se transferissem para o bisturi, fazendo com que outras pessoas, sobretudo crianças, se contaminassem e morressem. Foi então tomada por uma grande agitação interior. Buscou o conselho de várias autoridades médicas mas não se tranquilizou. Nessa ocasião ela me escreveu: "Com relação ao tema dos olhos, tenho a sensação de que terei de assistir impotente à morte de outras pessoas. É tão cruel! Não consigo mais pensar nem sentir outra coisa. Será esta a segunda psicose em minha vida? Preciso lutar outra vez para não ser internada numa clínica psiquiátrica?"

Ela entrou cada vez mais fundo nessa obsessão de culpa e tinha insistentes pensamentos de suicídio: "Posso descrever assim meu atual estado de alma. Se eu pudesse fazer agora uma constelação, teria um propósito não confiável: 'Como posso superar minhas inibições éticas para finalmente matar-me?' O meu maior desejo, desde muito nova, é que eu não tivesse existido. Estou psiquicamente mais doente do que pensava! Pouco a pouco, consigo entender que uma pessoa tome remédios para que não precise suportar constantemente seu estado. Posso pendurar uma medalha em meu peito por ter sempre renunciado a isso, não tenho nada disso. Como se vê por tudo isso, é terrível o mal causado pela obsessão. Ela mata a alma. Eu não tinha pensado que cairia de novo numa psicose. Na conversa pelo telefone fiquei muito consolada porque você percebeu que a obsessão me abateu muito. Fico-lhe muito agradecida, pois não consigo explicar isso a ninguém. Agora tenho a grande obrigação de não perder a coragem e de sair disso tudo. Sinto até mesmo um anseio de poder saborear algum dia, sem a obsessão, a beleza da vida."

Nas sessões de terapia com Jutta, permaneci convencido de que a obsessão em que caíra era forçosamente condicionada pelas terríveis experiências que vivera com sua mãe e pela história de sua família. Em função disso, fiz-lhe as perguntas pertinentes, que ela respondeu por escrito nos seguintes termos: "O que faço com suas perguntas? Com quem estou enredada? De quem são os meus atuais pensamentos? – De alguém que jamais conheci e de quem nunca se falou. Muitas vezes sou assaltada pela visão de um homem segurando bebês pelos pés e batendo-os contra o chão até que morrem. À mesa está sentada uma mulher terrível que aprova isso. Talvez seja ela a força secreta de tudo isso. Talvez isso tenha acontecido há cem anos ou mais.

"Ultimamente estou notando que não gosto de olhar por muito tempo para os olhos de minha mãe, porque liguei claramente a eles esta mensagem 'Eu posso matar você quando quiser' e vejo algo que aprecia esse poder. O que muitas vezes apavora no seu semblante não se refere exclusivamente ao mal que lhe foi feito mas também ao que está por trás do seu sistema, e lembra-me a mulher do retrato.

"Será que respondi, pelo menos aproximadamente, às suas perguntas? De quê preciso desprender-me? Essa obsessão é apenas um envolvimento simbiótico? Nesta altura, a obsessão me esgotou de tal modo que preciso lutar para manter minha capacidade de agir. Mas qual é a maneira certa de agir?"

Inicialmente ela cancelou a cirurgia nos olhos, o que a liberou da pressão imediata. Em seguida, numa constelação, ganhou não somente um conhecimento claro mas também uma percepção emocional do que havia de delirante em sua mente e do enredamento simbiótico com sua mãe. Com isso livrou-se dessa obsessão de culpa.

O caso de Jutta mostra claramente, em minha avaliação:

- como a criança tem que suportar a obsessão nos olhos de sua mãe;
- como não consegue distanciar-se e, por isso, identifica-se com a mãe, e
- além disso, devido à falta de um contato emocional, vai absorvendo cada vez mais, de modo inconsciente, os sentimentos traumáticos não resolvidos em sua família.

Este exemplo mostra como uma criança cuja parte de sobrevivência esteja enredada numa simbiose submete-se totalmente a uma mãe sádica, sem opor-lhe qualquer tipo de resistência. Mesmo depois de adulta, essa criança não consegue afastar-se exteriormente da situação ameaçadora, mas continua a satisfazer, como uma criança obediente, as exigências da mãe, sentindo-se culpada e responsável no lugar dela. Para terminar essa tortura, a única solução aparente é o suicídio, que também pode ser olhado como um serviço prestado à mãe: "Vou deixar este mundo para não continuar pesando em minha mãe."

Esses padrões de apego simbiótico só podem ser dissolvidos, passo a passo, com o auxílio de uma terapia adequada. Para curar-se a pessoa envolvida precisa desprender-se completamente, interior e exteriormente, da mãe gravemente traumatizada, e renunciar a toda ilusão de estabelecer com ela um contato simbiótico satisfatório.

A seguinte história de caso de Albert, com quem trabalhei terapeuticamente por vários anos, chama a atenção para a forma como traumas pessoais e adotados frequentemente se entrelaçam e atravessam várias gerações.

Uma sequência de traumas

Antes de se tornar meu paciente, Albert tinha sido internado numa clínica psiquiátrica com o diagnóstico de "transtorno esquizoafetivo". O trabalho terapêutico com ele trouxe sucessivamente à luz seus próprios traumas e os traumas de sua história familiar:

- Sofreu abuso sexual por parte de seu pai e de um vizinho.
- Sua mãe foi violentada pelo próprio pai.
- Sua avó afogou na banheira uma criança, presumivelmente nascida de uma relação extraconjugal.
- Seu avô paterno se enforcou.

O esclarecimento dos condicionamentos familiares de Albert e de sua própria história de vida, por meio de uma série de constelações, ajudou-o progressivamente a evitar novos surtos psicóticos, a desarmar seus mecanismos de sobrevivência e substituí-los por estruturas psíquicas saudáveis. Ele voltou a trabalhar e começou, sem pressão interior, um relacionamento com uma mulher. Albert passou a encontrar uma crescente alegria em sua vida.

A ilusão de ser um salvador

Quando não existem os sentimentos amorosos e ternos dos pais que proporcionam proteção e permitem um distanciamento em relação aos traumas das gerações anteriores, a criança também é "contagiada" pelos sentimentos traumáticos de seus (bis)avós. Pois, em sua grande carência de contato emocional, ela abre tão amplamente suas fronteiras psíquicas, que não conseguirá mais distanciar-se sem ajuda terapêutica. Muitas vezes, isso leva a uma solidariedade inconsciente com os sentimentos de vítimas no sistema familiar e a uma compaixão por elas, de acordo com o princípio de que a semelhança de destinos cria parentesco entre as almas. Entretanto, como uma criança em tal processo interioriza os sentimentos, tanto das vítimas quanto dos perpetradores, ela cai numa insanável confusão emocional. Ela não sabe ao certo se é perpetradora ou vítima. Sua tentativa de reconciliar em si os sentimentos dos perpetradores e das vítimas é um empreendimento inviável, que cedo ou tarde conduz à loucura. Além disso, uma criança pode perceber que em seus pais existem partes que clamam por salvação. Quando a pessoa assume esse encargo, aparecem formas de "esquizofrenia" em que ela se sente como um "salvador" ou mesmo como "Deus".

Ajuda dos pais?

Os pais não podem ajudar seus filhos que ficaram "psicóticos" e "esquizofrênicos" enquanto eles próprios estiverem enredados em simbioses e não trabalharem em seus traumas. O caso de Simone mostra que as mães podem ajudar, em certa medida, seus filhos "esquizofrênicos", quando se livram dos próprios enredamentos simbióticos. Simone procurou inicialmente a terapia porque queria ajudar sua filha Sabine, que ouvia vozes e via imagens assustadoras. Deixei-lhe claro que ela só poderia ajudar sua filha se primeiro investigasse e descobrisse em si mesma em quê ela própria estava enredada. Ela concordou e trouxe à sessão de terapia três amigas para fazer uma constelação.

Tentando tirar o peso

>Embora sabendo que sua filha caía repetidamente em surtos "psicóticos", durante os quais ouvia vozes e via imagens aterrorizantes, Simone não ousara até então perguntar-lhe que vozes eram essas, "para não afligi-la mais. A filha dizia apenas que essas vozes tinham alguma relação com os parentes". Quando perguntei a Simone que objetivo teria para ela uma constelação, ela respondeu que queria que sua filha ficasse boa para que ela própria ficasse aliviada. Quando percebeu que seu objetivo

continha "algo egoísta", hesitou. Eu, porém, aconselhei-a a constelar precisamente essa parte dela que buscava um alívio para si. Ela tomou como representante uma das amigas que trouxera, mas imediatamente se verificou que ela não conseguia identificar-se com essa personagem. Não sentia conexão com ela e queria fugir para longe, mas tinha a sensação de que essa personagem já se instalara em sua barriga. "Mesmo que eu fuja para o mais longe possível, isso não me trará um alívio real!" Então lhe ocorreu que ela já se mudara para bem longe de seus pais (mais de 1.000 km).

Na conversa preliminar, Simone mencionara que sua mãe, nascida em 1924, fugira da Prússia Oriental no final da guerra. Sua irmã mais velha, que permanecera na propriedade rural com seu pai e uma cunhada grávida, foi brutalmente estuprada pelos russos. As irmãs se reencontraram depois da guerra. Pouco tempo depois, a tia de Simone ficou meio louca. Foi internada numa clínica psiquiátrica e morreu ali, sem que ninguém da família pudesse informar a causa de sua morte.

Achei que a parte de Simone que ela própria colocara em cena podia ser essa tia, e a representante confirmou essa suposição. Propus então a Simone que constelasse sua própria parte psíquica que conseguira proteger-se dentro de sua família, de maneira que não foi levada tão fortemente para esse estado paralisante como todos os seus familiares, inclusive seus irmãos mais velhos, que sofreram muitos problemas mentais.

Simone confirmou que havia nela uma parte protetora. Para representá-la colocou em cena a outra amiga, e imediatamente ambas as representantes se deram as mãos. A nova representante sentia-se como se fosse o anjo da guarda de Simone, sempre presente para ela. Simone ficou contente, mas expressou também ceticismo. Por isso propus-lhe que dissesse a essa parte: "Minha mãe nunca esteve presente para mim. Tudo ali estava enrijecido e sem vida." Então a representante revelou como foi difícil ver como as crianças queriam algo dela sem que pudesse reagir, sentindo-se também culpada por causa disso. Sua comoção interior foi crescendo, subitamente caiu em lágrimas e voltou-se para a representante da tia de Simone.

Comuniquei a Simone minha suposição de que essa representante estaria representando antes a sua mãe. Simone também sentiu isso, e a própria representante confirmou essa suposição. Então Simone se escondeu atrás das costas de sua mãe, e de repente exclamou: "Eu queria tirar de você esse peso, mamãe!" Dizer *Mama* (mamãe) era um tabu na família de Simone. As crianças podiam dizer *Mutter* (Mãe) ou *Mutti* (mãezinha), mas *Mama* teria estressado emocionalmente a mãe.

Então, à medida que a representante de sua mãe dava vazão às suas emoções, manifestando sua carência interior e contando todas as atrocidades que vivera –

coisas que a própria mãe jamais mencionara –, Simone ia se descontraindo. Finalmente sentou-se no chão, atrás da mãe, e de repente teve a impressão de que os terríveis sentimentos, que até então estavam gravados em seu corpo, retornavam para sua mãe, de quem tinham vindo. Simone logo sentiu-se muito leve em seu corpo. A representante de sua mãe voltou-se então para a representante de sua tia, ambas se abraçaram e choraram.

Posteriormente Simone colocou em cena também uma representante para sua filha. Na constelação ficou de costas para a mãe e a tia, e colocou diante de si a representante da filha. Porém esta imediatamente se refugiou num canto afastado do aposento, queixando-se de falta de ar. Para ela tudo era muito estreito e sufocante. Disse que queria tirar da mãe esse peso, mas com isso sentia-se muito mal. Quando Simone ganhou clareza e lhe disse que também tinha querido tirar o peso de sua mãe e absorver os sentimentos aterrorizantes dela, a representante da filha também ganhou clareza e logo se sentiu mais livre. Quando Simone lhe perguntou se fazia o bastante por ela, a filha respondeu: "Você faz bastante por mim. O problema não é se você faz muito ou pouco, o problema é a atitude com que você faz isso. Ela nunca foi adequada." Então Simone conseguiu entender isso.

Mania e paranoia

"O pai é sempre incerto", diziam os antigos romanos, querendo expressar que geralmente é possível ter certeza sobre a maternidade, não porém sobre a paternidade. Desde que os testes genéticos permitem verificar cientificamente a questão da paternidade, apareceram vários casos em que filhos gerados por outros parceiros sexuais da mulher foram impingidos aos maridos, como se fossem deles. É evidente que esses casos levam a enredamentos simbióticos destrutivos em toda a família, e podem acabar provocando manias e transtornos bipolares. Minhas experiências terapêuticas com pessoas portadoras de diagnósticos psiquiátricos mostraram-me, repetidas vezes que, ao investigar as causas reais desses distúrbios, verificamos que diagnósticos de "transtorno bipolar" ou "mania" escondem muitas vezes o tema de crianças assim impingidas, e por trás da diagnose de "esquizofrenia paranoide" está muitas vezes o assassinato de crianças.

Anorexia

Embora os distúrbios alimentares e, de modo especial, a anorexia não sejam considerados nos diagnósticos psiquiátricos como distúrbios ligados à loucura, o emagrecimento compulsivo pela abstenção de comida e pelo excesso de práticas esportivas é uma forma evoluída de percepção delirante, que não pode ser corrigida por argumentos lógicos e objeções racionais. Por trás da anorexia, bem como de outras formas de ilusão, esconde-se, segundo minhas experiências, um trauma de simbiose, que provoca enredamentos simbióticos com traumas de gerações precedentes.

Uma menina ou mulher anoréxica sente-se obesa, embora esteja claramente abaixo do peso e magra a ponto de parecer esquelética. Ela se recusa a perceber essa realidade. Por quê? Porque não pode perceber uma outra realidade que, em muitos casos, é um abuso sexual sofrido por ela ou por sua mãe. Uma mãe que sofreu abusos sexuais nega essas vivências e dissocia suas partes infantis que foram vítimas de abuso. Essas partes são reavivadas e colocadas em alarme quando ela começa a perceber sua filha como um ser sexual. Isso acontece, no mais tardar, na puberdade, quando as características sexuais da filha vão se acentuando. Com o desenvolvimento dos seios e o arredondamento dos quadris, das nádegas, dos braços e das pernas, o corpo da menina transforma-se, cada vez mais, no corpo de uma mulher. Assim a mãe não pode deixar de perceber, cada vez mais, que sua filha é uma mulher, e que por isso também corre o risco de ser vítima de abuso. Por essa razão, a mãe começa a rejeitar cada vez mais a filha ou a chamá-la de "prostituta", porque quando a vê lembra-se do abuso que sofreu.

A filha não consegue entender essa rejeição e tenta permanecer no papel de criança, para conservar o amor da mãe ou a ilusão desse amor. Sem que se fale nada a respeito, a filha rejeita, como a mãe, a própria feminilidade, e tenta reprimir o desenvolvimento de seu corpo feminino por meio de dietas, recusando-se a alimentar-se e praticando atividades que consomem calorias, como corridas, treinamento aeróbico e outras modalidades de esporte.

Uma dinâmica suicida adicional pode ainda ocorrer quando o abuso sexual dá origem a uma criança. Tais crianças são, muitas vezes, abortadas ou mortas depois do nascimento. Esses assassinatos encobertos de crianças podem produzir efeitos por três ou quatro gerações. O incesto na geração dos bisavôs pode também levar uma bisneta a uma anorexia, com risco de vida.

A conversão total

Os psicofármacos podem bloquear, até certo ponto, as condições físicas da percepção dos sentimentos, mas não podem eliminar as causas desses sentimentos nem distinguir se se trata de sentimentos próprios ou adotados.

De acordo com minhas experiências, é muito difícil realizar uma terapia orientada pelas causas com pessoas que procuram deter o caos emocional com altas doses de psicofármacos, porque a repressão dos sentimentos impede a reconstituição dos acontecimentos traumáticos subjacentes. Sob o influxo de medicamentos, é muito difícil numa terapia reviver, pelo menos temporariamente, sentimentos traumáticos para encontrar suas causas.

Por princípio, segundo as minhas experiências, as "psicoses" podem ser curadas pela psicoterapia, quando suas causas são descobertas. Para isso os terapeutas precisam ter a indispensável clareza, e os pacientes devem estar dispostos a renunciar a suas ilusões simbióticas e a superar seus profundos medos e seus sentimentos de vergonha e culpa para encarar os próprios traumas e livrar-se do enredamento simbiótico com seus pais e avós.

Para os pacientes é importante entender que alguém só pode pertencer a um sistema confuso sob a condição de ser também confuso. As crianças se dispõem a participar da loucura e a esconder dos outros sua normalidade, para que possam pertencer a uma família confusa. Por essa razão uso com os pacientes a imagem de uma conversão de 180 graus como condição para que possam curar-se. Até então eles trilharam o caminho de se esforçar ao máximo para alcançar pais não disponíveis, porque seriamente traumatizados, atribuindo ao próprio comportamento o insucesso quando não conseguem unir a família psiquicamente fragmentada. O caminho na direção oposta consiste em desprender-se do enredamento simbiótico com os pais traumatizados e tornar-se consciente dos próprios traumatismos e das próprias divisões.

Naturalmente é útil que sejam revelados os traumas ocultos no sistema familiar, para entender seus efeitos transgeracionais. Mas mesmo quando não se pode reconstruir toda a loucura que acontece há gerações em tais sistemas familiares, é preciso realizar essa conversão. Isso porque não se trata de promover retrospectivamente a "cura de uma família". Nenhum filho pode curar uma família que vive numa simbiose destrutiva. Quem quer curar-se precisa livrar-se do influxo psiquicamente doentio de tais famílias traumatizadas e traumatizantes, para que finalmente, livre desses envolvimentos desviantes, possa trabalhar em seus próprios traumas (ver figura 9).

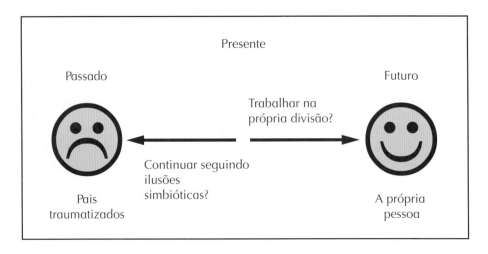

Figura 9: Duas direções possíveis do confronto com os traumas numa família: enredar-se mais ou retirar-se

9.10 "Doenças" corporais e enredamentos simbióticos

"Doença" – uma falsa abordagem teórica

Dores, inflamações, febre e órgãos que deixam de funcionar bem são sinais de alarme de nosso corpo. De outra forma, nosso corpo não poderia expressar que está sujeito a perigos e que algo deve ser feito contra essa ameaça. Esses sinais de alarme não são, portanto, o verdadeiro problema mas sim, via de regra, uma reação apropriada do corpo a uma ameaça. Assim como seria insensato desligar um alarme técnico sem investigar sua causa, não é aconselhável eliminar ou reprimir os sinais de alarme do corpo recorrendo a analgésicos, baixando a febre, cortando a inflamação ou operando órgãos, sem ter entendido como se originaram esses estados alarmantes. Caso contrário, procederíamos como se esses sintomas corporais fossem apenas falsos alarmes.

Embora um severo tratamento sintomático possa, a curto prazo, trazer alívio e às vezes mesmo salvar a vida, com a eliminação do sintoma os sinais de alarme não estão mais disponíveis como indicações sobre a fonte do perigo. Com isso nasce o risco de que as doenças se tornem crônicas porque, com a repressão dos sintomas, o corpo permanece exposto às influências danosas.

Outra deficiência de uma teoria das doenças orientada pelos sintomas consiste em considerar o corpo como algo separado da pessoa a que pertence.

Uma consideração puramente físico-química das funções corporais, que não leve em conta os pensamentos, as emoções, as sensações e os comportamentos da pessoa envolvida, não é, de maneira nenhuma, um atestado de objetividade científica, mas um erro de pensamento que reduz seres humanos à condição de coisas. A falta de consideração pelas características da vivência subjetiva dos sinais corporais de alarme, e pela forma como se inscrevem na história de vida da pessoa envolvida, conduz a uma falsa objetivação dos sinais de alarme, transformados em "doenças". É apenas esse erro lógico de criar uma falsa abstração que fornece a legitimação teórica para se tratar a "doença", isolando-a da pessoa envolvida e de sua história de vida. Por isso, essa falsa posição teórica não leva, via de regra, a sucessos duradouros no tratamento, mas a uma luta cada vez mais dispendiosa contra novos sinais de alarme.

Sinais corporais de alarme como consequências de traumas

Em contraposição, a teoria dos traumas considera os sinais de alarme do corpo como consequências imediatas, de médio prazo ou tardias, da ruptura da unidade interior entre o corpo, a mente e a alma, provocada pelas divisões resultantes de traumas (Nijenhuis, 2006; Odgen, Minton & Pain, 2010). As tentativas de superar o terror desencadeado por uma situação traumática por meio do congelamento, do amortecimento e de múltiplas dissociações provocam também o bloqueio de conexões nervosas, prejudicam o fluxo dos hormônios, afetam o sistema imunológico ou interrompem fenômenos metabólicos do corpo. Fenômenos corporais, que até então funcionavam integrados no contexto de uma colaboração total, são desencaminhados e passam a funcionar isoladamente no corpo da pessoa traumatizada. O corpo torna-se o lugar onde se acumulam experiências de vida não assimiláveis.

O trauma começa a atuar no interior da pessoa no momento em que é vivido. Depois de um certo tempo, esses efeitos ultrapassam o limiar perceptivo da pessoa e se manifestam como sintomas, lesões ou "doenças". Uma ciência da saúde baseada nos conhecimentos da teoria dos traumas deveria, portanto, em seus diagnósticos, referir os diversos sintomas corporais, frequentemente múltiplos, à situação traumática original, e investigar mais acuradamente como aquela situação traumática trouxe sofrimento à vivência e ao comportamento da pessoa envolvida. Isso possibilitaria distinguir, com uma crescente clareza:

- se os sintomas corporais apresentam mecanismos de sobrevivência, (tais como contrações musculares, inatividade de órgãos, entorpecimento de sensações, bloqueios articulares, dores superficiais que encobrem dores mais profundas e que desviam delas, bloqueios na expressão do medo, da raiva, do luto e da dor etc.);
- ou se são manifestações das partes traumatizadas que não podem ser reprimidas da vivência consciente (por exemplo, hipertensão arterial, sintomas cardíacos, inflamações e tumores).

Em minha opinião, o reconhecimento das partes de sobrevivência simbioticamente enredadas abre uma nova perspectiva para entender melhor as contradições que se manifestam em alguns sintomas corporais. A reação corporal pode consistir, por exemplo, tanto em permitir um contato quanto em bloquear seus lados negativos. Uma criança, por exemplo, que sofre de reumatismo pode então permitir o contato corporal com a mãe traumatizada e simultaneamente bloquear interiormente esse contato. Sintomas de dores corporais podem resultar basicamente da adoção de condições traumáticas dos pais. As descrições de padecimentos de crianças são às vezes extremamente semelhantes às de seus pais traumatizados.

Outra característica de um diagnóstico baseado em traumas é investigar como se conjugam e se opõem as partes da personalidade cindidas pelo trauma, e compreendê-las em sua dinâmica interior. Um tal diagnóstico é naturalmente inviável sem a cooperação da pessoa envolvida. Isso porque, no fundo, somente ela sabe como se manifestou na mente, na alma e no corpo o trauma que ela viveu. Com isso, o tratamento dos sintomas corporais torna-se parte integrante da terapia do trauma, visando, como seu objetivo básico, o desenvolvimento integral do paciente envolvido. O importante não é fazer com que seu corpo volte a funcionar, mas estimular o ulterior desenvolvimento de sua mente e de seu espírito. Considerado desse ângulo, o fato de que o corpo transmite alarmes torna-se uma oportunidade para o desenvolvimento da personalidade da pessoa envolvida.

As formas usuais de tratamento de "doenças" são muito distantes desse procedimento orientado pelas causas e pelos traumas. Elas tendem antes a apoiar as pessoas traumatizadas para que não precisem reconhecer seus sintomas corporais como consequências de suas vivências traumáticas, e continuem baseando-se na cisão psíquica. Quando não se evidenciam causas físico-químicas como responsáveis pelas lesões corporais, a medicina oficial se mostra frequentemente como incentivadora das partes de sobrevivência.

O repositório

    Boris teve uma infância penosa. O pai espancava a mãe diante de seus olhos e mantinha um regime de terror na família. Boris sofria um grande número de sintomas corporais na área gastrointestinal, na cabeça, na nuca e na coluna vertebral. Em seu aspecto exterior tinha um corpo forte, musculoso e atarracado.

    Quando desempenhei o papel de representante de seu corpo, percebi que ele se tornou grande para servir a Boris como um repositório de suas experiências terríveis, principalmente de seus medos. Tive a impressão de que esse corpo tentava livrar-se de tudo e encontrar um lugar para armazenar todas as terríveis experiências que o inundavam, onde pudesse encapsulá-las e mantê-las sob controle.

Em minha avaliação, é sempre útil que os pacientes analisem com mais cuidado o quadro de fundo psíquico de seus sintomas corporais, a não ser que se evidencie que não são condicionados por traumas (como no caso de alguém que vomita por ter ingerido um alimento deteriorado).

    Para pesquisar condicionamentos traumáticos de sintomas físicos, é preciso haver disposição por parte das partes saudáveis, porque as partes de sobrevivência, como já se mencionou, querem basicamente descartar logo esses sinais de alarme e sua conexão com os traumas sofridos. Numa pesquisa realizada em hospitais, Mechtilde Kütemeyer demonstrou que ferimentos que nunca fecham completamente cicatrizam quando se revela o seu quadro de fundo traumático. Ela chega à seguinte conclusão: "A ferida que permanece obstinadamente aberta e repetidamente volta a abrir-se, aponta para a "ferida familiar" oculta. Quando a boca não pode se abrir para queixar-se, a queixa e a acusação precisam ser expressadas pela ferida que sempre volta a abrir-se. Quando a boca pode expressar-se, a ferida torna-se supérflua. Devido ao imperativo de silêncio e às ligações patológicas com o perpetrador, os traumas biográficos são difíceis de se descobrir. Muitas vezes ocorrem apenas alusões e indicações cifradas, acompanhadas de agressões, frequentemente violentas, contra os médicos que se interessam pelos sofrimentos interiores, eventualmente com ruptura da relação entre médico e paciente" (Kütemeyer, 2008, p. 31). Na pesquisa de Kütemeyer, ferimentos de vinte pacientes cicatrizaram pela primeira vez e definitivamente, depois que os envolvidos se abriram em palavras e sentimentos. Nos casos restantes, em que os pacientes continuaram a calar-se ou não se abriram emocionalmente, a situação da ferida permaneceu inalterada.

Doenças autoimunes

De acordo com minhas experiências com pacientes, as doenças autoimunes podem indicar que uma parte psíquica dissociada utiliza esse caminho para expressar seu desespero por não ser considerada.

"Eu não sou uma doença"

M. enfrenta frequentemente, em seu local de trabalho, observações que o isolam. Devido a sintomas reumáticos, foi diagnosticada nele uma enfermidade autoimune. Seu propósito na terapia era entender o sentido dessa doença.

Colocado em cena como representante do propósito dele, inicialmente eu me senti mal, muito só, em ambiente hostil e interiormente contraído. O paciente, que estava a meu lado, disse que eu, como "sua doença", parecia-lhe muito ameaçador e agressivo. Isso me irritou. Como ele não percebe – pensei – como realmente me sinto como representante de seu propósito? Mas então achei bom que alguém me julgasse ameaçador e atemorizante, pois pelo menos assim eu estava sendo considerado, e resolvi participar do jogo. De repente voltei-me para ele e dei um grito. Ele ficou assustado e eu voltei à posição anterior. Então lhe relatei o que se passara dentro de mim e provocara o comportamento que o assustou.

Então ele se aproximou de mim e me olhou frente a frente, nascendo desse modo um contato entre nós. Expliquei-lhe que eu realmente poderia tornar-me perigoso e ameaçador se os outros me olhassem só dessa maneira e não de outra.

Aí M. reconheceu o sentimento básico de sua vida até então. Ele realmente buscava contato, e por essa razão conformava-se com as expectativas de quem o defrontasse. Tentava ser tal como as outras pessoas o percebiam, e fazia o que esperavam dele, inclusive quando isso significava, em última análise, confirmar preconceitos a seu próprio respeito.

Então, como representante de seu propósito, vieram-me lágrimas aos olhos. Sentia-me como o menino nele, que sempre quis agradar a todos. Sua mãe teve várias internações psiquiátricas e seu pai abandonou a família quando ele tinha 6 anos. Desde os seus 12 anos ele teve de morar sozinho com sua irmã menor e organizar todas as atividades para si e para sua irmã. Quando ele tinha 19 anos, sua mãe suicidou-se.

Como representante de seu propósito, encarei-o então com ar suplicante e lhe disse: "Por favor, diga que não sou uma doença!" Isso quebrou o feitiço. Ele veio até mim e me abraçou. Nesse momento conseguiu liberar suas emoções represadas de tristeza e de abandono. A "doença autoimune" apresentava às outras pessoas, em última análise, a expressão de suas emoções reprimidas e suas tentativas frustradas de adaptação a um mundo que não podia compreender.

Nas chamadas enfermidades autoimunes pode acontecer com frequência que partes traumatizadas dissociadas ou introjeções de perpetradores estejam em conflito com outras partes da personalidade, e que esse conflito seja vivido em prejuízo da saúde corporal.

Dores de cabeça

Também sintomas inespecíficos, como dores de cabeça, podem resultar da tentativa das partes de sobrevivência para manter longe da consciência partes traumatizadas, por meio de sensações de dor que desviem a atenção. No exemplo a seguir, uma paciente descreve a constante luta interior que está na base de suas dores de cabeça. Ela chama sua parte saudável de "a jovem mulher", colocando-se no papel de observadora de si mesma. Depois dessas reflexões as dores de cabeça cederam sensivelmente.

Luta na cabeça

"Existe em mim uma jovem mulher que chora. Está chorando há muitos anos, pois gostaria de viver, mas a luta interior a impede disso. É uma luta entre perpetradores e vítimas, que sempre se repete dentro dela. Assim ela não consegue progredir sozinha. Gostaria de fazer com que a ouvissem, mas sua força não basta para isso. As vítimas estão tantas vezes em pânico, elas quase não têm espaço. Como num campo de concentração, os perpetradores controlam as vítimas e elas não saem dessa prisão.

A jovem mulher quer ajudar as vítimas para que sua verdade possa existir. Porém os perpetradores torturam as vítimas, espalhando medo e terror. A jovem mulher chora ao ouvir o choro das vítimas. Chora porque entre elas estão crianças pequenas. A jovem mulher chora porque ela mesma é pressionada e ameaçada pelos perpetradores. Chora porque às vezes só pode recuar. A jovem mulher chora porque impõe limites aos perpetradores e eles não aceitam nenhuma mulher e simplesmente ultrapassam esses limites. A jovem mulher chora porque pede paciência às vítimas. Chora porque não pode viver ativamente seus sonhos, pois está bloqueada por essa guerra. A jovem mulher chora porque aos poucos reconhece as causas da constante repetição desse círculo vicioso. A jovem mulher chora porque falta às vítimas a capacidade de confiar."

Alergias

Trabalhos com pacientes me levam a presumir que também as alergias, que na medicina oficial são atribuídas a intolerâncias alimentares ou ao pólen das flores, podem ser um mecanismo de proteção para que não seja preciso perceber sentimentos traumáticos. Olhos lacrimejantes, por exemplo, não choram simplesmente para aliviar uma dor. Como choram sem parar, isso traz no início um certo alívio da tensão, mas a longo prazo afasta o risco de afogar-se no oceano das próprias lágrimas.

"Alergia do Ano-novo"

Por muitos anos K. tinha olhos lacrimejantes e seios nasais congestionados, sem que nenhum tratamento médico pudesse ajudá-lo. O representante do "propósito", que ela colocou em cena para descobrir o que estava por trás dessa alergia, sentiu-se imediatamente como se estivesse num mar de lágrimas e em perigo de afogar-se. Pouco a pouco, foi-se revelando nessa constelação que K. sofrera graves abusos sexuais quando criança. A "alergia" encobria para ela o acesso a esse conhecimento que estava gravado em seu corpo.

Em outro caso, uma "gripe do feno" se revelou como um efeito do enredamento simbiótico de um filho com sua mãe. Antes do nascimento dele, durante uma fuga, ela assistiu sua filhinha morrer de fome. Essa dor imensa da mãe traumatizada ficou gravada no corpo do paciente.

Reumatismo

Do ponto de vista traumatológico, o reumatismo pode ser uma consequência de um entorpecimento, que atua como um mecanismo de proteção contra o trauma. As articulações bloqueadas interrompem os movimentos, porque não é possível fugir da situação traumática. Esses bloqueios também podem ser transmitidos por uma mãe gravemente traumatizada a um filho ou uma filha. Não podendo escapar dos sentimentos traumáticos avassaladores de sua mãe, a criança os bloqueia pelo entorpecimento corporal. Fatalmente isso leva a mãe a pensar que precisa cuidar dela de uma maneira particularmente intensa. Com isso a criança não consegue mais escapar da proximidade da mãe.

Doenças da tireoide

A insuficiência de determinados órgãos parece ter também condicionamentos traumáticos específicos. Conheço relativamente muitos pacientes com problemas de tireoide, em quem a glândula foi cirurgicamente removida ou faltam partes dela e os respectivos hormônios precisam ser artificialmente repostos.

Por exemplo, por trás da disfunção da tireoide de Sofia existia um bloqueio de contato com seu ambiente e consigo mesma. Pelo que diziam seus médicos, seu hipotálamo produzia hormônios suficientes, mas eles não chegavam até a tireoide. Pelo que ela escreveu a seguir pode-se compreender toda a extensão de sua falta de contato interior, baseada na trágica história de sua infância. Desde bebê ela foi dada por sua mãe a avós, que a isolaram e não se importaram mais com ela. Além disso, nessa época foi sexualmente maltratada pelo avô. Mesmo depois da volta para a casa da mãe, não teve mais contato com ela, que também estava gravemente traumatizada. A mãe rejeitou a filha, e a filha rejeitou a mãe.

Falta de contato

"Ameaça, busca de segurança, solidão. E hoje de manhã, de novo, a sensação de vazio e o receio de não encontrar nenhuma tranquilidade verdadeira. Esses sentimentos me são familiares, consigo reprimi-los bem. Hoje lhe escrevo sobre isso porque não quero mais silenciar a respeito. Gostaria de encontrar um caminho para mim mesma e para os sentimentos que, embora desagradáveis, são importantes para mim. Entendi (creio eu) aquilo que você disse, que é uma ilusão fazer algo contra esses sentimentos de vazio e de abandono.

"O vazio está em mim. Não tenho ideia do que vou fazer da minha vida. Sei que estou funcionando e vivendo sem o mais importante, que é o amor. Não me sinto amada e não amo ninguém. Aquilo que considerei ser amor era falso e foi uma ilusão. E quando procurei isso caí em relações abusivas."

Numa constelação que fez depois que escreveu isso, Sofia pôde encontrar em si o pequeno bebê que ela muito cedo precisou dissociar de si. Inicialmente ela não sabia como lidar com ele. Como teria podido aprender que também existem contatos que não são rudes, estridentes, estressantes e agressivos, porém ternos, atenciosos, cuidadosos e amáveis? À medida que Sofia entendeu o significado dessas qualidades enquanto lidava com a criança traumatizada, nasceu lentamente o contato entre ela e a criança.

Sintomas cardíacos

Quanto aos sintomas cardíacos, geralmente uma boa hipótese inicial é pensar sobretudo em pânico e em falta de amor. No caso de Cristina, o trauma da morte da mãe em seu nascimento se manifestava em sua arritmia cardíaca.

Até a exaustão

Christine tem arritmia cardíaca. Para acalmar seu coração, ela já experimentou todos os métodos de cura da medicina oficial e alternativos. Quanto mais ela atentava para o ritmo de seu coração, tanto mais insegura e ansiosa ficava. Por causa desse medo resolveu colocar um marca-passo, mas seus medos não desapareceram.

Numa constelação veio à luz que essas perturbações do ritmo cardíaco representavam nela o pequeno bebê que assistira a morte da mãe logo após o seu nascimento. Esse bebê nela tentava até a exaustão manter a mãe em vida, ao mesmo tempo que sentia uma grande tentação de deitar-se ao seu lado e morrer junto com ela. Por isso, os problemas cardíacos de Christine envolviam um real perigo de vida.

Câncer

O paciente do exemplo seguinte procurou minha terapia devido a um diagnóstico de câncer de pele. Muitas vezes, como em seu caso, acontecimentos atuais estressantes (nesse caso, a grave doença do pai e a morte de um filho) ativaram de tal maneira um trauma antigo, até então controlado com muito esforço, que os muros de proteção desabaram e os mecanismos de sobrevivência sofreram um colapso. As energias do trauma ganharam então liberdade para agir em todo o corpo. Depois da morte do pai um câncer dos gânglios linfáticos se formou nele com muita rapidez. Antes da morte do pai ele escreveu este texto:

Proteção rompida

"Meu pai está passando muito mal, e quando minha irmã me telefonou ontem para me dizer que o estado de saúde dele é muito grave, eu resolvi viajar de carro para visitar minha família. Logo que desliguei o telefone, notei claros sintomas traumáticos. Logo depois, descobri no pescoço um gânglio que me deixou muito inquieto. Quando acordei hoje de manhã muito cedo e senti minha inquietação, percebi com clareza que o câncer representa no nível corporal algo como um trauma no nível da psique, a saber, um processo de divisão agindo em caráter autônomo.

"Parece que está havendo uma ruptura de minha função de proteção que quer evitar que eu sinta a experiência penosa de estar separado ou perdido. Essa situação também pode ser semelhante à da morte do meu filho, quando meu câncer de pele se manifestou justamente no momento em que ele morreu."

Em tais casos é muito urgente que o trauma original possa ser reconhecido, trabalhado e interiormente afastado. A energia do trauma eventualmente pode ter sido adotada também do pai, por intermédio do trauma simbiótico da mãe. As constelações desse paciente mostraram que ele estava enredado com seu corpo na divisão extrema de sua mãe, enquanto o contato com o pai lhe dava apoio. Na posição de representante na constelação, senti o câncer dele como uma parte de sobrevivência que recusava contato emocional com o mundo externo, limitava-se à pura percepção, sentia-se totalmente autônoma e não se deixava influenciar por ninguém em sua atuação.

Devido às divisões resultantes do trauma, a sensação do próprio corpo torna-se difusa, e ele é sentido como uma parte da divisão de corpos estranhos. A elaboração de traumas psíquicos pode, portanto, abrir novas possibilidades para caminhos puramente medicinais de tratamento, porque os pacientes conseguem recuperar, pela terapia dos traumas, um acesso ao próprio corpo, e começam a percebê-lo como um organismo integrado. Então as medidas medicinais podem atuar de forma curativa e não ser sabotadas pelas partes de sobrevivência, que antes as vivenciavam como um ataque a seus mecanismos de proteção.

Perceber o corpo

Quando os bloqueios resultantes do trauma começaram a dissolver-se progressivamente no corpo de Ursula, ela escreveu: "A ginástica para doentes pôde desta vez obter um resultado totalmente diferente em mim, porque só agora eu pude distinguir as partes que em mim assumem e formam a construção da musculatura."

capítulo 10

CONSTELAÇÕES DE TRAUMAS COM ENFOQUE NA VINCULAÇÃO

10.1 Ouvir sem julgar

Foi no trabalho terapêutico que aprendi as compreensões essenciais sobre as estruturas psíquicas, principalmente porque ouço com atenção quando as pessoas me revelam sua vida interior. Também para nós, os terapeutas, importa, antes de tudo, deixar que as pessoas sejam como são, aceitar a maneira como vivem e não pressioná-las para que mudem em determinada direção. Isso não é fácil quando, depois de pouco tempo, a gente já presume saber quais são as causas e as conexões dos problemas relatados, e que passos seriam necessários para uma significativa melhora da constituição psíquica de alguém. Como passo inicial, só se requer que se ouça com empatia, dispensando interrogatórios de pesquisa e, principalmente, conselhos bem-intencionados.

Embora eu conheça, desde meus tempos de formação, princípios do diálogo não normativo desenvolvido por Carl Rogers (Rogers, 1984), constantemente me flagro acreditando que com um método diretivo chegarei mais rapidamente ao objetivo. Por isso dou razão a Waldemar Pallasch e Detlev Kölln quando escrevem: "Todos nós estamos convencidos de que conseguimos ouvir. Mas não conseguimos! Pelo menos não conseguimos em situações em que a escuta faz parte, ela própria, do processo ativo da conversa e, por conseguinte, é tão importante quanto a fala do oponente" (Pallasch & Kölln, 2009, p. 67).

Num recente seminário de formação, ao fazermos um exercício de contrariar de propósito todos os princípios do diálogo não diretivo (por exemplo, falando demais, depreciando, banalizando, contrapondo nossas próprias experiências, propondo soluções apressadas etc.), verificamos com surpresa como isso pode despertar hilaridade. Uma capacidade que precisa ser aprendida, treinada e interiorizada no terapeuta e no aconselhador é a de conter-se, abrindo ao paciente o suficiente espaço livre para que ele exponha sua situação pessoal.

Geralmente não temos, na vida cotidiana, inclusive em conversas com bons amigos ou com um parceiro nosso, o espaço livre de que necessitamos para entender melhor a nós mesmos. O fato de que, em grupos de terapia, os participantes se desculpem pelo tempo que tomaram, embora tenham falado com brevidade, mostra como se exige na vida diária que as pessoas sejam breves em suas palavras, e como é pequena a disposição de ouvir o outro antes de entender o assunto. Quando estamos enredados numa simbiose, não ficamos à vontade quando nos colocamos como pessoa no centro de interesse de outras pessoas. Pois achamos que, para que nos deem sua atenção, precisamos fazer algo especial por elas.

10.2 Conquistar a confiança

A confiança no terapeuta é o requisito essencial para que os pacientes se abram e deixem de esconder-se atrás de seus habituais mecanismos de defesa. Se não tivessem feito tantas experiências negativas com outras pessoas, eles não estariam aqui agora como pacientes. Por isso, como terapeutas, devemos levar em conta, basicamente, o fato de que eles precisam primeiro vencer sua desconfiança, para que possam expor sobre si mesmos o que tenha uma real importância.

Julgo ser importante que os terapeutas saibam com clareza que os pacientes que se sentam diante deles têm muitos medos, e que rapidamente tornam a fechar-se interiormente quando se sentem expostos. Especialmente os dirigentes de grupos precisam estar conscientes de seu poder como formadores de opinião, e tomar muito cuidado no modo de lidar com a posição vulnerável do paciente. A seguinte comunicação de um paciente ilustra esse ponto.

Fechando a janela

"Há três anos participei de uma constelação. Quando chegou minha vez, e eu estava justamente expondo o meu propósito de saber o que não funcionava na relação com minha mãe, na suposição de que isso estava prejudicando meus relacionamentos atuais, o dirigente me interrompeu e, olhando para minha aparência exterior, comentou ironicamente que não podia imaginar isso de mim. Então todos os participantes caíram na risada, e para mim foi o fim. Minha janela, que eu tinha aberto sob uma forte tensão, se fechou. Permaneci ali sentado, fiquei confuso e pensei: 'Tudo é como antes, você diz algo e é ridicularizado, ou então estava errado o que você disse. Todos entenderam, menos você'. Não sei mais o que resultou da constelação que ele então fez comigo e com os outros, e nem me lembro do nome do dirigente. Atuei e fiz o que ele queria, mas nada disso me atingiu, eu só queria terminar."

Os pacientes têm o direito de ser difíceis. Muitos tentaram, por toda a vida, satisfazer as expectativas de outros, e limitaram-se a atuar. Dividiram-se interiormente, como o único meio de acomodar-se às pessoas divididas, de quem dependiam. Será preciso que isso continue numa terapia, à medida que os pacientes deverão ajustar-se também às expectativas do terapeuta? Em minha opinião, a terapia deve, antes de tudo, promover e fortalecer a autonomia das pessoas. Seguramente não faz parte dela que elas repitam diante do terapeuta suas estratégias simbióticas de acomodação que as tornaram doentes. Pelo contrário, o terapeuta precisa ajudá-las a se tornarem mais conscientes dessas estratégias disfuncionais de sobrevivência.

10.3 Da constelação de famílias à constelação de traumas

Além de proporcionar-me essa atitude fundamentalmente receptiva, como condição para entender os problemas psíquicos, o método da constelação tornou-se para mim uma fonte muito abundante de conhecimentos – seja porque, ao dirigir uma constelação, posso observar os processos psíquicos, normalmente encobertos e reprimidos, que se refletem nos representantes, ou porque, quando assumo o papel de representante numa constelação, posso perceber conexões interiores e dimensões psíquicas inacessíveis a uma observação exterior.

Comecei com o trabalho das constelações em 1994, quando frequentei pela primeira vez um seminário de Bert Hellinger, que nessa ocasião ainda trabalhava com o método da constelação familiar. O princípio da "constelação familiar clássica" é relativamente simples. Alguém escolhe, entre os participantes do grupo, representantes para os membros de sua família e também para si mesmo. Da perspectiva de um observador, ele percebe então como se sentem os membros da família em seus respectivos lugares. A partir das manifestações dos representantes, o dirigente da constelação tenta entender o padrão dos conflitos de relacionamento existentes. Ele faz as pertinentes propostas de intervenção, para trazer à luz as causas que permaneciam ocultas e para resolver antigos conflitos.

O problema central, que geralmente se manifesta em tais constelações familiares, é a existência de relações fortemente oneradas entre pais e filhos, e entre os irmãos. As intervenções do dirigente da constelação familiar clássica, de acordo com as ideias básicas de Bert Hellinger, objetivam restabelecer a "ordem do amor", obter a conciliação entre os membros da família e com isso reconciliar toda a família (Hellinger, 1994; Weber, 1995).

Também faz parte desse método que se veja, nos pacientes que constelam, a criança que tenta carregar pesos psíquicos por seus pais e que se "atreve" a tomar dos pais o destino deles. Por isso o paciente que constela deve assumir claramente, diante de seus pais a posição de uma criança. "Eu sou o/a pequeno/a, e vocês são os grandes" – assim soa uma intervenção básica nas constelações familiares. Faz parte dos rituais mais praticados e contestados numa constelação familiar, que a pessoa que constela se incline profundamente diante de seus pais, lhes agradeça pelo "presente da vida" e então se afaste deles "em atitude de respeito".

O perigo de estimular enredamentos simbióticos

A ideia básica de que, para muitos pacientes, é necessário distanciar-se dos pais aponta, no meu entender, para a direção correta. É problemático, porém, que isso deva associar-se à atitude de apequenar-se ou até mesmo a um gesto de submissão, e que basicamente se exija do paciente que ele simplesmente esqueça o mal que seus pais lhe tenham feito. Beira uma violência psíquica esperar um ritual de reverência, mesmo quando o paciente manifesta uma forte resistência a isso. Quando pacientes, que não estão dispostos a respeitar pais por quem foram frequentemente ignorados, desprezados e torturados, são recriminados pelo dirigente da constelação familiar, alegando que, como castigo, eles continuarão a viver com seus problemas (doença, infelicidade, sofrimento), isso é ocasionalmente uma crueldade psíquica.

As partes de sobrevivência simbioticamente enredadas dos pacientes, seus desejos ilusórios de pais amorosos e sua disposição de fazer quase tudo por seus pais sofredores, podem levar pacientes a adotar a visão que lhes é oferecida, de que eles têm toda a culpa pelo mau relacionamento com seus pais. O que temporariamente se favorece com isso são as partes de sobrevivência enredadas dos pacientes, que se sentem confirmadas na idealização de seus pais. O apelo para honrar incondicionalmente os pais traumatizados aprofunda, de fato, as divisões psíquicas nos pacientes, em vez de ajudá-los a dissolvê-las para que finalmente possam assumir plenamente a si mesmos, e não a seus pais traumatizados.

Um outro objetivo básico da constelação familiar clássica é a reconciliação e a integração dos membros de uma família. Cada um deles deve encontrar dentro da família o lugar que lhe é devido. Quem está "excluído" precisa ser acolhido novamente no sistema familiar. Também esse objetivo convém aos desejos simbióticos profundamente sedimentados de muitos pacientes, de ainda chegarem por esse caminho ao coração de seus pais e encontrarem um apoio emocional na família. Como se trata, porém, do coração fechado e muitas vezes insensibilizado de pais traumatizados, isso também só funciona como uma nova estratégia ilusória, que pode perfeitamente ser encenada pelo dirigente numa constelação, mediante uma série de intervenções artificiosas. Como consequência disso, quanto mais se atende sem critério à necessidade simbiótica do paciente que foi frustrada em sua infância, tanto mais ele fica preso nela. Uma crítica semelhante, de que a constelação familiar clássica estimula processos simbióticos "malignos", foi também formulada por Robert Langlotz (Langlotz, 2006).

Essa maneira de usar o método da constelação de uma forma que estimula enredamentos conduz finalmente à tentação de querer dissolver todos os "destinos pesados" e envolvimentos negativos da história pregressa de um paciente e de sua família, por meio de intervenções "sistemicamente orientadas para soluções". Parece muito aliciante tentar, com os representantes de uma constelação, trabalhar com as cargas e os enredamentos psíquicos de um sistema familiar, coisa que não foi possível na vida real. No afã da luta por salvar o paciente e seu sistema familiar, apagam-se muitas vezes, nessas constelações, os limites entre os representantes e as pessoas reais, entre pessoas vivas e mortas, entre o presente e o passado, e entre o mundo interior e o mundo exterior do paciente.

Antes que eu tivesse clareza sobre o que significa um trauma, e de que maneira os traumas nos dividem interiormente, também apoiei e incentivei esses sentimentos simbióticos de onipotência, de que finalmente era possível nas constelações salvar-se do sofrimento e salvar a própria família. Contudo, meu entusiasmo inicial por essa forma de constelações familiares foi desvanecendo à medida que eu me ocupava mais intensamente com a Teoria do Trauma, e que verificava, entre outras coisas, que a situação de muitos pacientes pouco mudara, apesar das constelações emocionantes em que eles e os representantes aparentemente se reconciliavam com os pais. Os antigos sofrimentos permaneceram ou voltaram com novas roupagens. A compreensão, cada vez maior, dos processos de vinculação simbiótica despertou em mim a suspeita de que o que ocorrera nessas constelações poderia ser apenas uma encenação das ilusões simbióticas de reconciliação.

Vantagens e desvantagens

Como apurei em numerosos contatos, as constelações familiares dos anos 1990 ajudaram muitas pessoas a entender que não eram "culpadas" por seus problemas psíquicos, mas que existiam causas no "sistema" familiar que originavam essas dificuldades. As constelações tornaram visível e inteligível algo que até então só era percebido obscuramente, a saber:

- que a pessoa também tinha irmãos falecidos;
- que a mãe tinha tido um amante, e que este que morreu na guerra;
- que o avô paterno tinha abandonado cedo a família etc.

Com isso vieram à luz muitas situações de dor, de luto não superado e de fatos encobertos por vergonha nas famílias. Isso abriu para as pessoas novas possibilidades de se confrontarem com esses fatos, livrando-se um pouco mais da acusação de que apenas imaginaram tudo isso. Nesse sentido, as constelações familiares têm algo que libera.

Contudo, é preciso que os consteladores levem a sério as críticas suscitadas por diferentes motivações (por exemplo, Dierbach, 2009; Goldner, 2003; Haas 2009). Existem muitos terapeutas e aconselhadores que se empenham seriamente em utilizar esse instrumento para o bem de seus pacientes. No entanto, existem também dirigentes de constelações a quem faltam competência profissional e maturidade pessoal para lidarem com um método tão poderoso, de modo que, pelo menos, não prejudiquem os pacientes que neles confiaram.

Embora eu concorde, em muitos pontos, com o conteúdo das objeções levantadas (veja-se também Schneider, 2010), em vários outros percebo que:

- esses críticos idealizam as orientações psicoterapêuticas convencionais e não reconhecem que muitas pessoas recorrem ao mercado de métodos alternativos de cura porque os pretensos métodos cientificamente comprovados não entendem seus problemas, e elas já tentaram em vão, durante anos, ser ajudadas por eles;

- esses críticos não testaram em si mesmos o método da constelação e não acumularam experiências próprias com ele. Valendo-se de suposições e explicações que lhes parecem plausíveis, tentam descartar o fenômeno, a meu ver incontestável, de que os representantes podem sintonizar-se imediatamente com a estrutura psíquica de outra pessoa. Efetivamente, porém, o fenômeno da constelação ainda não foi esclarecido cientificamente até o momento. Como ele funciona, é uma questão ainda aberta.

As vantagens do método da constelação

Desde 1994 acumulei experiências muito amplas com o *método da constelação*. Minha fascinação por esse método permanece inalterada, porque constantemente vivencio como as pessoas que constelam se veem refletidas, correta e significativamente, pelos representantes, e pessoalmente se beneficiam muito com esse método de trabalho. Se não fosse assim, eu não o utilizaria.

Com a ajuda do fundamento teórico da vinculação e do trauma, os fenômenos que se manifestam nas constelações tornam-se muito explicáveis para mim. Então também é possível distinguir entre as diferentes formas de traumas e escolher diferentes procedimentos, de acordo com a espécie de trauma que reside em cada caso. O trabalho terapêutico é necessariamente diferente, conforme se trate de um trauma existencial ou de um trauma de perda. Um trauma de perda, por sua vez, tem uma dinâmica basicamente diferente de um trauma de vinculação ou, mais ainda, de um trauma do sistema de vinculações (Ruppert, 2005).

Numa constelação que abarque as gerações precedentes, pode-se ver claramente como os traumas dos pais se sedimentam em vinculações inseguras com seus filhos, e continuam em problemas consequentes nos netos e bisnetos. Nas constelações temos imediatamente diante dos olhos, com frequência, como os traumas que atravessam gerações distorcem as relações entre pais e filhos, e entre homens e mulheres, e eliminam a possibilidade de que os conflitos nascentes jamais sejam resolvidos e que todos os envolvidos possam voltar a uma forma construtiva de simbiose. O método da constelação estimula o pensamento multigeracional e possibilita a compreensão de problemas que atravessam gerações.

Como as pessoas que têm problemas psíquicos geralmente lutam com traumatizações próprias ou adotadas, não tem muito sentido trabalhar terapeuticamente com elas como se fossem personalidades integradas. O terapeuta precisa reconhecer a coexistência e o combate entre diversas partes da personalidade, para que possa fazer com que os pacientes entendam a própria dilaceração e divisão interior, e se disponham a dar passos no sentido de recuperar sua própria integralidade. Também a apresentação de diferentes partes da personalidade de uma pessoa por diferentes representantes é uma possibilidade oferecida pelo método da constelação.

Por isso trabalhei nos últimos anos para desenvolver, fundamentado no método da constelação, um procedimento terapêutico que possibilite ao paciente a compreensão e a integração de suas divisões psíquicas (Ruppert, 2008). Por isso não dou mais a essa forma de constelações o nome de constelações familiares, mas de constelações de traumas (Ruppert, 2009). Essa visão tem sido crescentemente adotada e partilhada por outras pessoas que trabalham com constelações (Assel, 2009; Ress, 2009; Broughton, 2010).

Além disso, o método da constelação tem uma grande vantagem adicional. Sendo um método que funciona parcialmente sem palavras, ele ajuda a acessar sentimentos que ficaram gravados inconscientemente e antes do uso da palavra. O método da constelação proporciona a muitas pessoas o acesso a seus processos interiores, que eles de fato percebem em si, porém não entendem adequadamente e não conseguem articular. Muitas vezes, basta que o paciente veja os representantes em sua constelação, para que sejam ativados em seu interior padrões emocionais sepultados. Com a ajuda do método da constelação é possível ter acesso a estruturas psíquicas que jamais seriam acessíveis por meio de intervenções verbais. Essa vantagem do método da constelação tem um valor inestimável, de modo especial, para a elaboração de experiências traumáticas da primeira infância.

10.4 O trabalho com o propósito

Durante alguns anos utilizei o método da constelação para compreender melhor as diversas partes da personalidade resultantes de traumatizações, em seu funcionamento conjunto numa pessoa e entre diferentes pessoas. Para isso eram necessárias ocasionalmente dez ou mais representantes numa constelação. Com isso o processo da constelação ficava quase impossível de ser visualizado pelo paciente. Como dirigente da constelação, raramente eu perdia a visão do todo porque, quando se levavam em conta os traumas que atuavam por trás das divisões, os diversos personagens com suas diferentes partes se completavam num conjunto coerente.

A crescente compreensão desses fenômenos psíquicos altamente complexos me permitiu condensar novamente o processo da constelação. O ponto central é o propósito do respectivo paciente, e nesse procedimento já não existe um representante para o paciente, que está presente na constelação desde o início.

O propósito

O propósito é aquilo que o paciente quer alcançar por meio da constelação, e as mudanças que ele espera. O propósito é a meta central de uma constelação. A importância do procedimento orientado por seu objetivo é considerada unanimemente pelas diversas orientações psicoterapêuticas como uma condição essencial para o êxito da terapia (Hanswille & Kissenbeck, 2008, p. 146 s.). O propósito do paciente envolve:

- o objetivo, mais ou menos consciente, da mudança desejada;
- a luta entre partes saudáveis, traumatizadas e de sobrevivência, em relação a esse objetivo;
- as resistências interiores contra as modificações do *status quo*, e o medo de permitir algo novo e de perder o contato com as partes traumatizadas e os enredamentos simbióticos.

Os propósitos podem ter diferentes qualidades. Dessa maneira, eles podem muito bem ser formulados a partir das partes de sobrevivência e de um enredamento simbiótico. Por exemplo, Jane queria fazer algo por seu irmão que tem tendências suicidas, embora ele não tomasse nenhuma medida para fazer algo por si mesmo e recusasse todas as formas de terapia. Atrás de tais propósitos se escondem problemas pessoais que no momento ainda não são encarados pelo paciente e por isso só podem ser percebidos em outras pessoas. Portanto, uma forma clássica de estratégia de sobrevivência enredada.

O pai precisa fazer luto

Num seminário, o propósito de uma participante era que seu pai, então com 75 anos, finalmente aceitasse a morte de sua esposa. Quando perguntei, revelou-se que a esposa do pai, mãe da paciente, faleceu quando esta tinha apenas 9 anos de idade.

Para representar o seu propósito ela escolheu uma mulher, e inicialmente estava totalmente convencida de que ela representava seu pai, embora a representante tivesse afirmado, logo de início, que representava uma parte da paciente, e eu tenha perguntado a ela a razão de ter escolhido uma mulher para representar seu pai. Apenas pouco a pouco foi possível deixar claro à paciente que, no fundo, o que estava em questão não era a dor do pai mas a sua própria dor. Depois da morte da mãe ela carregara muita responsabilidade na família e também assumira o papel de mãe para suas irmãs mais novas. Quando exprimi que agora ela não precisava mais ser a pessoa forte, ela abriu mais espaço para seus sentimentos reprimidos de dor.

Propósitos para uma constelação também podem ser formulados mentalmente, isto é, sem participação emocional e consequentemente sem disposição para uma abertura interior. Isso indica que a divisão no paciente ainda é muito profunda e que ele não consegue distinguir entre os seus próprios sentimentos traumáticos e os que foram adotados por ele.

Às vezes, os pacientes expressam o desejo de que o terapeuta proponha uma meta para a constelação. Fazer isso, porém, seria muito contraproducente, porque reforça a dependência simbiótica do paciente e leva imediatamente o terapeuta a enredar-se com o paciente. Enquanto o paciente não formula um propósito eu não começo nenhuma constelação. A incapacidade de nomear no momento um propósito é um sinal claro de que prevalecem partes de sobrevivência atualmente muito dominantes no paciente, que temem a mudança do estado interior frágil e não creem que saberão lidar com ela. É só por meio do contato com uma estrutura psíquica saudável que um paciente pode dizer: "*Eu tenho este objetivo para a constelação.*"

Quanto mais claramente o propósito se liga à mudança do próprio paciente, e quanto maior é a disposição de entrar em contato com os sentimentos dissociados, tanto mais claramente uma constelação se desenvolve no sentido do objetivo desejado. Quando o propósito é formulado claramente e com um impulso emocional, e quando existe por trás dele uma forte vontade de mudança, a pessoa que representa o propósito também pode perceber claramente isso e orientar-se constantemente por ele no decurso da constelação. Quando, pelo contrário, o propósito é confuso, simbioticamente enredado, e infiltrado por estratégias de sobrevivência e medos de mudança, pode acontecer que o representante do propósito sinta-se imediatamente bloqueado e tenha dificuldade de livrar-se desse bloqueio, ou então que não consiga manifestar com clareza o que sente e percebe, perdendo progressivamente o contato com o propósito do cliente.

Em princípio, o representante do propósito pode percorrer todos os estados envolvidos no propósito do cliente. O representante tem ideia das partes saudáveis, tem acesso às estratégias de sobrevivência e percebe os sentimentos traumatizados da pessoa que constela. Pode acontecer que, no processo da constelação, ele vivencie alternadamente essas diferentes partes do cliente.

Quando fiz as primeiras tentativas com esse novo método de constelação, manifestaram-se inicialmente fenômenos inexplicáveis, como numa constelação de Wolfgang.

Quem é que essa mulher está representando?
Wolfgang manifestou o propósito de entender por que seus relacionamentos com mulheres sempre fracassavam. Eu lhe propus que constelasse essa parte de si que ele queria investigar. Para representar a parte de si mesmo que buscava clareza, Wolfgang espontaneamente escolheu, entre os presentes, uma mulher. Depois de colocá-la em cena, plantou-se atrás dela e não conseguia mover-se dali. Por que ele teria escolhido espontaneamente uma mulher como representante, mesmo sabendo que devia colocar um representante de si mesmo?

Uma situação semelhante ocorreu no trabalho com Elena.

A representante bêbada
Elena expressara o desejo de confrontar-se com seu medo. Tendo escolhido uma pessoa para representar a parte de si mesma que queria confrontar-se com seu medo, a representante escolhida começou subitamente a oscilar de um lado para o outro, a balbuciar e rir baixinho, como uma pessoa embriagada. Tomou distância de Elena e não queria relacionar-se com ela. Também não a reconhecia, e mostrava sintomas de uma traumatização que, pelo que se sabia da história pregressa de Elena, não poderiam ter origem em sua vida. Quando perguntei a Elena se ela bebia ocasionalmente, ela me contestou com veemência: "Meu pai era alcoólico e minha mãe também. Eu não quis me tornar alcoólica como eles e por isso jamais bebi álcool." Isso soava confiável. Mas por que a representante, que Elena escolhera para si mesma, se comportava como uma bêbada?

Pouco a pouco, duas coisas ficaram claras para mim:

- que é uma exigência excessiva para o paciente pedir que constele *a parte* de si que tem o propósito;

- que, quando alguém se move no domínio de um enredamento simbiótico, é frequentemente impossível distinguir entre si mesmo e as outras pessoas. O desaparecimento dos limites é uma característica essencial do enredamento simbiótico. Por isso, partes enredadas numa simbiose manifestam necessariamente duplicidade numa constelação, pois pertencem tanto ao paciente quanto à pessoa com quem está enredado.

Por isso, basta dizer ao paciente que coloque em cena um representante para o seu propósito. Só então será possível perceber se o propósito é claramente uma parte de sua personalidade ou se representa o enredamento com outra pessoa. Nos dois exemplos anteriormente citados, o propósito se revelou, tanto no caso de Wolfgang quanto no de Elena, como uma imagem interiorizada da mãe.

O trabalho imediato do paciente

Na "constelação do propósito", o novo método de terapia de traumas que desenvolvi, a segunda e essencial inovação em face do habitual procedimento da constelação, é que o paciente já não escolhe um representante para si mesmo, mas imediatamente se confronta com o seu propósito.

O processo terapêutico começa quando o paciente descreve sua situação atual e procura um propósito adequado para a constelação. Enquanto ele não estiver em condição de formular um propósito, não permito, como já mencionei, que comece o processo da constelação. Às vezes, mesmo depois de muita reflexão, o paciente ainda não consegue formular um propósito. Isso pode ser para ele um reconhecimento muito importante, a saber, que no momento ainda não está disposto a entrar num processo de mudança, e que as estratégias de sobrevivência ainda deixam muito pouco espaço para as partes saudáveis.

A busca de um propósito adequado já provoca mudanças interiores no paciente. O processo da constelação, propriamente dito, começa no momento em que o paciente toca o seu representante e o coloca em seu lugar. O representante do propósito e o paciente entram então num contato recíproco, e a troca psíquica entre ambos começa.

Qual é a razão dessa mudança em relação ao método anterior, em que o paciente também escolhia um representante para si mesmo e o posicionava no espaço livre, como todos os outros representantes?

- Por um lado, o paciente já está sendo representado na constelação pelo representante do seu propósito.
- Por outro lado, isso tem a vantagem de que o paciente é imediatamente solicitado a trabalhar psiquicamente, logo que se defronta com o representante que colocou para o seu propósito. Entre a constelação e a ocorrência da mudança que, por meio da constelação, deve acontecer no paciente, não existe mais a interrupção que ocorre quando, depois de posicionar os representantes, o paciente retorna ao círculo dos participantes no seminário. Não se interrompe mais o processo psíquico interior, desencadeado pela escolha dos representantes e pelo posicionamento dos mesmos, pois o paciente não retorna à posição de observador para ser pessoalmente incluído, num momento posterior, como ator na constelação. No novo método, o paciente precisa reagir imediatamente, seja como for, ao personagem que ele colocou em cena.

Quais foram as razões que me levaram anteriormente, como dirigente de constelações, a pedir ao paciente que retornasse à posição de observador depois de ter posicionado os representantes? Quando comecei a trabalhar com o método da constelação, não refleti mais nem questionei criticamente o que tinha presenciado em Bert Hellinger e nas outras pessoas que trabalhavam com o método da constelação familiar. Simplesmente adotei inicialmente esse procedimento. Mais tarde pensei que o paciente deveria ter primeiro a oportunidade de olhar de fora sua família ou suas partes interiores, olhando como que no espelho da própria alma e, por meio disso, podendo entender-se melhor. Na perspectiva da Teoria do Trauma, meu argumento era que, com isso, um paciente traumatizado poderia preservar uma distância protetora em relação a seu trauma, para não cair num estado de retraumatização (Ruppert, 2005, p. 259). Por outro lado, ele também não poderia impedir, com seus mecanismos de defesa, que viesse à luz algo que quisesse mostrar-se por meio dos representantes. Esse procedimento contém, entretanto, dois erros de pensamento:

- Quando os mecanismos de defesa do paciente são excessivamente fortes, os representantes também não conseguem perceber algo dos traumas existentes. Sobre eles haverá, no máximo, indicações, porém não clareza. Devido aos fortes mecanismos de sobrevivência do paciente, não haverá energia na constelação. Em tais casos, os representantes apenas falam, mas não surgem emoções que levem adiante o processo psíquico.

- Quando, ao contrário, os mecanismos de defesa do paciente são excessivamente fracos, os representantes rapidamente espelham as partes traumaticamente dissociadas, mas o paciente não tem condições de integrar em si aquilo que se manifesta. Pois está mais ocupado em mobilizar os mecanismos de defesa contra a inundação de imagens e emoções traumáticas, e em refugiar-se numa estratégia de sobrevivência.

Defesa contra a retraumatização

Por isso, o novo procedimento, em que o paciente permanece na constelação, é significativamente mais justificado. Pelas suas reações à pessoa constelada, que representa o seu propósito, o paciente mostra o que se passa nele e em que ponto ele se encontra interiormente nesse momento. Presente na constelação, ele pode mover-se em direção ao seu propósito ou afastar-se dele, pode mostrar-se ativo ou ficar passivamente parado ao lado do representante do seu propósito, pode segurar o representante pelas mãos, manifestar emoções traumáticas etc.

Assim o paciente tem imediatamente a oportunidade de reagir aos movimentos, aos olhares e às manifestações do representante de seu propósito. O que ele faz quando o representante se aproxima dele, toma-o pelas mãos, rejeita-o ou chega a insultá-lo ou provocá-lo? Como pode o paciente conquistar o representante, já que este é o seu propósito e, consequentemente, a meta de seu próprio desenvolvimento? Como se harmonizam o paciente e o propósito, ou como se verifica que o representante está basicamente representando antes uma outra pessoa do que o próprio paciente, e portanto é necessário que este se afaste daquela pessoa?

O novo procedimento mostra que o processo da constelação apresenta uma luta entre o paciente e o representante do propósito. Cada propósito que deve ser levado a sério é para o paciente um obstáculo que ele precisa transpor. O propósito contém a dose de trauma que o paciente consegue suportar no momento. Assim, ele é uma *defesa* contra um excesso de trauma e, consequentemente, contra *uma retraumatização*. Ele contém em si a discussão entre as partes interiores saudáveis do paciente, que querem progredir, desprendendo-se e livrando-se de sua antiga condição, e as partes de sobrevivência, que se apegam ao *status quo* e temem a mudança.

Essas diferentes partes podem manifestar-se no representante e no paciente. Para dissolver a duplicidade envolvida no enredamento simbiótico do paciente, é útil constelar separadamente a pessoa ou as pessoas com quem ele está simbioticamente enredado. Somente quando todas as cargas psíquicas são removidas é que o representante e o paciente realmente se aproximam e talvez terminem constituindo uma nova unidade. Propósitos que tocam em pontos essenciais podem frequentemente despertar fortes reações emocionais, fazendo reviver emoções traumáticas dissociadas. Então, no contato entre o paciente e seu propósito, chega-se a um saudável processo de troca e finalmente de integração.

10.5 O papel do terapeuta

Que tarefa tem o terapeuta que acompanha essa nova forma de constelação? Inicialmente ele proporciona ao paciente, na conversa preliminar, a oportunidade de descrever sua situação tão detalhadamente quanto for necessário. Por experiência, os pacientes têm uma certa ideia do que gostariam de comunicar ao terapeuta e ao grupo. Com suas perguntas o terapeuta obtém novas informações que lhe parecem essenciais a respeito da problemática do paciente. Para mim é sempre importante obter, já na conversa preliminar, uma imagem dos traumas, dentro das linhagens da mãe e do pai, que sejam do conhecimento do paciente e possam ter importância.

Apoio o paciente em sua busca de um propósito adequado e o estimulo a pesquisar em si pelo tempo necessário até que seu propósito fique perceptível e faça sentido para o próximo passo de seu desenvolvimento. O paciente deve ser capaz de formular o propósito com suas próprias palavras, e pode então escolher uma pessoa para representá-lo.

Minha primeira tarefa como terapeuta é entender o que se passa entre o paciente e o representante. Para isso é necessário o saber básico que adquiri nos últimos 15 anos de prática terapêutica, trabalhando com o método da constelação. Quem não tem conhecimento das dinâmicas psíquicas, pouco pode entender do que se passa entre o cliente e o representante no início da constelação. Quem consegue "ler" corretamente o processo em suas estruturas básicas, desde o início, sabe que cada detalhe tem importância.

Durante o processo de interação entre o paciente e o representante de seu propósito, só intervenho quando vejo que o processo parou, porque o paciente caiu num ponto emocionalmente carregado, onde ele normalmente parte para a divisão. Nesse momento, incentivo o paciente a ficar presente com seus lados saudáveis e sugiro que ele diga determinadas palavras ou frases ao representante de seu propósito, ou lhe faça determinadas perguntas. A experiência de muitos anos me permite reconhecer em que ponto o paciente precisa de estímulo e apoio de fora, e quando é melhor esperar até que os próximos impulsos entre o paciente e o representante apareçam espontaneamente. Também aqui vale o princípio de reduzir a um mínimo as intervenções externas na constelação, para não interromper o fluxo de emoções e compreensões, e intervir apenas onde isso for útil para a obtenção do objetivo. Quanto melhor todo o processo for preparado pela conversa preliminar, tanto menos será necessário que o terapeuta intervenha durante o processo da constelação, e tanto mais objetivamente ele poderá fazê-lo.

Em seu propósito a pessoa se defronta consigo mesma. O propósito mostra onde ela está atualmente em sua evolução. Por isso, ao aplicar esse método de constelação, o "trabalho com o propósito", posso reconhecer bem onde a pessoa se encontra, em seu processo terapêutico. Isso pressupõe que eu, como terapeuta, tenha uma ideia suficientemente clara de que passos individuais e em que sequência um paciente precisa dar, para que se possa alcançar a meta de uma cura psíquica. Sem uma ideia clara, trabalhar com pacientes assemelha-se a esquadrinhar na névoa.

É também importante reconhecer quando os pacientes se superestimam e suas partes de sobrevivência acham que um encontro com seu trauma já é possível. Aqui importa, antes, apoiar as partes saudáveis a terem uma avaliação realística da velocidade em que será possível uma confrontação com suas partes traumatizadas.

10.6 Trabalho com constelações em sessões individuais

Em sessões individuais só estão presentes, geralmente, o paciente e o terapeuta. Para poder trabalhar também nelas com o método da constelação, eu utilizei nos últimos anos uma série de almofadas diferentes, que podiam ser tomadas pelo paciente como marcadoras de lugar para as pessoas ou para estados interiores. Assim surgiu, pelo menos, a estrutura de uma constelação. Uma certa dinamização desse procedimento foi alcançada quando o paciente ficava de pé sobre as almofadas individuais e percebia como se sentia em cada um desses lugares. Dessa maneira é possível obter boas compreensões sobre os contextos psíquicos, e muitas vezes movimentos profundos e salutares são acionados.

Quando eu próprio me deixo colocar pelo paciente como representante de uma pessoa ou de um estado interior, obtenho profundas percepções sobre os contextos dos problemas dos pacientes.

"La familia"

Um casal italiano sofria muito porque o filho de 21 anos tinha extrema dificuldade de deixar a família e iniciar sua própria vida. Colocado em cena pela mãe para representar esse filho, tive no papel de representante o conhecimento de que precisamos sentir primeiro a dor da separação para que possamos livrar-nos da ilusão do amor eterno dos pais. Quando fiquei diante da mãe, não pude imaginar outra coisa senão que ela estava apaixonada por mim e que jamais me mandaria embora. Logo que me distanciei um pouco dela, não sabia mais o que poderia fazer com minha vida, e em minha cabeça girava sempre apenas a palavra "la familia". Naquele papel, tive de sentir primeiro que o contato com a mãe, devido à obstinação dela, de que eu precisava tornar-me adulto, tornava-se mais frio e sóbrio. Quando então me dirigi ao pai e lhe perguntei se eu realmente precisava sair, e ele também não quis que eu ficasse por mais tempo em casa, surgiram em mim dor e lágrimas. Depois que expressei esses sentimentos, pareceu-me possível deixar a casa dos pais, e também surgiram em mim algumas ideias sobre o que eu podia fazer em minha vida.

Há algum tempo, passei a utilizar também no trabalho individual o método da "constelação do propósito", deixando-me colocar como representante do propósito do paciente e entrando, nesse papel, numa troca psíquica imediata com ele. Com isso torna-se, muitas vezes, ainda mais rápido e claro o que é importante no momento. Quando me parece apropriado, saio do papel para refletir com o paciente sobre a experiência que acabei de fazer.

Sobre o trabalho com Albert já relatei no capítulo sobre esquizofrenia e psicoses. Descrevo a seguir o trabalho realizado com ele numa sessão de terapia, em que seu propósito era sentir no corpo uma saudável força masculina.

Finalmente um amigo

Albert me colocou como representante de seu propósito de sentir em seu corpo uma saudável força masculina. Quando ele me posicionou, senti-me inicialmente rudemente impactado e depois totalmente inseguro, e só tinha uma frase na mente: "Estou me sentindo péssimo." Albert cuidou imediatamente de me ajudar, e assim pude deixar fluir cada vez mais aos meus sentimentos. Toda a dor da infância veio à tona e Albert pôde reconhecê-la como a dor que ele sentia em si desde o tempo do jardim da infância. Com o abuso sexual por seu pai como quadro de fundo, ele não se atrevia a fazer nada, sentava-se sozinho num canto e observava as outras crianças brincarem.

Sua compreensão pelos terríveis sentimentos que eu expressava levou-me pouco a pouco a uma mudança. Senti, de repente, crescer em mim uma violenta raiva desse pai que tinha destruído a 'minha' masculinidade. Pensei em qualquer forma de vingança contra ele e fiz fantasias de que algum dia eu iria cuspir em seu rosto todo o 'meu' desprezo. Quando Albert ouviu isso, hesitou em concordar com minhas fantasias de vingança, por medo das consequências. Ocorreu-lhe que ele também tinha admirado seu pai em sua infância. Eu, porém, não quis sair de minha raiva contra o pai, que me parecia clara e justificada.

Albert teve de percorrer ainda nessa constelação uma sequência em que ele se sentia como aquele menino pequeno e impotente de sua infância. Depois disso o contato dele comigo, como representante de seu propósito, foi sempre melhorando. Finalmente, tive o sentimento de que essa parte dele encontrou na outra parte um bom amigo, que agora o próprio Albert encarnava. Albert confirmou isso, de sua parte. Até então, em sua vida, ele não tivera sequer um único verdadeiro amigo.

Naturalmente falta em tais situações, em que eu mesmo assumo o papel de representante do propósito do paciente, o olhar terapêutico de fora sobre o que acontece. Especialmente quando o propósito se revela como um beco sem saída, proponho ao paciente, depois de algum tempo, que eu abandone o papel de representante de seu propósito. Então refletimos em conjunto sobre a razão pela qual esse propósito não o fez progredir, sobre o que ele revelou sobre o seu atual estado interior, e que novo propósito poderia fazer progredir.

Praticar essa forma de constelação com o propósito em sessões individuais exige do terapeuta, como nas situações de grupo, um alto grau de compreensão das dinâmicas psíquicas interiores. Ele precisa entender como elas são causadas por traumatizações e enredamentos simbióticos entre os pais e os filhos. Além disso, é importante criar para o paciente um claro enquadramento, para que o terapeuta possa entrar temporariamente no papel do propósito e depois voltar claramente ao papel de terapeuta. Na medida em que todo o procedimento anterior ficou bem claro, os pacientes, de acordo com minhas experiências, não têm problema quando se alternam os papéis de representante e de terapeuta.

Esse procedimento pressupõe uma clara consciência das possibilidades e perigos de enredamentos simbióticos na relação entre o terapeuta e o paciente.

Proteger a si mesmo

Quando alguém atua como representante do propósito de outra pessoa, frequentemente entra em contato com as energias traumáticas dessa pessoa. Isso não é agradável, mas pode ser tolerado pelo breve tempo que dura uma constelação, e é finalmente recompensado pelos bons sentimentos que se sentem no papel de representante, quando o paciente faz um progresso interior, de que o representante do propósito também pode participar em seu papel.

Quando, porém, um paciente em sua estratégia de sobrevivência procura transferir para o representante de seu propósito suas energias traumáticas, o terapeuta não deve permanecer por mais tempo nesse papel ou, numa situação de grupo, deve terminar logo a constelação e tirar os representantes dessas posições. É então mais efetivo interromper o processo e explicar ao paciente o que está acontecendo em seu interior. Muitas vezes, trata-se de partes de observador altamente dissociadas num paciente, que desde a primeira infância se distanciaram dele para sobreviver.

Por essa razão, já não faço constelações de sintomas, porque elas tendem a aprofundar, mais do que mudar, a relação distante entre o paciente e o seu sintoma. No propósito precisa estar contido um desejo de mudança. Querer apenas ver um sintoma ou esperar de um representante que ele resolva o problema, não faz progredir, mas apenas leva a entrar mais fundo nos enredamentos e nas divisões.

10.7 Teorias de referência e hipóteses de trabalho

As constelações são, em minha perspectiva, o espelhamento de estados psíquicos de uma pessoa, de suas imagens interiores, sentimentos, partes de personalidade ou de pessoas nela interiorizadas, por intermédio de outras pessoas que se dispõem a isso. O que ocorre nas constelações não pode ser explicado, em minha opinião, com a suposição de que as pessoas posicionadas como representantes pensam racionalmente que papel devem assumir e o que se espera delas. Vivenciei inúmeras vezes que, quando fui colocado numa constelação como representante, senti-me e procedi de modo totalmente diverso do que imaginava antes, durante o relato da pessoa que iria fazer sua constelação.

O método da constelação mostra, no meu entender, de um modo particularmente impressionante, como pode ser ampla, profunda e precisa a compreensão recíproca dos estados interiores de outras pessoas. Presumo que os representantes numa constelação podem apreender intuitivamente os estados de uma pessoa que antes lhe era totalmente desconhecida, inclusive seus sentimentos mais sutis porque, entre outras razões, seus neurônios-espelho são especialmente ativados na constelação. Seria muito útil, em minha perspectiva, verificar cientificamente essa hipótese com os métodos da pesquisa do cérebro.

Por outro lado, porém, não pode ser desconsiderado que o processo de representação não acontece apenas de forma involuntária e inconsciente. Quando estou numa constelação como representante, passam-me pela cabeça também muitos pensamentos sobre a situação da pessoa cuja vida interior estou representando, e lembro-me de outros processos psíquicos que conheço. Nossa percepção é tanto intuitiva e emocional quanto estruturada cognitivamente e marcada por nossas pressuposições, experiências e expectativas. Ela é limitada e seletiva, como vem demonstrando a psicologia da percepção há mais de cem anos. Vemos ou ouvimos principalmente o que queremos ver e ouvir, o que mais se aproxima de nós, o que parece mais provável e o que favorece os nossos interesses. Facilmente deixamos de ver e de ouvir aquilo que contraria nossas ideias, expectativas e necessidades.

O método da constelação é um instrumento terapêutico muito eficaz, porque utiliza as capacidades do espelhamento intuitivo e espontâneo, podendo assim trazer à luz domínios da alma que de outra forma são quase inacessíveis. A utilização desse instrumento terapêutico exige uma clareza mental muito grande por parte do terapeuta, para que as constelações não levem a confusões adicionais nos pacientes. Isso porque aquilo que os representantes expressam não é, de maneira nenhuma, explicável por si mesmo. Encerra muitos significados e muitas camadas, e muitas vezes apenas no término de um processo de constelação se revela todo o sentido das palavras e dos movimentos dos representantes para o propósito do paciente.

Estou convencido de que, por isso, a observação de uma constelação é sempre conduzida por teorias e hipóteses, quer isso aconteça na base de uma teoria cientificamente fundamentada, de uma teoria quotidiana ou de um sistema de crenças inventado pelo próprio observador. Não existe nenhuma percepção imparcial ("fenomenológica") "daquilo que é", por parte do dirigente de uma constelação ou de um terapeuta. Por essa razão, cada terapeuta conduz o processo da constelação de modo diferente, de acordo com suas respectivas teorias de referência (por exemplo, Langlotz, 2006; Chu, 2008; Schmidt, 2008; Ress, 2009). As respectivas teorias devem ser também constantemente submetidas a uma verificação crítica. Na teoria sistêmica, por exemplo, mistura-se facilmente o nível de descrição com o nível de explicação. "Isso é sistêmico" torna-se uma explicação por si, o que contudo corresponde a uma tautologia. Compartilho as avaliações críticas de Gottfried Fischer, de que os psicoterapeutas frequentemente se satisfazem com descrições de sintomas, em vez de procurar diagnósticos pelas causas (Fischer, 2010). Especialmente as tentativas de explicação "multifatoriais" podem fazer com que eles se percam, ocupando-se com uma imensa quantidade de condições mais ou menos relevantes, em vez de se ocuparem com as causas centrais.

Quando observo os representantes e os pacientes numa constelação, coloco também constantemente à prova as hipóteses de trabalho que desenvolvi na conversa preliminar, e vejo se o que ocorre no momento diante de meus olhos se ajusta ou não a um modelo de explicação já conhecido por mim. Como o fundamento teórico de meu trabalho terapêutico é a "psicotraumatologia multigeracional", interpreto o que percebo baseado em meu conhecimento dos processos de vinculação e de traumas.

Naturalmente, isso envolve o risco de traduzir com rapidez excessiva num modelo que me é familiar aquilo que ainda não conheço. Com isso, o que é novo e desconhecido, com que sempre se deve contar, pode ser facilmente desconsiderado. Por isso aguardo, muitas vezes, por muito tempo, antes de me decidir por uma intervenção na constelação. Também ponho constantemente à prova minhas intervenções iniciais, verificando se confirmam minhas hipóteses de trabalho ou se estão em contradição com elas. Até o fim da constelação procuro permanecer aberto, para que algo que ainda seja desconhecido para mim possa mostrar-se no decurso dela, o que frequentemente acontece. Isso alarga meu horizonte de pensamento e provocando mudanças de curto ou longo prazo em meu trabalho terapêutico.

Diferentes dirigentes de constelação podem, portanto, perceber nos representantes e nos pacientes coisas totalmente diferentes, e interpretar de diversas maneiras o que ocorre numa constelação. Em última análise, o que decide sobre o que julgamos ver e entender são a nossa teoria de referência e a qualidade dela. Pensamentos claros e sentimentos unívocos permitem percepções claras.

capítulo 11

LIVRANDO-SE DE ENREDAMENTOS SIMBIÓTICOS

Como se sai dos enredamentos simbióticos com pais, parceiros ou filhos traumatizados? Como se consegue acesso a esses fenômenos psíquicos que, inconscientemente e antes do uso da palavra, são armazenados e frequentemente muito reprimidos? Como se consegue chegar progressivamente, em lugar dos enredamentos, a um estado de autonomia e de simbiose construtiva?

11.1 Acompanhamento terapêutico

A passagem da dependência simbiótica a uma crescente autonomia pessoal é possível a uma criança cujos pais se defrontam com ela com participação emocional, clareza mental e força de vontade. Como em muitos casos isso não sucede, devido a razões que, segundo espero, ficaram suficientemente esclarecidas nos capítulos precedentes, é necessária para o "amadurecimento" da personalidade um outro oponente que satisfaça os critérios acima mencionados. Nisso se incluem, além de bons pedagogos, psicoterapeutas especialmente formados, que tenham superado e resolvido devidamente os próprios traumas pessoais e os próprios enredamentos simbióticos.

Uma psicoterapia ou traumaterapia claramente estruturada tem o potencial de acompanhar pessoas para fora de seus medos infantis, de suas dependências e de seus enredamentos. Ela pode ajudá-los a avaliar realisticamente as condições, os limites e as possibilidades da própria personalidade, e perceber outras pessoas e o ambiente sem o véu das ilusões e fantasias ditadas pelo desejo, e das distorções causadas pelas experiências traumáticas anteriores.

A presunção de querer resolver os próprios problemas psíquicos sem ajuda externa é algo que conheço por minha própria biografia, e precisei de muito tempo para abrir a outra pessoa o meu íntimo. Quanto mais entendo de traumas e de suas consequências, tanto mais estou convencido de que ninguém pode livrar-se por si mesmo de suas divisões interiores, sem o apoio de uma pessoa dedicada e competente. Tanto as próprias reflexões quanto o ambiente social normal estimulam antes a repressão e a proibição de traumas e apoiam – sem que estejam conscientes disso – os múltiplos mecanismos de negação dos traumas:

- Pais traumatizados não reconhecem suas próprias estratégias de sobrevivência, nem as transferências e projeções de seus sentimentos traumáticos para seus filhos.
- Parceiros com traumatizações próprias querem de fato ajudar, mas estão excessivamente presos em suas estratégias de defesa e não conseguem discernir seu próprio enredamento.
- O ambiente social faz às estratégias de sobrevivência de pessoas traumatizadas amplas ofertas de compensação, sob a forma de consumo de mercadorias, distrações da mídia (televisão, Internet), drogas, práticas espirituais ou esotéricas.
- Os sistemas institucionalizados de saúde, devido à sua fixação em sintomas de doenças corporais e ao excesso de oferta de medicamentos, estimulam as possibilidades de reprimir as traumatizações, ao invés de deixar que venham à luz.
- Os sistemas jurídicos não estão em condições de entender pessoas como seres divididos, e ajudam que as divisões entre criminosos e vítimas sejam colocadas no centro dos acontecimentos, e que enredamentos simbióticos sejam vivenciados em juízo.

Sobre esse último ponto, quero reproduzir uma história que mostra como isso pode ser diferente. Esse caso me foi contado por um juiz que participou de um dos meus seminários em Oslo, Noruega.

O senhor se responsabiliza?

O mencionado juiz teve que decidir sobre um caso de abuso sexual na família. Um pai foi acusado de ter abusado de sua filha. No processo, uma declaração se chocava contra a outra. O juiz chamou o pai e lhe disse, com bom-senso: "Não posso provar que o senhor abusou de sua filha. Mas imagine que sua filha teve razão e o senhor foi liberado e precisou continuar a viver com a culpa, por ter novamente causado dano à sua filha. Dou-lhe um dia de prazo para refletir e peço-lhe que tome posição a respeito de minha pergunta." Pelo que contou o juiz, no dia seguinte o homem compareceu e confessou o abuso que tinha cometido contra a filha. Assim o juiz conseguiu falar à parte saudável nesse homem e trazê-la à superfície.

Quando olho para trás e vejo como foi difícil e trabalhoso para mim encontrar o caminho para sair do enredamento simbiótico com minha família de origem, hoje não me é difícil ter com pacientes a necessária paciência para acompanhá-los também em seus desvios e descaminhos. Enquanto se tratar de suas próprias tentativas de alcançar mais autonomia e totalidade interior, também esses desvios produzem frutos, de acordo com o ditado: "Os desvios permitem conhecer melhor o lugar." Por outro lado, agora já posso indicar claramente aos pacientes por que razão muitas coisas que eles tentam são desvios e descaminhos, que não mudam nada no essencial, isto é, em seus enredamentos simbióticos e em seu trauma de simbiose.

11.2 Descaminhos terapêuticos

Em minha opinião, existem vários caminhos que fazem sair de um trauma de simbiose, e numerosos caminhos que reforçam ainda mais os enredamentos simbióticos. Parece-me necessário que haja um cuidado especial com os seguintes pontos:

- Pacientes não devem ser apoiados para se aprofundar ainda mais nas histórias e na alma de seus pais e antepassados. Isso, aliás, eles já fazem em demasia, consciente ou inconscientemente. Basta que saibam, via de regra, o que já é conhecido. Isso geralmente é muita coisa, à medida que seja possível tirar dessas informações as conclusões corretas. Numa constelação pode-se ver claramente, com muita frequência, como os pais ou os avós estão traumatizados. Existem também alusões a muitos acontecimentos que são ou foram silenciados pelos pais: por exemplo, que ainda existem meios-irmãos, ou que o pai ou o avô cometeu ações criminosas na guerra, ou que a própria mãe sofreu um trauma sexual. Quando se leva a sério o fato da traumatização, com suas amplas consequências para a vinculação entre pais e filhos, bastam esses conhecimentos para livrar-se da ilusão de que pais traumatizados podem proporcionar uma vinculação segura que proporcione apoio sem enredar outras pessoas em seu próprio trauma. O fato essencial não é o trauma de seus pais, mas o trauma do próprio paciente, e ele precisa defrontar-se com ele no contexto da terapia, para sair de seu enredamento simbiótico.

- A meta do trabalho terapêutico não deve ser a vontade de descobrir segredos dos antepassados. De mais a mais, a constelação revela quando existem segredos e traumatizações silenciadas, à medida que sejam importantes para o propósito do paciente. Isso basta, segundo penso, para deixar claro ao paciente que ali existe algo que (também) causa o seu trauma. O paciente também precisa chegar a bom termo com a realidade do que foi silenciado e com as perturbações emocionais consequentes, e tomar isso como base para a resolução de seu trauma simbiótico.
- Constelações não podem esclarecer incertezas com relação à paternidade. Estas precisam ser esclarecidas, quando for possível e puder ser exigido, por testes genéticos. Então se mostra se a incerteza é justificada, ou se a criança deseja ter um pai diferente do real, porque eventualmente o pai real age pouco paternalmente e a criança não suporta vê-lo como seu pai. Sabe-se, de muitas pessoas adotadas, que imaginam seus pais biológicos como pais ideais, principalmente quando entram em conflito com seus pais adotivos. O encontro com os pais biológicos, quando acontece, geralmente tende a ser decepcionante para os adotados.
- Não devem ser alimentadas as ilusões do paciente, de que, enquanto trabalha em si mesmo, poderá resolver problemas de sua família de origem. Trata-se de fantasias de onipotência de partes simbioticamente enredadas. Os traumas de pais ou avós não podem ser resolvidos pelo fato de que seus representantes numa constelação mostram temporariamente uma outra face quando o paciente se defronta com eles. Constelações mostram a imagem interior que uma pessoa traz consigo de outras pessoas. As pessoas apresentadas por representantes não são elas próprias. Ainda mais desviante do que a ideia de poder resgatar antepassados de seus traumas parece-me a ideia de poder fazer, por meio da constelação, que até mesmo pessoas falecidas mudem seus modos de comportamento. O que podemos mudar é nossa relação interior com as

pessoas que representamos em nós, quer estejam vivas ou tenham falecido. Quando nos desprendemos das pessoas representadas em nós, elas perdem sua importância e podemos ficar interiormente em paz.
- É preciso ser prudente em oferecer ao paciente recursos externos que só existem como objetos de desejo. Incluir numa constelação uma mãe amorosa, para não falar de uma "bisavó divina", de uma "ancestral não enredada", ou de "anjos" e "forças primordiais" apoia, de qualquer maneira, as ilusões simbióticas e prolonga a capacidade de resistência das partes de sobrevivência. Em todo paciente existem vontade e força para viver, por mais profundamente sepultadas que estejam. É preciso que esses recursos próprios interiores da pessoa sejam liberados na terapia. Com isso ela se torna forte e independente, e esses recursos próprios interiores da pessoa são estimulados. Por essa razão, nenhum terapeuta deveria concordar em fazer uma constelação quando o paciente não formula o seu propósito. Existem porém dirigentes de constelações que, sem receber o encargo do paciente, começam a constelar, escolhem pessoalmente representantes e dirigem todo o processo, apenas de acordo com suas próprias ideias.
- Não devem ser apoiadas ou oferecidas tentativas de explicação que tentem fechar as lacunas entre os sofrimentos psíquicos e a incapacidade de entender suas causas, recorrendo a suposições arbitrárias. Nesse particular, por exemplo, "vidas passadas" ou "um gêmeo falecido no útero materno" são histórias apreciadas que também correm em círculos de consteladores. Em minha perspectiva, essas histórias são livremente inventadas para preencher lacunas do que não pode ser entendido, ou sugerem, sem indicações claras, a existência de determinadas influências. Enquanto não se souber que um irmão gêmeo efetivamente faleceu num mês adiantado da gravidez, e que já se criara uma ligação da criança sobrevivente com esse irmão, será arbitrária a suposição de que residem aí as causas dos atuais problemas psíquicos da pessoa.
- O trabalho terapêutico não deve ser acompanhado de rituais. Do meu ponto de vista, os rituais podem concluir, com um belo gesto, um processo interior de mudança, mas não podem efetivamente produzi-lo. O processo interior de mudança, que é propriamente o que se procura na terapia, tem um caráter individual para cada ser humano, porque se baseia em sua história pessoal de vida. Por isso tem suas próprias esta-

ções, seus próprios desvios e seu próprio ritmo. A utilização de rituais não leva em conta essas particularidades individuais. Ela pode tornar-se inclusive um recurso violento quando o paciente é persuadido e pressionado, ou até mesmo forçado a executar determinado ritual. Se o ritual é apenas algo que a pessoa executa exteriormente ou deixa que aconteça consigo, ele não promove nenhum crescimento interior. Muitos rituais envolvem até mesmo o perigo de retraumatizar os pacientes. Eles reforçam as ilusões de terapeutas, de que por intermédio deles provocam o processo de mudança no paciente. Algo semelhante vale para todas as chamadas "técnicas" terapêuticas. Embora o que provoca a mudança não seja o método específico da terapia, o paciente pode utilizar-se desta ou daquela técnica para entrar em seu processo de mudança.

- Também é preciso ter prudência no tocante a doutrinas e práticas espirituais. Existe o perigo de que elas não tirem, do enredamento com seus pais e suas famílias, as partes infantis simbioticamente enredadas que se refugiam num eu de sobrevivência, mas as empurrem ainda mais para imagens místicas. Como substituição para pais frustrantes pode servir uma ligação simbiótica com "os ancestrais", "a vida", "a natureza", "o ser superior", "o todo", "o cosmos", "Deus" etc. Com isso, continuam a ser apoiadas as partes de sobrevivência, abandonando-se a conexão com a realidade. Tal forma de espiritualidade pode ser erradamente utilizada como um apoio espiritual e mental para que a pessoa se afaste de sua própria realidade e de sua própria traumatização, sentindo-se como se fosse invulnerável e livre das necessidades terrestres, e envolvendo-se em fantasias de onipotência. Partes de sobrevivência simbioticamente carentes não têm crítica, e facilmente se deixam convencer por meias-verdades ou por menos do que isso. Quando, porém, se utiliza o conceito de "espiritualidade" no sentido de se alcançar maior sabedoria de vida e uma visão mais profunda de contextos mais amplos, esse alargamento de uma consciência esclarecida passa necessariamente pela experiência do próprio sofrimento e de uma efetiva liberação deles. Ela é fruto de um intenso trabalho psíquico, do abandono de muitas ilusões e da aceitação das próprias possibilidades e também das próprias limitações. A partir de um confronto sério com o próprio destino e com o destino pesado de outras pessoas, podem finalmente desenvolver-se numa pessoa compreensões profundas, de uma forma que antes era impossível.

Como também terapeutas podem sofrer de traumas simbióticos, alguns deles têm a tendência de querer salvar seus clientes, da mesma forma como antes tentaram com seus pais traumatizados. Com isso se abre uma ampla possibilidade de enredamento simbiótico entre o terapeuta e o paciente. Também aconselhadores profissionais gostam de recomendar a adoção das estratégias de sobrevivência que eles próprios utilizam. Entretanto, a atitude de ajudar e consolar impede, com frequência, a verdadeira cura. Como o trauma de simbiose é difícil de ser entendido, e como ele evoca tão grandes e variadas situações de emergência psíquica, constantemente se desenvolvem novas terapias e novos métodos de cura que, embora levem em conta certos aspectos do trauma simbiótico, os acentuam em excesso ou mesmo os absolutizam. Por conseguinte, oferecem apenas promessas ilusórias de cura que basicamente apoiam em suas tentativas de sobrevivência, as partes simbioticamente enredadas. Esses métodos de terapia geralmente não levam em conta as partes traumatizadas. Não se apoia o desenvolvimento saudável da autonomia; pelo contrário, estimulam-se novas dependências em relação aos métodos de cura oferecidos e aos seus representantes.

11.3 Constelações e trauma de simbiose

A "constelação do propósito", de acordo com as experiências que venho fazendo com esse método desde o início de 2009, é muito apropriada para reconhecer traumas e dissolvê-los progressivamente. Em meus seminários verifica-se que numa grande parte das constelações o propósito leva a um trauma de simbiose. As seguintes indicações são típicas a esse respeito:

- O representante do propósito mostra-se, no decurso da constelação, como alguém que não é uma parte do paciente, e exibe traços muito fortes de outra pessoa.
- O paciente cai, em relação ao seu propósito, no estado de um trauma adotado.
- O paciente não se reconhece no representante de seu propósito.

No trauma de simbiose manifestam-se também vários fenômenos surpreendentes:

- O paciente acredita firmemente ser a pessoa que o representante de seu propósito representa naquele momento. Por exemplo, uma paciente que tinha colocado em cena um homem para representar seu propósito acreditava que esse homem era um espelho dela. A relação real era o inverso: a paciente era o reflexo de seu pai traumatizado.

- O paciente cai num estado de trauma adotado e acredita que esses sentimentos são seus.
- O paciente, devido às numerosas traumatizações em sua família de origem, não consegue identificar-se e acha que a pessoa que representa o seu propósito não pode ser parte dela. Por isso, sem orientação terapêutica ele se dissociará ainda mais de si mesmo.

Esses fenômenos são compreensíveis a partir do quadro de fundo do conceito de trauma simbiótico. O paciente pode então ser acompanhado, passo a passo, até que saia de seu trauma simbiótico. Em meu trabalho terapêutico dirijo minha atenção principalmente para os pontos mencionados a seguir. Processos psíquicos de mudança seguem uma lógica interna não linear. Por isso, o tempo de cada processo terapêutico obedece ao respectivo planejamento, e os diferentes obstáculos são removidos em diferentes momentos.

11.4 Entender o enredamento simbiótico

Enredamentos simbióticos são inconscientes. Reconhecê-los como realidade vai muito além dos horizontes habituais do pensamento sobre a realidade psíquica. Sem a ajuda do método da constelação, eu não teria podido entender a existência de traumas de simbiose e o alcance dos enredamentos simbióticos. Por exemplo, num paciente que sobreviveu a uma tentativa de aborto, vi que ele sentiu a decisão da mãe de abortá-lo como se fosse uma decisão dele. Esse sentimento impossibilitava, até aquele momento, que ele se desprendesse da sua mãe e tomasse uma clara decisão de viver, mesmo que a mãe tenha pensado no aborto como uma solução.

Portanto reconhecer a existência de enredamentos simbióticos é um passo inicial básico para a sua solução. Para muitos pacientes, já é útil vivenciar numa constelação até que ponto estão simbioticamente fixados numa pessoa de seu sistema familiar. Entender, numa constelação, que a identificação simbiótica é a causa mais profunda dos próprios problemas basta, em muitos casos, para ter uma ideia da direção em que deve avançar o trabalho psíquico, no sentido de se livrarem dos enredamentos simbióticos e alcançarem maior autonomia.

Bloqueio sexual

Volker não sentia prazer em sua sexualidade. Quando se defrontava com mulheres exigentes, sentia-se sob pressão e retraía-se interiormente. Seu propósito para a constelação era o de viver mais livremente sua sexualidade.

O representante de seu propósito assumiu imediatamente uma postura corporal contraída e sentia-se dividido na altura do diafragma. A energia permanecia estacionada na região da cabeça, do peito e do coração, e não fluía para baixo, na direção do abdome e da área genital. Volker lembrou-se então de como era difícil para sua mãe o tema da sexualidade. Ela havia considerado o marido apenas como um caso sexual, e precisou casar-se com ele por ter ficado grávida de Volker. Durante o casamento, o pai de Volker tornou-se, cada vez mais, um alcoólico. Quando Volker cresceu, sua mãe o preveniu insistentemente que tomasse cuidado para não engravidar suas namoradas, pois isso seria o pior que poderia acontecer. Para o representante de seu propósito, essas declarações de Volker fizeram muito sentido. A influência da mãe provocava nele essa divisão. Para Volker, que pensava que já se desprendera bastante da mãe, esse conhecimento bastou naquele momento, pois já sabia em que termos estava realmente em relação ao enredamento com sua mãe.

Reconhecer o próprio enredamento simbiótico com os pais, e principalmente com a mãe, é um processo muito doloroso e perturbador. Muitos pacientes não fazem nenhuma ideia sobre a maneira como poderão desprender-se desse enredamento. Sentem-se como a mosca aprisionada numa teia de aranha, e quanto mais se debatem para livrar-se, mais se enrolam na rede. A contradição entre amar a mãe, de um lado, e ser constantemente ferido por ela, de outro, parece insolúvel. A seguinte carta de uma paciente documenta a oscilação entre o desejo de livrar-se do agarramento materno e a necessidade desesperada de não precisar abandonar o amor à mãe. Este é um exemplo típico da forma como um trauma de simbiose se apresenta a uma criança como algo insolúvel, e por isso prossegue, como uma luta interior, por toda a vida.

Na teia de aranha da mãe

"Minha mãe sempre me corrige, independentemente da minha vontade. Sua posição sobre como funciona a vida, seus juízos de valor, o que devo fazer ou não, o que dá certo ou não, tudo isso ficou gravado em mim. Não consigo livrar-me disso. É dez vezes mais forte do que eu. Como um feitiço. Sempre que tento contrapor algo meu, isso me agarra e é mais forte do que eu. Não consigo nada contra isso.

Não quero deixar de amar minha mãe. Penso que isso também é impossível. Pois então eu precisaria cortar um pedaço de mim mesma. Essa tentativa eu já abandonei há muito tempo. Como posso então salvar minha vida sem estar constantemente vigiando se ela pode ferir-me? Pelo fato de amá-la, sou fraca e vulnerável. E ela não mudará. Ela vai continuar a fazer isso, enquanto puder.

"Não sei como posso mudar isso sem precisar ficar constantemente vigiando e sem cair na obsessão do controle. Mas ela é de tal jeito, que sempre vai fazer ou dizer algo que me fere. E, realmente, sempre que eu estiver fraca. Então ela me dá uma surra. Mas, ela diria agora, em primeiro lugar não é assim, e em segundo lugar eu não quis dizer isso. Mas eu não estou louca. Eu estou certa, ela é que está errada. Assim tudo se torna uma luta existencial. Já participei disso por muitos anos, de vez em quando também é como um jogo de poder. Não posso ganhar porque a amo. Ela é minha mãe."

Pode ser muito decepcionante para uma pessoa ver que aquilo que até então ela tomava como a própria personalidade é, em grande parte, um conglomerado de traumas adotados e de estratégias de sobrevivência. Isso gera uma grande insegurança e uma crise de identidade provisória. Esse processo é uma etapa necessária de transição para a construção de uma estrutura saudável de "eu", porque é preciso primeiro abandonar o que é velho para dar lugar ao novo.

Quem sou eu realmente?

"Comigo acontece nesse momento algo muito estranho. Todos os pensamentos, todas as convicções, as imagens de mim mesmo e os sentimentos que eu tinha nos últimos anos parecem-me totalmente estranhos a mim. Até mesmo me é difícil escrever este texto, porque absolutamente já não sei como expressar algo. Não consigo mais apoiar-me em nada. Não sei se estou certo, mas creio que todas essas personalidades que tive nos últimos anos, essas imagens de mim mesmo, de quem sou e do que quero, eu absolutamente não sou isso. No momento estou totalmente no ar. Possivelmente isso são partes de personalidade adotadas por mim, e só agora percebo que não sou isso. Mas quem sou então? Tenho medo de ficar perdido de algum modo. Já não posso apoiar-me em nada."

Para uma pessoa, admitir que está envolvida num enredamento simbiótico, reconhecer que se submeteu a um mito materno, paterno, familiar ou amoroso, e que talvez tenha defendido com veemência esse mito diante de outras pessoas, pode causar dor e envergonhar profundamente. Mas, no longo prazo, esse é um passo essencial para alcançar mais saúde psíquica. Abandonar o desejo de receber o amor dos pais, que eles, em razão de sua divisão psíquica, no máximo poderão oferecer como uma estratégia de sobrevivência, alivia ambos os lados de um grande peso. Os pais deixam de ser atormentados com exigências não realizáveis, os filhos podem livrar-se de bater em vão numa porta fechada para eles.

11.5 Entender e reconhecer os traumas

De modo semelhante ao que acontece com os enredamentos simbióticos, a maioria dos pacientes não reconhece os traumas como a causa real de seus sofrimentos psíquicos e corporais. Isso se aplica tanto aos traumas que sofreram pessoalmente quanto àqueles que adotaram dos pais. Esse não reconhecimento tem a ver, principalmente, com os mecanismos de sobrevivência que, por meio de divisões, tentam afastar da consciência os traumas. Embora estejamos envolvidos por traumas, nossas partes de sobrevivência julgam que somos normais. São parte dos traumas as ilusões de se presumir saudável. Essas ilusões, como já mencionamos, são, de resto, geradas e fomentadas em muitos setores da vida social. Quando, ao contrário, é possível aceitar e acolher para si mesmo que o trauma sofrido realmente aconteceu, essas ilusões de normalidade e de amor aparente deixam de ser necessárias. A vida fica então substancialmente mais fácil sem elas. Traumas são como tumores cancerosos: quanto mais envelhecem, mais fortes se tornam. Por isso se recomenda insistentemente torná-los visíveis logo que possível, e deter esses processos em expansão.

Sem o conhecimento sobre os traumas e seus efeitos múltiplos, os enredamentos simbióticos também não são compreensíveis. Uma característica do nosso pensamento humano, quando não entendemos alguma coisa, é inventar histórias que tornem plausíveis as conexões entre causas e efeitos. Quando perguntamos aos pacientes de onde acham que seus problemas provêm, eles contam histórias que pensaram para explicar sua condição infeliz, mas elas frequentemente não são certas. Mesmo quando existe boa vontade para pesquisar a origem, por exemplo, dos medos, geralmente não se chega sozinho a bom termo, porque falta a compreensão básica dos processos de traumatização. Matutar e refletir não tira de enredamentos simbióticos.

A pergunta sobre traumas sofridos pela pessoa e sobre traumas sofridos por outros membros da família deve fazer parte, portanto, de toda conversa terapêutica. Muitas vezes os pacientes não têm clareza a respeito. É preciso fazê-los ver como é importante saber que traumas continuam a atuar sobre eles. Desde que haja disposição do paciente para trazer à consciência traumas dissociados, o método da constelação fornece uma excelente oportunidade para obter mais clareza e revelar conexões que jamais poderiam ser descobertas simplesmente pela reflexão e pela análise.

Para o trabalho terapêutico existem então dois princípios:

- partes traumáticas do paciente que foram dissociadas precisam ser integradas;
- ligações a sentimentos traumáticos adotados de outras pessoas precisam ser dissolvidas.

Muitas vezes acontece exatamente o contrário nos motivos que levam os pacientes a começar uma terapia. Eles procuram afastar ainda mais de sua consciência partes dissociadas pelos traumas vividos por eles, e empenham-se, com todas as forças, em integrar na própria vida psíquica as energias traumáticas adotadas de seus antepassados, porque erradamente presumem que esses sentimentos são seus.

A ideia de encarar mais uma vez o próprio trauma desperta neles uma enorme angústia. A pessoa não quer suportar de novo a dor psíquica e corporal. Enquanto se reprime a própria dor, os mecanismos do enredamento simbiótico atuam, e os sentimentos adotados por simbiose permanecem mais fortes do que os próprios. O caminho que tira do enredamento simbiótico e leva a si mesmo só é possível por meio da dor, que lembra o trauma sofrido. Essa dor é geralmente forte e breve, e traz à consciência tudo o que é preciso para o esclarecimento do passado. Quando se libera o acesso aos sentimentos até então bloqueados, nasce também no pensamento uma nova clareza. Inversamente, a confusão no pensamento é um sinal de que sentimentos estão sendo reprimidos e que os sentimentos adotados são mais fortes do que os próprios sentimentos.

A dor que cura

"Então voltou-me à mente toda a situação com a separação de meus pais, e eu precisei chorar alto, e quanto mais eu chorava, tanto mais profundamente entrava em contato com a dor resultante do abuso por esse vizinho e por meu pai.

"Em certo momento não consegui mais chorar, e então vieram à tona sentimentos muito estranhos. É como se eu, quando criança, sempre tivesse percebido em minha mãe o pai dela, como uma pessoa invisível. A criança em mim tem medo desse homem ou desses sentimentos, pois eles são mais ou menos loucos.

"Ficou claro para mim que preciso realmente liberar minha dor, para me distanciar de uma vez por todas. Preciso também perceber meus reais sentimentos para com meus avós, creio eu. Simplesmente integrar meus próprios sentimentos infantis normais. Entretanto, quanto mais me afasto da dor, tanto mais difícil se torna manter a mente clara. Volto sempre a perceber fragmentos de sentimentos de meus avós, e então tudo fica muito confuso outra vez."

Nos traumas do sistema de vinculações, toda tentativa de estabelecer uma ligação emocional com uma pessoa dentro da família leva para dentro do caos emocional dessa família. Nesse caso só ajuda renunciar totalmente às tentativas de encontrar apoio nessa família.

11.6 Trabalhar psiquicamente no trauma

A liberação de um trauma não pode acontecer no nível cognitivo, pois o trauma não consiste primariamente em pensamentos insuportáveis, mas em sentimentos insuportáveis e nas reações corporais associadas a eles. Todos os conselhos bem-intencionados, ou os propósitos da própria pessoa de considerar como passado o trauma sofrido, de não se ocupar mais dele, de não mais pensar nisso etc., no resultado final são inúteis. Em termos terapêuticos, falar sobre o trauma é de pouca ou nenhuma ajuda.

O trauma produziu uma cisão na unidade entre corpo, alma e espírito. Essa cisão precisa ser sanada, para que as sensações corporais, os sentimentos e os pensamentos voltem à harmonia. Por isso é preciso retornar aos sentimentos e às reações corporais que estiveram presentes na situação traumática original e que continuam a existir, encapsulados e isolados em algum lugar do corpo, no cérebro e na vida afetiva.

Só é possível trabalhar esses sentimentos e essas energias do trauma quando cessa a situação externa. Seria destituído de sentido tratar um trauma numa situação de guerra. Em traumas de violência, por exemplo, não deve haver mais contato com o perpetrador. Para uma superação da divisão psíquica exige-se também um eu diferenciado e saudável. No trabalho prático, isso significa, muitas vezes, que primeiro é preciso que um eu saudável e estável esteja sensivelmente ancorado no corpo, para que o contato com as partes traumatizadas dissociadas seja suportável e possa ser superado.

A recuperação do sentimento do próprio corpo é a base do processo da estabilização progressiva de um eu saudável, que possa estabelecer um limite entre o interior e o exterior, e aprenda a distinguir, cada vez melhor, entre o passado e o presente. Essa demarcação de limites é, contudo, impedida por traumas de simbiose. Isso significa, por exemplo, que quem sofreu traumatismo decorrente de violência sexual precisa primeiro defrontar-se com seu trauma de simbiose, para que possa liberar e desenvolver o núcleo de seu próprio eu. Este serve então como um recurso de superação para a dissolução dos outros traumas.

O fato de que inicialmente não existam imagens que lembrem os acontecimentos traumáticos é normal. Isso acontece principalmente quando a vivência traumática ocorreu numa fase muito precoce da vida, da qual, de qualquer maneira, existem poucas recordações conscientes.

Somente quando as partes de sobrevivência abandonam sua resistência a admitir que todas as coisas terríveis realmente aconteceram, e as partes saudáveis permitem que as partes traumatizadas se expressem, é que reaparecem algumas lembranças conscientes ou podem vir à tona os sentimentos sobre as vivências já conscientes. É digna de nota, nesse particular, a declaração de uma paciente depois de sua constelação: "Pela primeira vez, entendi agora que a causa do meu medo não está fora, mas dentro de mim."

Pacientes que aplicam em si mesmos meu modelo das diversas partes do eu que resultam de traumatizações, começam às vezes a criar espontaneamente um diálogo entre suas diferentes partes. Quando as partes saudáveis permitem que as partes traumatizadas se expressem, podem vir à tona as lembranças dos traumas sofridos.

Sonho ou realidade?

"Ontem fui para a cama às 8 horas, pois estava completamente esgotada. Na cama meu corpo tremia violentamente. Pensei que era o caso de ir a um hospital. Então tentei conversar comigo mesma. Perguntei o que estava acontecendo comigo, e então veio uma voz de criança, dizendo: 'Não podemos falar.' Eu disse então: 'Acredito em vocês, por mais terríveis que tenham sido as coisas ruins.' Aí melhorei um pouquinho. A voz disse: 'Não confiamos mais em ninguém.'

"Eu disse então que podia entender sua desconfiança, mas não entendia por que elas me pressionavam inicialmente para telefonar a você. Por certo elas achavam que você é honesto com elas. Por isso eu disse que não fora totalmente correto que elas tenham dito "todas as pessoas".... Sim, está certo, disseram elas.

"Então elas me falaram da dor delas, da obrigação de calar-se, e por último disseram que eram constantemente ameaçadas: 'Você não pode viver sozinha. Você depende de mim. Você não pode fazer nada, você vai afundar na miséria', e assim por diante. Eu ouvi a mim mesma e então disse: 'Sim, antes vocês eram totalmente dependentes, está certo. Mas hoje não somos mais dependentes das pessoas que causaram dor a vocês. Hoje somos mais livres do que então.' Elas ouviram, e meu corpo também se acalmou.

Agora, o sonho dessa noite:

"Eu estava no antigo banheiro da casa de meus pais. Queria trancar a porta, mas a chave não estava lá. Então me sentei na banheira. Meu pai chegou em casa com um colega de trabalho. Eu os ouvia conversar e rir. Então vi um homem grande, com cabelos ruivos, de pé num canto. Ele segurava um balde na mão esquerda. Ele se aproximou de mim no banheiro e se despiu. Queria esfregar-me com uma esponja, mas eu não queria. De repente me vi como uma criança, deitada no chão do banheiro, com a cabeça voltada para o chão de azulejos. Ele me estuprava pelas costas, como um animal. Acordei perturbada, angustiada, quase morta. Estou perdida! Esse sonho não me pareceu ser um sonho, mas uma recordação de algo que aconteceu comigo. A voz desse homem eu conhecia e também o corpo.

Tive de escrever isso porque me pareceu muito familiar, como se fosse eu essa menina entre 7 e 9 anos. Pode ser isso?"

A superação do sonho necessita um ambiente social que acredite no relato das partes traumatizadas, de que isso realmente aconteceu com elas. Muitas vezes, o psicoterapeuta é a única pessoa que se dispõe a ouvir as pessoas traumatizadas, a levar a sério e defender seus relatos. Devido à importância de contar o próprio trauma diante de testemunhas, o trabalho com grupos, de modo especial, tem um potencial enormemente salutar para a terapia do trauma. Quanto mais abertamente o tema do trauma for tratado em público, quanto mais se observar a frequência de abusos sexuais nas famílias, nos abrigos e nas escolas, quanto mais forem reconhecidos os traumas de guerra, tanto mais fácil será para as pessoas traumatizadas abandonar o silêncio.

11.7 Perder as ilusões de uma cura rápida

Fazem parte do trauma as partes de sobrevivência, que possibilitam a continuação da vida após uma vivência traumática. Quanto mais drásticas são as traumatizações, tanto mais as partes de sobrevivência se esforçam para não permitir que os traumas tenham acesso à consciência. Por isso, as partes de sobrevivência não têm a menor ideia de como é difícil descobrir como superar uma divisão psíquica. Enquanto admitem fazer uma psicoterapia, imaginam que a cura será rápida e imediata e todos os problemas serão preferivelmente resolvidos "numa única lavagem". Por isso, de acordo com minha experiência, uma parte integrante do processo de cura de um trauma é que tais ilusões se tornem conscientes e que nasçam imagens realistas sobre o tempo necessário para o processo de superação da divisão psíquica e os passos individuais requeridos. O relato de uma paciente, voltando de trem depois de uma sessão de terapia, exemplifica esse importante reconhecimento.

Um insight no trem noturno

"Creio que esta noite, no trem, algo muito essencial ficou muito claro para mim. De certa forma, foi uma ilusão acreditar que, com minha história de vida, iria conseguir de uma só vez a grande meta de ficar curada. Eu queria que isso acontecesse, possivelmente sem sentimentos desagradáveis. Essa é minha forma habitual de agir: impedir que venham à tona os sentimentos desagradáveis! Porque a situação poderia voltar a ficar tão desesperada como naquela ocasião, em minha infância. Um medo mortal! Um pavoroso medo mortal!

"Isso é muito sutil. Apesar disso, tem um efeito enorme em meu dia a dia. Suportar a mim mesma em meus sentimentos desagradáveis é muito difícil para mim, pois então sinto imediatamente o medo mortal. Essa falta de perspectiva é logo reativada.

"Porém eu vou tentar. Desde a noite de ontem sinto uma forte tristeza em mim, porque não me levei a sério nas consequências do que carrego comigo. Pensei que veria isso rapidamente com você e então tudo ficaria bem. Mas não é assim tão simples. Parece muito importante que eu tenha paciência comigo."

Uma integração de partes psíquicas divididas e traumatizadas não se consegue num único passo. Para isso é preciso percorrer um caminho mais demorado:

- É preciso, primeiro, abandonar as negações, as estratégias ilusórias e a encenação de desvios.
- É necessário conjugar as forças interiores saudáveis.
- A vontade precisa ter o objetivo claro de recuperar, numa personalidade integrada, as partes dissociadas.

- Muita coragem é exigida para dar os passos individuais.
- Além disso, é imprescindível confiar nas próprias forças saudáveis, no método terapêutico e no próprio terapeuta.

A seguinte constelação de Bianca mostra como são importantes também os primeiros e pequenos passos na direção correta.

A ameaça invisível

Bianca tinha medo de perder o seu apartamento. Sentia a presença de uma ameaça invisível e impalpável no exterior, e queria esclarecer, por meio de uma constelação, o que se relacionava a esse medo.

A representante de seu propósito disse que não sentia medo, mas clareza. Bianca e sua representante conversaram mais longamente sobre o que ambas sabiam e sentiam. A representante de seu propósito conseguiu finalmente convencer Bianca de que o objeto de seu medo não estava no exterior, mas era uma parte infantil dela mesma, que vivenciou coisas terríveis.

Bianca ainda não conseguiu abrir-se a essa parte dissociada, mas ficou confiante em que, com a clareza que descobriu em si, poderá progredir. Essa clareza ajudou-a a não continuar procurando o problema no lugar errado. Agora ela pode dar o próximo passo para confrontar-se com o que foi feito a ela em sua infância.

Quando se consegue o encontro com as partes dissociadas, isso pode suscitar um novo ânimo.

Tirando o "saco plástico da cabeça"

"Estas são para mim as consequências sensíveis de nossa última sessão de terapia: 1. Estou mentalmente mais desperta. 2. Sinto-me mentalmente mais forte. 3. Sinto-me mais completa. 4. Abandonar minhas ilusões muda enormemente meu sistema de crenças. Já não vejo fadas encantadas nem árvores falantes! 5. Sinto que fui acordada, por um beijo, do sonho da Bela Adormecida. Meu saco plástico na cabeça sumiu.

"Efeito secundário negativo da sessão de ontem: Sinto meu corpo e as dores correspondentes."

Quando ocorre violência num trauma, as dores e os sentimentos resultantes (medo, repulsa, nojo, raiva...) precisam ser revividos, numa certa medida. Na reação original inconsciente ao trauma, o sistema neurovegetativo foi parcialmente bloqueado, com o que certos reflexos musculares deixaram de funcionar. Na situação de violência foi preciso engolir, em vez de cuspir; em vez do reflexo natural do grito de medo, as cordas vocais ficaram bloqueadas; em vez de correr, a musculatura das pernas enrijeceu. Esse aspecto da reação ao trauma foi especialmente ressaltado pelo pesquisador e terapeuta de traumas americano Peter Levine (Levine, 1998). A dissolução do trauma significa também a supressão de bloqueios do sistema neurovegetativo, com a consequente desoneração dos reflexos bloqueados. Pode então acontecer que a pessoa traumatizada grite, bata loucamente em torno de si, eventualmente vomite ou faça outras coisas para recolocar em função os reflexos bloqueados. Um especial desafio é colocado pelos impulsos de raiva reprimidos. Dar livre curso a eles pode propiciar atos insensatos de vingança. Por isso, é importante encontrar meios para utilizar esse potencial energético em atos construtivos.

11.8 Abandonar os sentimentos adotados por simbiose

Cultivar sentimentos adotados por simbiose não faz ninguém progredir, porque não se baseiam nas experiências pessoais de vida. Quando se consegue sair desses estados emocionais enredados em simbiose, os sentimentos reais podem emergir, permitindo que a pessoa configure sua própria vida.

Sacudindo os estados emocionais

"Muitas vezes eu transito velozmente entre estados emocionais igualmente insuportáveis. Algumas vezes é o pânico; depois, a perda de realidade, a depressão, o desassossego.... Tentei entender cada estado individualmente, compreendê-lo profundamente. Porém, quanto mais me aprofundava, mais camadas apareciam e mais desorientado eu ficava.

"Isso agora mudou. Registro esses estados, mas absolutamente não me interesso mais pelo que se oculta em profundidade, porque jamais poderei entender isso, e também porque isso não me faz progredir. Pelo contrário, mergulho ainda mais profundamente nesses sentimentos, e no final está sempre a grande dissociação. Ultimamente, estou percebendo esses estados. Então procuro tranquilamente sentar-me e 'sacudi-los de mim'. Não consigo descrever isso com precisão. É como um salto para fora, uma sacudidela, um empurrão para longe, porque esses estados não me levam em frente, nem me proporcionam qualquer melhora.

"Assim existe agora, paralelamente a isso, um sentimento que não faz parte desses estados, mas ainda é muito indeciso. Ele sempre emerge depois que consigo sacudir tudo o mais, mas depois aparece mais um desses estados negativos. Eles entram e saem livremente pela porta aberta.

"Entretanto, nos momentos em que não há estados negativos, eu passo muito bem, fico relaxado e vivencio tudo como muito real e sobretudo influenciável. Isso eu gostaria de consolidar ou, num primeiro passo, conseguir que esse estado positivo dure mais e eu consiga pular fora dele cada vez mais depressa."

É preciso estar disposto a renunciar a tais sentimentos traumáticos adotados, que podem ser muito intensos. Muitas vezes eles são tenazmente retidos. Às vezes a própria pessoa tira desse sofrimento um prazer, devido ao medo de que, na falta dele, ela caia no nada ou vazio interior.

11.9 Dar ênfase às partes saudáveis

Mesmo quando numa sociedade, pelo efeito de guerras, catástrofes naturais e violência nas famílias, uma alta percentagem da população esteja traumatizada, quase 100% das pessoas possuem partes saudáveis. Creio que todos os seres humanos, apesar de todas as adversidades de suas condições de vida, possuem estruturas psíquicas saudáveis. Eles as recebem como um capital inicial em seus caminhos de vida, sob a forma de vontade de viver, força vital e saudáveis reflexos e instintos. Muitas vezes, essas estruturas saudáveis e vitais não entram em ação, porque as partes de sobrevivência, temendo o aparecimento dos sentimentos traumáticos, seguram os remos firmemente nas mãos e abrem pouco espaço às percepções, aos sentimentos e pensamentos saudáveis.

Na terapia dos traumas vigora o princípio "Estabilizar antes de confrontar". Portanto, antes de se fazer uma confrontação com o trauma, é preciso primeiro criar recursos suficientes para que o paciente suporte a confrontação com o trauma (Eidmann, 2009). Por mais simples que pareça esse princípio, é difícil realizá-lo na terapia. Pois o que são recursos? São eles estruturas saudáveis de que o paciente já dispõe, ou precisam primeiro ser formados mediante determinados exercícios, tais como "colocar o trauma num tesouro", preparar um "jardim interior de tranquilidade" e outros, como sugerem Luise Reddemann ou Michaela Huber (Reddemann, 2001; Huber 2005)? Ou será que tais procedimentos apenas provoquem o refinamento das estratégias de sobrevivência, encontrando-se novas manobras de escape e aprofundando-se as divisões existentes, enquanto "anjos", "fadas", "heróis mitológicos" ou "pessoas imaginadas, mas idealizadas" salvam partes infantis traumatizadas (Kahn, 2008)?

Quando eu, alguns anos atrás, ainda constelava pessoas como representantes de recursos, muitas vezes me vinha a suspeita de que recursos tais como "apoio" ou "proteção" são com muita facilidade usados pelos padrões de sobrevivência para seus fins de negação do trauma. Pacientes simbioticamente enredados buscam apoio em recursos externos, enquanto pacientes que se desprendem de seu trauma de simbiose acham apoio cada vez mais em suas próprias partes saudáveis. Por isso, tenho trabalhado com o método das constelações de modo a não mais representar recursos externos. Parto do pressuposto de que nas partes saudáveis dos pacientes estão disponíveis os recursos essenciais necessários para uma confrontação com o trauma. Além do mais, a progressiva liberação das partes traumáticas traz um enorme crescimento de recursos internos, porque a remoção de bloqueios de reflexos, sentimentos e pensamentos libera impulsos de vida saudáveis e vitais.

Também é importante entender que a situação traumática na realidade deixou de existir. Apenas os vestígios das recordações do trauma ainda permanecem no corpo, na alma, no sistema nervoso. Por isso, a confrontação com o trauma não significa a repetição da vivência traumática, mas a emersão de sentimentos e imagens provenientes das lembranças. Essas coisas são suportáveis, com ajuda das estruturas psíquicas saudáveis da pessoa e com o acompanhamento de um terapeuta de traumas competente.

11.10 Desenvolver um sentimento saudável pelo corpo

Os sentimentos têm sua origem nos sentimentos corporais (Damasio, 2005, 2006). Por isso, a relação com o próprio corpo, assim como o contato com o corpo de outras pessoas, tem uma influência essencial sobre todo o estado psíquico dela. Quem está enredado num trauma simbiótico sente menos seu próprio corpo do que o corpo traumatizado da mãe e, às vezes, também o do pai. Quando os sentimentos traumáticos transferidos da mãe são mais fortes do que os próprios sentimentos corporais da criança, esses sentimentos alheios sobrepõem-se aos próprios sentimentos corporais da criança. Com isso, a criança não se familiariza com seu próprio corpo, mas sente-se como sua mãe traumatizada. Essa fusão precisa ser dissolvida na terapia. O sentimento corporal de um paciente precisa ser liberado do sentimento do corpo materno.

Existem também muitos pacientes que, em decorrência de experiências traumáticas da primeira infância (especialmente de violências cometidas pela mãe e/ou pelo pai) caem com tanta rapidez e facilidade em estados traumáticos que, ao menor pressentimento de perigo, se dissociam dos sentimentos que já possuem do próprio corpo. Experiências de violência e de abuso destruíram neles toda confiança no contato corporal com outras pessoas. Logo que têm contato corporal, uma parte interior se dissocia para proteger-se. Já não confiam totalmente em ninguém, nem mesmo em seus parceiros. Apresentam sempre ao contato corporal apenas uma parte emocionalmente bloqueada de si mesmos.

Portanto, sentir-se bem consigo mesmo significa, em primeiro lugar, desenvolver o sentimento do próprio corpo. Essa é a condição básica para que uma pessoa aprenda a livrar-se de um enredamento simbiótico e possa defrontar-se com o próprio trauma. Quem não percebe seu próprio corpo não consegue distinguir-se de outros corpos. Permanece entregue, sem defesas, a seus influxos negativos. O próprio corpo precisa ser recuperado pela própria alma, as sensações alheias precisam ser identificadas como tais e ser diferenciadas em relação à sensação do próprio corpo. A saída de um enredamento simbiótico só se consegue quando os próprios sentimentos corporais se tornam mais fortes do que os alheios e os adotados. Também as partes que desconfiam dos contatos corporais precisam ser reconectadas à vida psíquica da pessoa.

Nesse sentido, o método das constelações é integrativo e envolve especialmente o lado corporal.

11.11 Desenvolver uma vontade saudável

Pelo efeito de uma experiência traumática, a vontade do ser humano é desativada por uma força que é maior do que ela. Por isso, um dos muitos efeitos do trauma é o sentimento de ser dominado por um poder, contra o qual a própria vontade nada pode fazer. Essa experiência de impotência pode fazer com que a pessoa a generalize e as estruturas de sobrevivência acreditem que realmente não possuem nenhuma vontade.

Depois de uma experiência traumática, o que geralmente se desenvolve, em lugar de uma vontade saudável e clara, é uma vontade de sobreviver. Ela nos conduz tanto a uma retirada interior como a enredamentos simbióticos. Queremos contato, proximidade e amor, e ao mesmo tempo temos medo de ferimentos renovados e não temos confiança em outras pessoas. Não conseguimos dizer claramente "sim" a um relacionamento, nem dizer claramente "não".

O exemplo a seguir versa sobre como é atraente para uma criança mergulhar nos sentimentos dos outros quando ela não tem a possibilidade de desenvolver sua individualidade na própria família.

Energia dirigida

Tania soube que sua mãe, gravemente traumatizada, imaginou dela tudo o que era possível imaginar, e que a filha absolutamente não era. Tania nunca se sentiu reconhecida e entendida por sua mãe. Ela não queria continuar a ser essa tela de projeção de sua mãe, mas perceber a si mesma.

Colocado em cena para representar seu propósito, tive inicialmente o sentimento de não ter contorno nem figura, como se fosse uma forma de energia que se banhava num oceano de sentimentos alheios. Quando Tania me pediu que me livrasse desse oceano, não pude imaginar como isso poderia acontecer. Imaginei uma garrafa de tinta jogada no mar, e achava totalmente impossível separar de novo essa tinta da água. Tania fez sugestões sobre como isso podia acontecer, por exemplo, utilizando-se de um filtro. Suas sugestões não me moveram. Eu estava achando o problema totalmente insolúvel. Mas quando Tania disse: "Não quero mais nadar nesse oceano de sentimentos em minha família!", de repente fiquei desperto e me dirigi claramente à sua pessoa. A palavra "quero" me atingiu. Então fiquei pronto a dirigir minha energia para Tania, quando ela disse claramente o que queria. Eu lhe ofereci, com essa energia, meu pleno apoio, quando ela teve claros objetivos.

A vontade de sobrevivência não consegue desenvolver claros objetivos próprios. Ela depende do que os outros pensam, e frequentemente se opõe a algo que os outros querem, na suposição de que precisa impedir algo terrível. Nas crianças, a vontade de sobrevivência reveste a forma de uma rebelião contra tudo e contra todos. Por causa dessa teimosia, crianças enredadas causam mais danos a si mesmas.

Espinha quebrada

"O que hoje tirei da nossa conversa é que minha vontade está traumatizada. Na semana passada pensei que alguém tinha quebrado minha espinha, e isso tem tudo a ver com o fato de que estou sem apoio. Antes foram os perpetradores, e hoje sou eu mesma. Sou como uma bandeirola ao vento, não consigo manter o que digo. Quando alguém diz algo, eu também o digo e não tenho opinião própria. Assim foi, pelo menos, por muito tempo. Já melhorou muito, mas falta ainda uma parte, que quero também resgatar do trauma."

À medida que apenas resiste, sem trabalhar no próprio trauma, a pessoa permanece presa ao enredamento simbiótico e não sai dele. Enquanto não são acionados os traumas relevantes, ela gira em intermináveis reflexões interiores, discussões e brigas com outras pessoas. À medida que pensamos mais nos outros do que em nós mesmos, em que queremos argumentar, discutir, recriminar e reconciliar, ficamos enredados e propensos a adotar energias traumáticas de outras pessoas.

Em pessoas adultas, a vontade de sobrevivência se expressa em termos como: "Não vou querer jamais tornar-me igual a minha mãe/ meu pai." "Quero ter um casamento mais harmonioso do que o de meus pais." "Quero que meus filhos fiquem melhor do que eu." Entretanto, os filhos, que talvez não passaram por experiências tão terríveis, em vez de utilizar as liberdades maiores que lhes são oferecidas, também se enredam nos sentimentos traumáticos dissociados de seus antepassados, porque não conseguem perceber seus pais como personalidades dignas de fé e fortes, mas os sentem como fracos e dependentes. Por isso, eles também repetem os antigos padrões que precisariam ser quebrados, mas que subterraneamente continuam a atuar com força. O sentimento de impotência perdura dessa maneira numa família, através de gerações.

Submissão

O propósito de Vivian era entender seu medo e sua intranquilidade para que finalmente pudesse dormir tranquila à noite. Vivian contou que sua mãe ficara totalmente submissa a um homem casado e consentira em engravidar dele, embora não quisesse ter mais filhos.

Deixei-me colocar como representante do propósito de Vivian e senti internamente um grande calor. Era como se houvesse dentro de mim um líquido fervente, que era represado por uma grossa armadura. O súbito conhecimento que se revelou em mim, que a mãe de Vivian manifestamente não tinha vontade própria e por conseguinte também não poderia dar-lhe uma estrutura por sua presença, me ajudou. Notei então que eu próprio precisava encontrar minha estrutura interior. A sensação do calor interior passou, e tive a sensação de que esse líquido quente se condensava e me proporcionava uma estabilidade interior.

Em meu papel precisei ainda conversar algum tempo com Vivian, para que ela abandonasse a ilusão de que sua mãe realmente a desejara como criança. Quando ela percebeu que sua mãe no fundo era destituída de vontade, conseguimos um contato melhor.

Nos enredamentos simbióticos, a vontade da pessoa é uma vontade de adaptação. A conformidade deixa a pessoa pálida, sem cor e sem contornos. Ela simplesmente vai com os outros e com a massa, pensa como todos os outros e sente como eles. Assim ela acredita que será acolhida e protegida num todo maior, e não consegue absolutamente imaginar que pode existir sem esse universo externo. Com isso, fica facilmente manipulável e comporta-se como uma bandeirola ao vento. A pessoa acompanha todas as modas e pega o primeiro trem que passa. O próprio pensamento é sem crítica, a pessoa é crédula e não investiga se o que outros afirmam corresponde à verdade. O principal é que ela não pode arriscar seu pertencimento. Contradizer é algo que a pessoa evita com muito cuidado, pois poderia despertar a raiva dos outros.

O sentimento da própria impotência e abulia engendra às vezes, como estratégia de sobrevivência, uma vontade ilusória, que julga poder alcançar tudo pelo esforço da vontade. Isso leva as pessoas facilmente a domínios esotéricos onde proclamações de impotência se conjugam com fantasias de onipotência e abrem-se as portas a arbítrios de pensamento.

Para conseguir sair de traumas e enredamentos simbióticos, é indispensável haver uma vontade própria saudável e lúcida. Essa vontade nasce a partir do momento em que a pessoa claramente se afasta do que os outros desejam dela. Com isso, ela (já) não aceita ofertas de enredamento feitas por outras pessoas. Essa vontade reconhece o que é possível e o que não o é. Ela percebe suas chances reais e reconhece os limites que lhe são impostos. Com isso, a impotência cede lugar ao poder pessoal, e a vontade de sobrevivência se torna uma vontade de viver uma vida positiva.

11.12 A capacidade de estar consigo mesmo

Crianças seguras de sua vinculação podem ocupar-se com seus brinquedos, porque sabem que têm acesso à mãe ou ao pai sempre que precisam de proximidade e de contato corporal. Quando a criança não confia na disponibilidade de seus pais, fica excessivamente preocupada em procurá-los quando não estão física ou emocionalmente presentes, ou em obrigá-los a dar-lhe atenção. Com isso a criança não consegue concentrar-se em suas próprias atividades.

Poder estar consigo, ficar sozinho consigo mesmo, poder seguir seus próprios desejos, são sinais básicos de autonomia. Em contraposição, um sinal claro de enredamento simbiótico é a necessidade de estar no centro e atrair a atenção de todos. Dessa maneira, as partes de sobrevivência simbioticamente carentes não conseguem deixar em paz outras pessoas. Elas confundem com amor o fato de precisarem das outras pessoas.

De vez em quando

Paul quer sempre estar no centro. Utiliza todo tipo de truques para atrair a atenção dos outros. Ele próprio tem dificuldade de acesso aos outros, porque está excessivamente ocupado com seu problema de ganhar a atenção das outras pessoas. Paul deseja abandonar esse padrão de comportamento. Está consciente de que, como um entre oito filhos de pais gravemente traumatizados, não obteve deles praticamente nenhuma dedicação emocional.

Deixo-me constelar por ele como representante de seu propósito. Em primeiro lugar, sinto essa posição torta que se manifesta na postura corporal. Sinto necessidade de apoiar-me em alguém atrás de mim, mas não encontro ninguém ali. Por isso caminho pelo aposento, com as costas curvadas para trás e a cabeça levantada. Mas não percebo ninguém e me preocupo em andar sem cair para trás.

Depois de algum tempo, caminho de costas na direção de Paul e pergunto-lhe se posso apoiar-me nele. Ele estende suas mãos ao encontro de minhas costas e deixo-me cair sobre elas. É agradável e relaxante. Depois de algum tempo, ele pergunta se pretendo permanecer ali para sempre. Essa pergunta me deixa um pouco irritado, porque me apoiei, no máximo, por um ou dois minutos. Mas ela me deixa claro que eu não quero de maneira nenhuma ficar "para sempre" nesse apoio. Basta-me algum tempo; depois quero soltar-me de novo e ir embora. Apenas é importante para mim que, de vez em quando, quando eu tiver a necessidade desse apoio e contato corporal, que eu possa chegar de novo, relaxar por um certo tempo e depois ir embora de novo.

Paul não se sente à vontade com o meu ir e vir. Ele acha que realmente precisamos estar juntos para sempre. Não sinto que isso seja bom para nós, faço-lhe porém a proposta de nos enlaçarmos pelos braços e darmos juntos alguns passos. Esse modo de caminhar é bem mais difícil do que caminhar cada um por si. Preciso de algum tempo para explicar a ele, a partir do meu papel, que não é importante que estejamos sempre juntos, mas é importante saber que, de vez em quando, quando tivermos necessidade disso, poderemos apoiar-nos mutuamente e depois voltar a seguir nossos próprios caminhos.

Pessoas simbioticamente enredadas precisam aprender que ter contato não significa estar sempre junto com o outro, absorvê-lo ou ser sempre absorvido por ele. Elas precisam reconhecer as vantagens da autonomia e experimentar em sua vida como é ser mais independente e poder suportar, como uma pessoa adulta, a emergência dos sentimentos de solidão da infância.

11.13 Nem querer salvar, nem querer ser salvo

As crianças sentem e sofrem com seus pais. Querem ajudá-los quando eles ficam mal. Chegam a sofrer com os pais quando eles são desprezados, agredidos, traídos ou aterrorizados. Quando presenciam agressões do pai contra a mãe frequentemente sofrem mais pela violência sofrida pela mãe do que pelos golpes que elas próprias recebem. Por outro lado, também sentem compaixão pelo pai violento. Uma paciente formulou uma frase memorável: "Creio que desde o útero materno eu tento salvar minha mãe."

É difícil renunciar a essa atitude infantil de querer ajudar os pais. Naturalmente, falta às crianças a consciência de que os pais se comportam assim porque são traumatizados. Em vez disso, algumas fazem mais tarde desse desejo urgente de ajudar uma profissão, tornando-se psicoterapeutas, assistentes sociais, enfermeiros ou médicos.

Compreender que não se pode ajudar pessoas traumatizadas quando elas mesmas não veem os próprios traumas e não podem ou não querem trabalhar neles, exige uma decisão consciente contra uma compaixão espontânea e uma constante preocupação sobre a melhor maneira de ajudá-los.

A percepção de que não se pode ajudar confronta-nos com a realidade de que a relação com uma pessoa traumatizada consiste, em grande parte, de fantasias originadas do desejo. Na realidade, as pessoas envolvidas numa relação simbioticamente enredada estão sempre profundamente solitárias. A renúncia a tais fantasias de salvação libera interiormente. Somente então podemos reconhecer quando se pode ou não se pode fazer algo pelos outros. Isso liberta de cargas traumáticas familiares insolúveis e libera o olhar para o que pode ser resolvido.

Desamparo real

    Ao perceber que se enredara com um de seus pacientes e perdera a distância saudável, o Sr. L. queria entrar em contato com o lado seu que se sentia impotente e precisava de ajuda. Ofereci-me para representar esse propósito. Quando me levantei da cadeira para esse fim, ele não me indicou um lugar definido na sala, nem me tomou pelas mãos ou pelos ombros para levar-me ao lugar de representante. Em vez disso, postou-se diante de mim como enfeitiçado e não conseguia dar nenhum passo. Fiquei irritado, sem saber se eu era uma parte dele ou não. Pouco a pouco, já não sabia quem eu era, nem se me colocara ali por minha própria iniciativa ou pela dele. Não sabia se era sujeito ou objeto. Tinha a sensação de ter perdido minha identidade. Achava bom que houvesse diante de mim alguém que me olhava, mas não podia impedir que ele se afastasse. Aparentemente perdi também minha vontade. O Sr. L. continuava fixado em mim, fez tentativa de distanciar-se, descrevendo-a como se fosse um passeio ao ar livre numa prisão, e pouco depois retornava para mim.

Pouco a pouco, ficou claro para mim que eu representava um desamparo personificado anônimo de seu sistema familiar. Parecia-me, pelo que vivenciei, que eu estava perdido. Ninguém podia ajudar-me, porque para isso eu precisaria saber quem era, precisaria ser um sujeito com identidade. Quando tentei explicar-lhe que ele não podia ajudar-me, ele não entende isso. Continuava achando que precisava ficar comigo e tentar entender quem eu era.

Senti então que iria emergir uma grande dor quando eu reconhecesse que não poderia receber ajuda. Veio-me à mente a lembrança de Jesus no Horto das Oliveiras, da profunda solidão que sentiu ao reconhecer que seus discípulos o abandonariam. Percebi, dentro de meu papel, que não conseguia virar-me e chorar. A decisão do Sr. L. foi afastar-se de mim e correr o risco de que surgissem sentimentos incontroláveis. Eu disse isso a ele, e terminamos a constelação.

Em todo aquele que quer salvar outras pessoas oculta-se uma parte interior que quer ser salva. Isso corresponde à situação da criança pequena que quer ajudar os seus pais, para que ela própria possa gozar do apoio e da proteção deles. Por isso também é importante superar essa atitude de que um deve salvar o outro. Esses desejos de ser salvo por alguém são direcionados geralmente a um parceiro. Este precisará dar a alguém o que os pais não puderam dar-lhe.

A necessidade encontra a miséria

Sebastian estava novamente estressado porque tinha se sobrecarregado de novo. Por ocasião de uma festa, queria simultaneamente satisfazer a todos: sua parceira, seus filhos e sua ex-mulher. Na véspera da festa não conseguiu pegar no sono e teve uma taquicardia. Tentou acalmar-se com remédios, sem resultado, pelo que solicitou o serviço de emergência médica. Este não conseguiu detectar nele nada de orgânico e propôs levá-lo a um hospital para acompanhamento. Sebastian não aceitou, caso contrário a festa do dia seguinte não se realizaria. Tranquilizou-se e tomou o dia seguinte para cumprir e equilibrar, da melhor maneira possível, todas as exigências contraditórias que os outros lhe faziam.

Em sua sessão de terapia pudemos trabalhar o fato de que duas partes existiam nele desde a sua infância. Uma parte infantil tentava interpor-se entre a mãe, que ele percebia como desamparada, e o pai violento e alcoólico, para impedir o pior. A outra parte infantil tinha muito medo e ansiava por apoio e segurança. Sua necessidade de querer ser salvo ele havia transferido para sua companheira, que via nele o salvador que a livraria de sua infelicidade infantil.

A novidade, o passo adiante para o desenvolvimento psíquico, consiste, em tais casos, em superar essa atitude, de que "preciso salvar outras pessoas", ou de que "alguém precisa me salvar". Não se trata de uma coisa nem de outra. O importante aqui e agora, na medida do possível, é cuidar de si mesmo, assumir a responsabilidade pela própria vida e deixar às outras pessoas a responsabilidade por si mesmas e por suas próprias vidas.

Acordar das ilusões

Uma paciente estava muito envolvida simbioticamente com seus pais já falecidos. Apesar de todo mal que lhe havia acontecido, ainda queria salvar o bom nome de sua família. Depois de uma constelação em que reconheceu a verdade do que lhe acontecera na infância, ela me escreveu o seguinte: "Gostaria de dar-lhe um breve retorno sobre os efeitos de minha constelação. Sinto meu centro, minha confiança em mim. Estou me soltando e tenho alegria em separar-me das coisas no meu dia a dia. Por muito tempo conservei em minha garagem objetos de meus pais, trazidos da casa deles, e não podia, nem queria, separar-me deles. Faltavam-me motivação, impulso interior, vontade e serenidade, para separar-me desses objetos. Ontem e hoje esvaziei meu porão e minha garagem e dei essas coisas sensatamente a pessoas que poderiam precisar delas e ter prazer com elas. Assim já não estou associando a objetos as lembranças de meus pais, dos bons tempos e dos tempos difíceis.

"Percebo que posso soltá-los e me sinto mais livre. Nasce um espaço para mim, para minhas necessidades e para minha vida. Percebo também uma mudança em meu trabalho profissional. Vou dispensar os clientes que não querem aceitar minha proposta terapêutica ou minha proposta disciplinar. Fico mais livre devolvendo a essas pessoas a responsabilidade por sua decisão. Não sou responsável pelo caminho de vida delas. Não vou e não posso salvá-las. Meu acompanhamento profissional pode ser um oferecimento útil. Isso ficou claro para mim."

Para algumas pessoas, que já fizeram muitas terapias e trabalharam algo em seu passado, resta uma pergunta decisiva: de que lado elas estão? Estão comprometidas consigo mesmas ou outras pessoas são mais importantes para elas? A importância dessa pergunta ficou clara para mim no trabalho com um paciente que é um experiente terapeuta, profundo em suas reflexões e excelente terapeuta.

"De que lado você está?"

Quando o mencionado terapeuta me colocou em cena para representar o seu propósito de saber por que razão se sentia impelido, contra a sua vontade, a ajudar alguns pacientes mais do que eles próprios estavam dispostos a ajudar a si mesmos, ocorreu-me de repente esta frase: "De que lado você está? As outras pessoas são mais importantes do que eu?" Essa frase o deixou muito pensativo e ele reconheceu que havia nele uma divisão.

11.14 Abandonar parceiros enredantes

Frequentemente fica claro, desde a primeira sessão de terapia, que um paciente precisa soltar-se de um parceiro para curar-se psiquicamente. No entanto, o terapeuta não deve esperar isso, e muito menos exigi-lo. O passo de livrar-se de um enredamento conjugal só acontece depois que o paciente redescobriu e desenvolveu em si tantas partes novas saudáveis, que as discrepâncias entre seu modo de ver e de sentir e o de seu parceiro vão crescendo sempre. Então, num certo dia, elas podem chegar a um ponto em que o paciente já confia poder conduzir sua vida sem o parceiro. Na carta transcrita abaixo, Wanda recapitula suas experiências com a última sessão de terapia. Quando ela me colocou em cena, como representante de seu propósito de entrar mais em contato consigo mesma, senti imediatamente que eu estava representando o seu marido.

Não tem mais jeito

"Ficou claro para mim que com meu marido eu nada posso mudar, porque iria recolocar em risco as partes que recuperei até agora: minha feminilidade e minha vitalidade. A clareza inicial foi esta: não sou mais uma mulher-macho! Sou uma mulher, com todos os seus anseios e desejos. Sim, também quero alguma vez ser alimentada e não apenas alimentar – meus filhos, sim, mas não um homem adulto. Você, no papel de representante, falou tanto num tom monótono e tão baixo como meu marido. Eu ouvi e vi que eu não aguento isso, e quando o tento com meios violentos fica perigoso para mim, como aconteceu antes com minha mãe e meu pai. Não tem mais jeito, e isso me entristece muito. Existem coisas que a gente não consegue alcançar; aí existe muita coisa destruída. Isso ficou muito claro para mim. Só posso seguir meu próprio caminho, buscar minha felicidade, realizar meus desejos. Dar a mim mesma toda a vida represada e, em algum momento, repartir com alguém que esteja no mesmo caminho que eu. Outra atitude já não faz sentido."

Muitos permanecem enredados numa relação conjugal porque querem poupar ao outro a dor do abandono. Por trás disso está o medo da dor do próprio abandono, assim como a ilusão infantil de poupar aos pais uma dor de alma. Quem quer viver com autonomia precisa superar ambas as coisas. Livrar-se de um enredamento conjugal é doloroso, porque a pessoa reconhece as ilusões de amor a que se entregou. Isso precisa primeiro ser chorado, para que possa haver um novo começo.

11.15 Afastar-se de pais traumatizados

Enredamentos com parceiros são consequências de enredamentos com os próprios pais. Também aqui não teria sentido sugerir a um paciente que não se encontre mais com seus pais. Enquanto as partes infantis leais estiverem chamando por mamãe e papai, enquanto as partes leais a perpetradores cumprirem obedientemente o que papai ou mamãe exigiram deles, o único recurso é fortalecer as partes saudáveis e livrar as partes traumatizadas do cárcere de seu exílio interior.

É extremamente difícil para alguém convencer-se de que as pessoas que mais amou quando criança lhe causam as maiores dores, não o protegem e lhe causam muitos danos. Todas as experiências terríveis precisam ser trazidas à consciência na terapia do trauma. Entretanto, geralmente elas não bastam para destruir as ilusões infantis de que os próprios pais são, ou foram, de qualquer maneira, pais amorosos e bons. Por trás disso esconde-se uma necessidade primordial muito poderosa de união simbiótica e um pânico terrível de ficar só e não ser amado. Para a criança não há nenhum outro depositário de sua exigência simbiótica, a não ser os próprios pais, mesmo que sejam a fonte de todos os seus tormentos e medos. Na carta a seguir, Ariane reproduz um diálogo entre uma parte adulta (em itálico) e as partes infantis dela mesma.

Medo
    Temos medo, um medo terrível.
    Quem são vocês?
    Não sabemos quem somos.
    Que idade vocês tem?
    Não sei.
    A quem vocês pertencem então?
    Não sabemos.
    OK, o que posso fazer por vocês?
    Tudo está escuro e vazio. Medo, medo, vamos morrer.
    Por que vocês acham que precisam morrer?
    (Nenhuma resposta). Medo, medo!
    O que posso fazer por vocês?
    Fique alerta, fique alerta, não durma, fique alerta.
    O que de mau poderia acontecer se eu dormir?
    A morte! O vazio!
    E agora estou sem fala, desamparada.
    Medo, medo.
    Vocês têm medo da solidão?
    (Balançando a cabeça)
    É isso que se chama medo mortal?
    (Nenhuma resposta)
    É difícil, muito difícil, mesmo para vocês.
    Medo mortal!
    O que acontece com vocês?
    Morrer, morrer de fome, frio, escuridão, tudo negro, medo, medo, medo, medo, medo, medo.
    Estou aqui, parem com isso, estou aqui para vocês.

Somente quando essas partes infantis amedrontadas percebem que existe no próprio paciente uma parte saudável que se preocupa com elas, que não as deixa sós para morrerem de fome ou congeladas, é que o paciente pode continuar a trabalhar para cortar o cordão umbilical com os pais. Então é possível, pela primeira vez, acreditar em si próprio, confiar na própria verdade mais do que nas mentiras e distorções dos pais ou nas estratégias de negação das próprias partes de sobrevivência.

Um tema pessoal na dissolução do enredamento com os pais é, além do medo do abandono, a raiva reprimida contra eles. Essa raiva, fruto da violência, do desprezo e das humilhações que foram impostas a uma criança por pais traumatizados, assumem muitas vezes tais dimensões que engendram fantasias de matar os pais. Como essa raiva torna a situação ainda mais perigosa para a criança, ela é reprimida, negada e dissociada. Como mecanismos de sobrevivência, aparecem então atitudes como as seguintes:

- "Meus pais fizeram isso com boa intenção, não podiam agir de maneira diferente."
- "Não quero ficar má como meus pais."
- "Sinto-me melhor perdoando meus pais pelo que me fizeram."
- "A raiva prende, então preciso livrar-se de minha raiva."

Em vez da expressão imediata dos sentimentos, aparecem considerações morais e racionalizações. Essas atitudes, porém, aprofundam e mantêm a divisão interior. A conveniência e a justeza da raiva contra os acontecimentos não é reconhecida pelas partes de sobrevivência. Por isso esses impulsos dissociados continuam a viver no subterrâneo e se deslocam para outros alvos, por exemplo, indignando-se por ações cometidas contra outras pessoas ou projetando a própria raiva em pessoas inocentes.

Pode ocorrer que essa raiva dissociada seja projetada sobre o terapeuta, e que este, ao representar o seu paciente, fique irritado e comece a brigar. Isso, porém, não ajuda o paciente nem o terapeuta, apenas cria um novo patamar de enredamento simbiótico destrutivo.

Por isso é importante confirmar, no contexto da terapia, que essa raiva reprimida na situação original foi justa. Nesse caminho os pacientes também encontram acesso aos seus sentimentos de tristeza pelo que tiveram de suportar como crianças.

Confiar em si mesmo

"Estou ficando consciente de muitas coisas. Que mãe imprevisível eu tive em minha infância! Como foi pouca ou nenhuma a empatia que ela sentiu por mim quando criança. Simplesmente insensível! Como eu reagia quando criança? Não conseguia afirmar-me, reagia agressivamente e com rebeldia. Dissociei partes de mim mesma, e desde então deixei de acreditar em mim mesma. Sejam quais forem as lembranças que emergem em mim, eu não acreditava mais em mim. Julguei-me uma mentirosa. Mas como poderia desenvolver um modo de ser coerente como criança, com essa mãe imprevisível? Como poderia entender isso como criança? Porém, o pior de tudo para mim foi que também jamais acreditei em mim.

"Todas as recordações que emergiram em mim não são mentiras. Sim, isso aconteceu realmente, e quero entender isso. Essa parte infantil em mim, que agora retornou a mim, merece que eu acredite nela. Vamos parar agora com essa destrutividade. Não admira que eu nunca soube quem sou. Agora sigo minha verdade, que para mim está certa."

Algumas pessoas quando crianças lutaram bravamente para ter seu lugar numa família em que a violência, o desprezo, a hipocrisia e a mentira estavam na ordem do dia. Apesar de tudo, elas amavam seus pais. É difícil para elas renunciar a esse programa e convencer-se de que:

- não existe para elas o amor dos pais;
- não ajuda a elas acomodar-se tanto e negar a si mesmas;
- correm muito perigo se começarem a trazer à luz as verdades na família.

Trata-se, portanto, de fazer uma conversão de 180 graus na orientação interior. Não continuar a apegar-se a cada detalhe para serem olhadas, aceitas e amadas pelos pais traumatizados ou por irmãos simbioticamente enredados. Em vez de perguntar-se: "Como posso receber um lugar nessa família?", é preciso, quando existe um trauma no sistema familiar de vinculações, que a pergunta seja esta: "Como posso escapar do alcance dessa família? Como posso desprender-me dela, interior e exteriormente?" Quem vive num ambiente traumatizado só sai dele quando evita esse ambiente ou o deixa para sempre.

Os recursos extremos tentados pelos filhos para recriar o contato com a mãe é algo que ficou para mim mais claro do que nunca quando representei o papel de uma paciente que quando criança fora totalmente rejeitada pela mãe.

A centelha de vida no inferno

Foi para mim uma experiência esclarecedora da força que tem a necessidade simbiótica de uma criança numa ocasião em que representei o propósito de uma paciente. Numa certa fase, uma parte de mim achava que, se eu caísse num negro abismo apavorante, poderia encontrar lá os sentimentos da mãe que finalmente despertassem em mim a centelha de vida. De repente, ficou claro para mim nesse papel que é um contrassenso buscar a própria vitalidade no inferno de minha família, que vivenciei diariamente desde o meu nascimento. Por isso eu quis sair imediatamente desse abismo e a paciente concordou com isso.

Tais pacientes vêm tentando em vão, durante toda a sua vida, um contato simbiótico com seus pais. Se dizemos a eles que devem honrar e respeitar a mãe gravemente traumatizada ou o pai violento pelo fato de que lhes doaram a vida, e que ela é, em última análise, o maior de todos os bens, apoiamos suas estratégias de sobrevivência que já se tornaram em parte obsessivas, e reforçamos a tortura que essas pessoas se infligem, buscando exclusivamente em si mesmas e em seu próprio comportamento a culpa pelo fracasso da união simbiótica.

O que ajuda nesses casos, em minha opinião, é a estratégia terapêutica oposta.

Os impulsos vitais de uma criança para defender-se contra a rejeição e as torturas dos pais precisam ser apoiados e tomados como impulsos naturais e normais. Em pacientes em risco de suicídio, cujas manifestações de raiva eu deliberadamente apoio, essa exteriorização geralmente faz desaparecer os impulsos suicidas. Em Sandra, no exemplo de caso a seguir, o que teve um efeito liberador foi o fato de finalmente não precisar mais ser a criança boazinha que tudo perdoava a seus pais traumatizados.

Deixando de ser boazinha

Durante dez anos Sandra trabalhou em constelações familiares no sentido de entender e entrar em contato com sua mãe. As constelações se tornaram para ela o apoio principal para acreditar no bem em seus pais. Na constelação que dirigi para ela, ela ousou, pela primeira vez, dizer à mãe abertamente o que realmente sofrera na infância. A representante da mãe admitiu que isso foi justo, porque reconheceu que rejeitara a filha e estava excessivamente aprisionada na própria dor para que pudesse cuidar dela. Isso aliviou Sandra de um grande peso.

No texto seguinte de uma paciente percebe-se sua intensa luta consigo mesma para deixar de respeitar o tabu e de justificar o que aconteceu na família. Percebe-se como é difícil para ela fechar definitivamente atrás de si as portas para a própria família. Renunciar a poupar os pais é, do ponto de vista psíquico, um imenso passo, semelhante a um terremoto interior. Por isso acho muito tocante em sua clareza o seguinte texto, escrito por paciente.

Chega de "querida mãezinha!"

"Quando desenho com as crianças na escola, vem-me à mente quantas crianças escrevem sobre seus desenhos: 'Querida mãezinha, eu amo você de todo o coração!' Essas crianças nem mesmo trazem de seus pais para a escola comida e bebida suficientes. Ninguém brinca com elas e elas se atiram no colo de qualquer pessoa quando há oportunidade, talvez na esperança de receber ali o que em suas casas está faltando totalmente.

"Também eu escrevia QUERIDA MÃEZINHA em meus desenhos – minhas mãos estão tremendo quando escrevo isto – mas talvez teria sido melhor que eu escrevesse: Oi, mamãe, é um puro lixo o que está acontecendo aqui! Você não percebe isso? Não percebe como você se agarra em mim? Como me usa para seus próprios interesses? Você não percebe que ainda sou pequena demais para distinguir isso? Não vê que não consigo suportar tudo isso?

"Você me iludiu e mentiu para mim, vendeu-me seus sentimentos distorcidos como se fossem a verdade. Usou sua doença para ficar inacessível! Mas eu era tão pequena e tão só! Vocês absolutamente não me viam, não percebiam nada do meu desespero! Vocês viviam em seu mundo e me forçaram a caminhar junto com vocês. Mas para onde eu poderia ir? Vocês eram sagrados para mim. Assim eu me acostumei, fui boazinha e tentei contentar a vocês.

"É claro que eu podia dizer: Pobre mamãe, ela também não soube fazer melhor.

"Vou me recusar! Crianças não são um brinquedo! Elas têm direito à dedicação, atenção e aproximação amorosa. De outra maneira, como poderiam crescer?"

Pode acontecer que os pais percebam tudo o que exigiram dos filhos, e que isso lhes doa. Isso pressupõe que eles se defrontem intensamente com sua própria história. Então pode ser possível que construam uma nova relação com seus filhos e que um amor entre pais e filhos se desenvolva para além do trauma. Entretanto, o que foi omisso não pode ser desmanchado ou reparado. Uma mãe que, com seus sentimentos traumáticos dissociados e suas estratégias negativas de sobrevivência, levou seu filho à loucura, fez reflexões sobre a maneira como poderia retomar o contato com ele.

Assumir a responsabilidade

"Agora sei que vou escrever uma carta a meu filho. Inicialmente creio que devo contar a ele a história da minha própria infância. Agora sei que vou escrever a história da infância dele, pelo menos do meu ponto de vista. Que eu nunca estive realmente presente para ele, que nunca vi sua dor, seu abandono, sua tristeza. Ainda criança pequena, eu o entreguei durante meses, não o protegi de meus homens violentos. Ele teve de presenciar como eu era espancada, e também não o protegi dos maus-tratos sexuais que presumivelmente um de meus homens cometeu contra ele etc.

"Preciso de tempo para escrever essa carta, porque ela me confronta com minha própria parte criminosa. Isso é muito horrível mas também saudável, para que eu mesma saia da negação. Eu sinto isso como bom e correto. Reconheci que usei o meu filho. Ele era meu cavaleiro, meu herói, e tentou assumir esse papel até que ele o tornou psicótico."

Por princípio, os pais precisam reconhecer que não podem anular o que foi transferido, em termos de cargas psíquicas, para seus filhos por via da vinculação simbiótica. Eles podem aprender a distanciar-se melhor em relação aos filhos, mas não podem forçá-los, nem fazer que se afastem deles. Isso é, em última análise, a tarefa dos filhos.

11.16 Não ser vítimas nem perpetradores

Quando uma pessoa se torna vítima de violência e ataques sexuais, ela dissocia não somente as partes traumatizadas de vítima em si, mas também se identifica, de várias maneiras, com os perpetradores e desenvolve, ela própria, energias de perpetradora, que utiliza contra si mesma. Assim, despreza-se por ser fraca e por ser uma vítima.

Dissolvendo bloqueios

Olga sabe que em sua infância foi estuprada por vários membros de sua família. Ela já trabalhou muito com isso em si mesma e acha que chegou o momento de dissolver seus bloqueios corporais na área sexual, para sentir-se mais como mulher. Quando Olga colocou em cena uma representante de seu propósito, a representante imediatamente tomou uma atitude de proteção de sua área genital. Quando Olga viu isso, ficou com raiva e disse à representante que ela devia abandonar essa atitude. Disse que isso tudo era passado e que agora ela era adulta e queria finalmente tornar-se uma mulher. Todavia, com esse ataque de raiva de Olga, a representante se fechou ainda mais e afastou-se para bem longe dela. Isso aumentou a raiva de Olga, que criou fantasias de até mesmo bater na representante, vendo-a como uma moça fraca que ela gostaria de matar.

Tentei deixar claro a Olga que ela estava voltando contra si mesma a violência que sofrera por parte de outras pessoas em sua infância. Foi preciso algum tempo, muita teimosia dela e tentativas de esclarecimento de minha parte, para explicar-lhe as conexões que tinham provocado sua identificação com energias criminosas, até que ela chegou à reflexão. Tentei deixar claro para ela que o reflexo de proteção que a parte de vítima tinha automatizado nela, assim como sua agressividade, eram igualmente tentativas de sobreviver em sua família violenta. Isso ela entendeu. A partir daí, à medida que ia se relaxando a parte de vítima em sua representante, Olga também abandonava sua energia de malfeitora. No final da constelação, ambas puderam encarar-se a uma certa distância com simpatia nos olhos.

Entre as partes de perpetradora e de vítima numa pessoa traumatizada pode haver grandes tensões. Enquanto as partes perpetradoras pensam em vingança e revanche, as partes vítimas têm medo de ser de novo destruídas. A parte saudável precisa ser suficientemente forte para, nesse concerto de vozes interiores, apurar seu ouvido e indicar o caminho que fica além da condição de perpetrador e de vítima.

Conflito interior

"Estou totalmente inquieta. Quando estou tão inquieta e sigo essa inquietação, uma enorme raiva se ergue em mim. Essa raiva é intensamente perceptível no corpo, todas as células do corpo tremem. Também aparecem pensamentos que me são extremamente desagradáveis. São pensamentos de que preciso de compensação, quero ser compensada pela injustiça cometida contra mim. Sinto-me culpada por ter esses pensamentos.

"Esses pensamentos querem dizer: 'Vou matá-los, quero que eles também experimentem os mesmos tormentos que eu. Eles precisam pagar por isso.' Nem mesmo em meus pensamentos eu poderia pensar em atacá-los com minhas próprias mãos, teria muito medo de que me matassem. Misturar veneno, esses pensamentos estão em mim. Estou com vergonha de mim mesma. Por causa de minha mãe: 'Minha filha, então você precisa me perdoar.' Simplesmente não consigo, e não quero. Eu poderia gritar, gritar para o mundo o que meus pais me fizeram. E então a falta de sentido se agiganta em mim. 'Tudo isso também não ajuda, porque nenhuma justiça acontece. Eu quero justiça!'

"Então a parte vítima fala em mim. 'Não, não, por favor não, senão seremos de novo castigadas se você for tão atrevida. Seremos triplamente castigadas por isso, deixe disso, aqui não podemos controlar a situação, e ainda perdemos nossa vida. Por favor, cale-se e deixe-me em paz.'

"Então vem o próximo passo em mim: 'É indiferente quem se apossa de meu corpo, ele é apenas um monte de lixo, está destruído e acabado. Quando ele for desvalorizado vai haver paz. Então, o que esperar? Eles precisam simplesmente tomar o que precisam, e se meu corpo ficar destruído, então finalmente acabou.'

"Então há uma mudança em mim. 'Não, quero viver com a vida, quero ter na sexualidade carinho, respeito, consideração. Quero recuperar minha dignidade.'

"'Que besteira, isso não existe, hahaha!'

"'Não, tomei uma decisão, quero viver com a vida e digo sim a isso.'

"'Bobagem, que ilusão, as pessoas são profundamente más. Acredite, elas são profundamente más. Sei do que estou falando, falo de experiências que eu vivi.

"'Você está certa, as experiências vividas são do passado, e naquele tempo elas também eram válidas. Mas hoje elas me estorvam em minha vontade de viver, de construir uma vida que faça sentido para mim.'

"'Também isso é uma ilusão, creia-me, o que você está desejando não existe, isso acaba em dor.'

"'Não, a injustiça eu vou evitar com todas as minhas forças.'

"'Acomodar-se é a solução!'

'Quero justiça, essa é a solução!'

'Não, quero a vida, levar minha vida da forma como sinto mais conveniente para mim.'

"'Hahaha...' Ambas riem.

"Porém eu vou sair disso, por isso peço a vocês, não lutem contra mim, mas me ajudem a sair disso."

Acompanhar pacientes na dissolução dessas cisões entre perpetrador e vítima parece-me um dos maiores desafios para os terapeutas, porque eles são também às vezes fortemente atacados pelas partes perpetradoras. São encarados também como perpetradores ou tomam unilateralmente partido pelas partes vítimas. Quando fazemos isso, já estamos enredados nessa divisão. É necessária uma grande clareza para não cair em muitas armadilhas que são colocadas pelas partes perpetradoras e pelas partes vítimas de um paciente simbioticamente enredado.

11.17 Encerrar a própria infância

Para tornar-se um adulto, é preciso encerrar a própria infância. Isso na verdade deveria acontecer no contexto em que a pessoa tem um filho ou uma filha, tornando-se, por sua vez, pai ou mãe. Para isso, é preciso que a criança seja interiormente acolhida como própria, e se reconheça que somente os seus pais podem ser, num sentido pleno, mãe ou pai dessa criança, ninguém mais. Então não se cria uma distância interior em relação à própria criança. Ela também não será entregue aos avós ou a outras pessoas para ser criada, porque interiormente está claro o lugar onde e a quem a criança pertence.

Os traumas e os enredamentos simbióticos, porém, fazem com que as pessoas, embora fiquem mais velhas, não se tornem adultas, nem mesmo quando se tornam pais.

Por isso, o processo de tornar-se interiormente um adulto precisa frequentemente de apoio terapêutico. No contexto desse processo, à medida que as cisões provocadas pelos traumas vividos pela pessoa vão sendo mais bem integradas, e os traumas adotados de outras pessoas são mantidos a uma distância cada vez maior, chega o momento de encerrar interiormente a história da própria infância e finalmente passar a viver mais no aqui e agora.

Enquanto a pessoa se mantém dependente de pais traumatizados, é muito difícil para ela dar o passo da infância para a juventude, e desta para a idade adulta. Muitas vezes, a infância e também a puberdade passam em branco, porque as crianças não se atrevem a desafiar pais traumatizados – pois percebem que são fracos e vulneráveis –, para afastar-se e soltar-se deles.

Em princípio, é possível encerrar a própria infância quando a criança interior dividida, e até então simbioticamente carente, acolhe a si mesma. Quando suas necessidades infantis são aceitas, essas partes proporcionam à pessoa, como recompensa, também sua alegria de viver infantil original.

Como uma criança
"Desta vez, berrei de fato como uma criança, em alto e bom som. E então voltei a cair totalmente num papel de criança e fui (como ainda sou) simplesmente a criança que fui um dia. Caminhei como uma criança, fiz caretas como uma criança, e agora também entendo que essa criança tem uma influência muito grande em meu comportamento, embora eu nunca o tenha percebido claramente.

> "A criança quer que se cozinhe para ela, não quer lavar a roupa, quer simplesmente que tudo seja feito para ela, pois é uma criança. Além disso, não quer ter uma amiga, porque então é preciso esforçar-se para ser de algum modo atraente e interessante. Naturalmente também não quer trabalhar nem fazer alguma outra coisa cansativa de um adulto. Essa criança quer simplesmente ficar com sua mãe e de preferência ficar bem aconchegada durante todo o dia. Ela também é mais ou menos teimosa e obstinada em seu ponto de vista infantil.
>
> "Espero, nas próximas sessões de terapia, que eu possa simplesmente crescer nesse domínio. A vida está me dando um prazer cada vez maior, pois estou percebendo muito mais e aprecio mais coisas."

É importante que a pessoa reconheça que, devido ao seu trauma de simbiose, ela enreda outras pessoas, e que não queira que isso continue acontecendo no futuro. Para Aurélia foi algo essencial ter reconhecido, numa sessão de terapia, como ela se agarrava aos outros e os manipulava em seu próprio interesse.

Finalmente parar

> "O trabalho feito recentemente abriu espaço a algo que estava oculto, e hoje finalmente irrompeu. Estou completamente alvoroçada ao reconhecer como manipulei todas as pessoas que encontrei em minha vida, e principalmente como feri profundamente os homens, em busca da dedicação e do amor que jamais recebi de minha mãe e sempre procurei em outras pessoas. Isso também tem a ver com o fato de que não consigo encarar as pessoas, que tomo para mim, sem consideração, tudo o que posso, que não posso estar só, que quero atrair para mim a afeição e a atenção de todos, de modo consciente ou inconsciente, que estou sempre em necessidade e quero segurar as pessoas.
>
> "Sinto-me miserável quando penso em toda a minha vida e em todas as pessoas que usei, apenas para procurar minha mãe. Tudo foi ilusão, agora vejo isso. Gostaria de abandonar esse comportamento, o mais depressa possível. Quero finalmente ser adulta."

Na Alemanha, muitas crianças nascidas depois da Segunda Guerra Mundial se enredaram nos traumas de seus pais. De modo especial, quando os pais pertenceram aos facínoras do regime nazista, seu passado pesa sobre a família como uma sombra negra. As crianças percebem os sentimentos de culpa silenciados e não raramente os adotam. Para livrar-se do círculo de culpa dos pais, é necessário que os filhos deixem de buscar quaisquer justificativas e desculpas, e em lugar disso queiram expiar e reparar.

Sem "se" e sem "porém"

Wilfried veio à sessão de terapia porque sentia-se sem energia e sem estímulo e queria dizer-me algo que jamais havia mencionado. Seu pai fora membro das tropas SS, a milícia especial de Hitler que ficou famosa por sua rudeza, brutalidade e crueldade. O propósito de Wilfried era recuperar sua energia e seu prazer de viver.

Como representante desse propósito, senti-me inicialmente desorientado, irritado e insatisfeito. Pedi a Wilfried que colocasse uma almofada para representar seu pai, já que pensava tanto nele. Wilfried escolheu uma grande almofada branca e colocou-a diante de si. Fiquei ainda mais irritado e perguntei-lhe se ele queria isentar seu pai de responsabilidade. Então Wilfried tirou a grande almofada branca e colocou em seu lugar uma almofada menor, colorida e bonita. Eu fiquei quase cínico e perguntei-lhe se ele queria continuar a escamotear o fato de que seu pai pertenceu às SS. Wilfried disse que seu pai também teve seus lados bons e que ele próprio ignorava o que ele realmente havia feito nas SS. Então fui ficando cada vez mais inquieto e caminhava no aposento de um lado para outro.

Então Wilfried tirou a almofada colorida e a trocou por uma grande almofada preta. Nesse momento isso atravessou todo o meu corpo. Meu cansaço desapareceu imediatamente e me postei ereto diante de Wilfried, estando a almofada preta entre nós. Veio-me à mente esta frase: "Nosso pai esteve nas SS – sem 'se' nem 'porém'". Essa frase apanhou Wilfried na medula. Ele repetiu-a algumas vezes e foi se tornando progressivamente mais vivo e mais alegre. No final ele me abraçou, cheio de gratidão, e nos afastamos da almofada preta que simbolizava nosso pai. O mito do pai inocente tinha perdido seu poder sobre ele.

11.18 Entrar em novos relacionamentos positivos

Conviver com pessoas traumatizadas ou depender delas produz um constante stress e não deixa que a pessoa fique em paz. Quanto mais uma pessoa se livra de relacionamentos simbioticamente enredados, e quanto melhor ela entende que não são possíveis relacionamentos bons e duradouros com pessoas traumatizadas que não se trabalham, tanto mais cresce nela a necessidade de relações saudáveis.

Na terapia, a relação com o terapeuta pode ter essa função de dar apoio, criar confiança e simultaneamente estabelecer limites, que proporciona ao paciente uma ideia de como pode configurar-se uma relação saudável. Por isso, a relação com o terapeuta precisa possuir certa profundidade e não pode ser apenas superficial.

Entretanto, enquanto os próprios terapeutas estiverem aprisionados em enredamentos simbióticos, não poderão fornecer constantemente essa qualidade de relacionamento. Quererão ajudar demais ou ficarão cegos em relação aos pontos onde a ajuda e o apoio são necessários. Um terapeuta precisa não apenas saber em que consiste uma relação saudável, mas possuir um sentimento seguro a respeito dela. Por isso ele não pode prender a si mesmo seus pacientes, e deve injetar-lhes muito ânimo para que sejam bastante fortes para se tornarem mais autônomos a cada dia. Quando os pacientes saem de seu trauma simbiótico, é menos provável que queiram enredar-se numa simbiose com seu terapeuta. O desejo de novas e saudáveis relações com outras pessoas pode então crescer neles.

11.19 Encontrar limites saudáveis

A um relacionamento saudável pertence o tema "limites saudáveis". Nos relacionamentos enredados por simbiose, os limites corporais, psíquicos e sociais dos envolvidos são constantemente violados. Como me sinto se não permito mais que outras pessoas ultrapassem meus limites? Se deixo de intrometer-me nos assuntos de outras pessoas, que não me dizem respeito? Como experimento meu próprio espaço interior, onde, em primeiro lugar, tenho um bom contato comigo mesmo? Como me sinto se, antes de tudo, percebo meus próprios sentimentos? Como posso ser uma presença boa para mim mesmo? O que acontece se expulso de mim todas as vozes de outras pessoas que querem convencer-me ou forçar-me a fazer o que eu mesmo não quero? Se vejo o mundo com meus próprios olhos e minha própria verdade? Eu entraria numa relação amigável comigo mesmo? Eu me acharia simpático e talvez até mesmo me amaria?

Para muitas pessoas é uma experiência nova quando, em vez de ampliar constantemente seus limites interiores e se tornarem interiormente frios logo que outras pessoas se aproximam de seus corpos, invertem o processo, traçando limites externos que os outros não poderão ultrapassar sem o seu consentimento. Quando já não existe divisão e separação, ninguém mais pode usar essa pessoa para seus próprios fins. Então ela mesma poderá decidir quem terá acesso ao seu interior, e até que ponto.

Num trabalho com Martina ficou bem perceptível corporalmente para mim, como representante, a diferença entre traçar limites interiores e limites externos.

Substituindo a geladeira por um espaço aquecido

Depois de um longo trabalho com seus numerosos traumas, Martina formulou o propósito de livrar-se do enredamento simbiótico com sua mãe. Deixei-me constelar por ela como representante desse propósito. Quando ela me tomou pelos ombros e me deu um lugar no espaço terapêutico, ficou-me a sensação de suas mãos frias em meus ombros. Essa sensação de frio aumentou enquanto eu me postava ali, e espalhou-se por toda a área das minhas costas. Informei-a sobre minhas sensações e lhe disse que eu me sentia como se estivesse numa geladeira. Todavia não estava claro para mim se eu mesmo estava frio, ou se o enredamento com a família tinha me esfriado. Eu não conseguia distinguir isso e também pensei que talvez estivesse tão frio porque sou muito egoísta e quero desprender-me das outras pessoas. Tive então também sentimentos de culpa. Martina confirmou essas reflexões. Ela conhecia exatamente isso.

Portanto, tivemos de esclarecer primeiro de onde vinha o frio. Ela achava que a causa era a falta de amor em sua família, e que ela própria ficara fria para proteger-se de ser ferida. Isso me convenceu em meu papel. Concordamos que, em primeiro lugar, devíamos manter-nos afastados de pessoas sem amor e frias. Por outro lado, não deveríamos nos retrair interiormente nem ficar frios em todo contato com outras pessoas. Martina disse que só dessa maneira ela sustentara seu casamento até então. Suportara um contato corporal sem amor e carinho, ativando sua própria geladeira.

Pensamos então em conjunto numa alternativa. No papel de representante de seu propósito, ocorreu-me então a ideia de que deveríamos ampliar os limites de dentro para fora. Não permitir mais que outras pessoas ultrapassassem nossos limites corporais para só então, como última saída, tentar a retirada interior. Mas deveríamos, de preferência, colocar os limites a uma distância de mais ou menos um metro a partir de nosso corpo e velar para que ninguém pudesse invadir esse espaço sem permissão. Dentro desse espaço de proteção poderíamos então pouco a pouco tornar-nos mais calorosos. Martina concordou com essa proposta. Quando ambos ficamos lado a lado sobre um tapete que marcava esse espaço externo de proteção, ela pouco a pouco se descongelou. Suas mãos ficaram quentes.

11.20 Encontrar a própria determinação sexual

Às vezes pacientes escolhem, como representante de seu propósito numa constelação, uma pessoa do sexo oposto. Interrogados a respeito, justificam sua escolha dizendo que significam com isso sua parte masculina ou feminina, aproximadamente no sentido dos conceitos de "anima" e "animus" de Carl Gustav Jung (Jung, 2001). Na realidade, o representante que não corresponde ao próprio sexo reflete um enredamento simbiótico da pessoa com sua mãe ou com seu pai.

Num enredamento simbiótico, a pessoa não consegue desenvolver-se realmente para tornar-se um homem adulto ou uma mulher adulta. Existe a prática sexual, geram-se filhos, as mulheres engravidam e dão à luz, mas no fundo tudo isso ainda acontece com a alma infantil enredada. Por isso, o término do enredamento simbiótico faz nascer a pergunta: "Quem sou eu, como uma mulher adulta? Ou: Quem sou eu, como um homem adulto? A isso se associam perguntas sobre a valorização da própria masculinidade ou da própria feminilidade: Como respeito minha identidade como mulher ou como homem? Até que ponto exijo o mesmo respeito por parte do outro sexo? Como me defendo da degradação como objeto sexual? Como evito desvalorizar o outro sexo devido ao seu modo diferente de ser? Apenas quem se valoriza como homem ou como mulher recebe também, no espelho dos olhos do outro sexo, essa valorização.

A "autodeterminação sexual", tanto dos homens quanto das mulheres, não é em várias culturas um valor altamente prezado ou uma prática natural. Adultos tentam dispor da sexualidade das crianças e há jovens que também o fazem. Homens veem em mulheres meros objetos sexuais, e às vezes também as mulheres não veem nos homens mais do que geradores e provedores da família.

Casamentos por procuração, casamentos forçados e a atitude social e expectativa familiar de gerar muitos filhos ainda eram, há poucas gerações, práticas admitidas também na Europa Ocidental. Ficou claro para mim, no exemplo de um jovem casal, como experiências dolorosas devidas a determinações forçadas em gerações anteriores continuam provocando cargas hereditárias psíquicas.

Bloqueio interior

Corinna compareceu ao seu seminário acompanhada pelo marido. Quando sondávamos, na conversa preliminar, seu propósito para uma constelação, ela disse que se sentia pressionada pelo marido porque ele desejava filhos, mas ela ainda não se sentia em condições de tornar-se mãe. Por isso ela, esquivava-se frequentemente da exigência sexual por parte dele, o que originava frequentes brigas. Com isso, ela temia que o marido, que ela dizia amar muito, procurasse outra mulher.

Nessa conversa ficou clara para mim uma divisão nela. Por um lado, era uma mulher profissionalmente bem-sucedida. Por outro lado, no que toca à sexualidade e à maternidade, ela agia de modo dependente e pouco consciente de si.

Em sua constelação, cujo propósito foi entender o próprio bloqueio interior, revelou-se que esse bloqueio estava associado a uma mulher – provavelmente à sua avó materna –, que ficou frustrada por ter-se casado com um homem que não amava, e por ter tidos com ele filhos que ela não desejava. Corinna ficou emocionalmente tocada pela revelação desse enredamento, do qual até então não tivera consciência, e sentiu-se aliviada depois da constelação.

A autodeterminação sexual é um aspecto essencial do desenvolvimento da autonomia. Assumir a responsabilidade pelas próprias necessidades sexuais e por suas consequências e respeitar a autodeterminação das outras pessoas exige uma confrontação pessoal com as expectativas irrefletidamente adotadas na própria família de origem e na sociedade como um todo.

11.21 Clareza insubornável

Pelo fato de estarem cheias de medo e não quererem saber das verdades, as partes de sobrevivência difundem o boato de que podemos ficar traumatizados ao conhecer a verdade. Para elas é "normal" mentir, iludir e ter segredos, e parece "lógico" esconder dos outros os próprios sentimentos e as próprias intenções. Pessoas que pensam e agem a partir de suas estratégias de sobrevivência difundem o caos em torno de si, com suas distorções, meias-verdades e mentiras conscientes. Sentem-se pressionadas pela necessidade de convencer as pessoas de sua aparente normalidade.

No entanto, a verdade não traumatiza ninguém. Pelo contrário, verdade e clareza são recursos essenciais para as partes saudáveis. Quando estas precisam desprender-se de enredamentos simbióticos, alcançam uma forma de clareza interior possivelmente desconhecida de pessoas que jamais precisaram lutar para libertar-se. Eu próprio, muitas vezes, como representante em constelações, percebi como ficaram lúcidas partes psíquicas ao se livrarem de enredamentos. Imediatamente reconheceram os lugares onde estavam as negações, as bagatelizações e as manobras de esquiva. Tornaram-se cada vez menos subornáveis, recusando-se a assumir o compromisso suspeito de continuar sofrendo por problemas insolúveis do passado e a transportá-los para o presente, bloqueando o próprio futuro.

O passo para a clareza implica também não mais reconhecer qualquer autoridade externa que possa dizer à pessoa o que é certo ou errado, o que é o melhor para ela e deve ser feito. A pessoa já não pode esconder-se por trás de outras, delegar algo aos outros ou considerar-se uma vítima de poderes superiores. Não pode mais esquivar-se de assumir plena responsabilidade pela própria vida e pelas próprias ações.

As perguntas que se colocam são as seguintes: Quem sou eu, quando não satisfaço as expectativas alheias? Quando deixo de "funcionar"? Quando não me sacrifico mais? O que restará de mim? O que se oculta por baixo do capote protetor da negação de mim mesmo e da tentativa de dissolver-me? Qual é minha verdadeira razão de viver? O que me proporciona alegria de viver?

Pela minha experiência de numerosas terapias, estas são perguntas essenciais que geralmente somente no final de uma terapia podem ser reconhecidas, em seu pleno significado, e respondidas.

11.22 Amar para além do trauma e do enredamento simbiótico

O amor nos relacionamentos simbioticamente enredados é ilusório. Ele vive de imagens desejantes, não de sentimentos reais ou de belas experiências partilhadas. É um produto da fantasia. A pessoa em questão tenta convencer-se desse amor e apresentá-lo a outras pessoas.

O amor ilusório é cobiçoso. Ele faz da outra pessoa um objeto e ignora a vontade dela. Ele tenta, se necessário com violência física e/ou psíquica, forçar a outra pessoa a ficar à mercê dessas ilusões de amor.

Quem se torna dependente do amor ilusório de outra pessoa, luta pela dedicação dela sem perspectivas de êxito. Ele não nota que a outra pessoa não se refere a ele, mas está apegada a um amor mitificado que o seu eu de sobrevivência construiu para si mesmo. O amor ilusório não flui em ambos os sentidos entre duas pessoas. Uma delas persegue a outra com ele. Uma é a caçadora, a outra é a presa. O amor ilusório pode existir entre pais e filhos, e entre homens e mulheres.

"A menina com a aura de santidade"

Sabine não teve a possibilidade de receber amor de sua mãe traumatizada, e por isso colocou suas esperanças no pai. Embora ele tivesse tido uma infância muito pesada, bebesse e fosse violento, ela se sentia também amada e cuidada por ele.

Numa constelação em que Sabine queria aproximar-se de sua "criança interior", essa criança se manifestou inicialmente como a fantasia desejante de seu pai, que estava fixado nela e a envolvera com uma aura de santidade. Sabine conformou a imagem que fazia de si pelo que o pai esperava dela. Como isso também envolvia toques eróticos, Sabine se dissociou, e uma parte dela fugia da outra, que era a introjeção de seu pai.

Quando Sabine percebeu cada vez mais claramente esse contexto numa constelação, sua criança interior trocou sua identidade falsa por uma identidade verdadeira, que ela pôde abraçar com amor.

Quando casais não conseguem progredir em seu relacionamento, isso não significa que devam separar-se. Mas, enquanto permanecerem presos em enredamentos simbióticos com seus pais, o verdadeiro amor entre eles não terá muitas chances.

Quem é você realmente?

Num trabalho com um casal, impressionou-me vivenciar em que medida as próprias projeções impedem que se perceba o outro como um parceiro adulto. Ambos os parceiros estavam presentes na sessão, e o tema da separação estava no ar.

Trabalhamos inicialmente com o propósito da mulher. Ela queria saber por que razão tinha a sensação de que entre ela e o marido havia uma parede de vidro. Culpou o marido, dizendo que, por causa do relacionamento difícil entre ambos, ele bebia demais e era latentemente agressivo. Quando ela me colocou em cena para representar sua sensação de haver uma parede de vidro entre ela e o marido, tive imediatamente a sensação de ser uma parte dela muito tensa, que tinha medo de ser atacada pelas costas. O marido, que estava diante de mim, eu percebia como um menino pequeno e quase insignificante.

No decorrer do processo revelou-se que essa parte da mulher se originava de seu enredamento com o pai violento. À medida que ela se tornou consciente disso e o confrontou emocionalmente, ganhou uma imagem totalmente diferente de seu marido. Ele também ficou muito aliviado por não ser mais percebido por ela como o "alcoólico latente" ou o "monstro sexual".

O propósito do marido foi, em conexão com isso, entender qual era a parte dele que tornava tão difícil a relação com sua mulher. Para representar esse propósito ele me colocou numa posição enviesada diante de sua mulher. Eu me sentia como um menino tímido que sorria para ela, a flertava pelo canto dos olhos e fiquei feliz quando essa tentativa de sedução foi respondida com um sorriso. Para mim ela tinha o rosto de uma mulher basicamente mais velha do que eu. Quando ela não respondeu mais ao meu sorriso e ficou desconfiada, fiquei muito inseguro, não sabia mais o que fazer, perdi a estabilidade de minha percepção corporal e a confiança em mim mesmo.

Na continuação dessa constelação, o marido reconheceu nessa parte infantil o "garoto otimista" que sempre tentara corresponder às expectativas de sua mãe. Então ele pôde trabalhar para tornar esse menino mais autônomo. À medida que se tornava mais consciente e assumia um aspecto mais másculo, já não precisou esquivar-se aos olhares da mulher e pôde rebater os argumentos dela.

Então a mulher fez para si mesma a pergunta de saber como devia tratar o marido, como um homem adulto. Para ela, aparentemente, o menino era mais previsível e lhe parecia menos ameaçador para sua parte enredada e angustiada. Entretanto, apreciou essa evolução do marido.

Quem está traumatizado rejeita as partes traumatizadas. Suas partes de sobrevivência não querem lidar com elas. Mas como é possível a alguém recuperar sua integridade quando não suporta a si mesmo, quando não pode dizer sim à sua pessoa total e a toda a sua história de vida? A elaboração terapêutica de todas as experiências más e difíceis da vida só pode, como efeito final, ter um fim adequado: gostar de novo de si mesmo e amar-se, e com todas as suas partes. Isso se afigura à maioria das pessoas traumatizadas como um objetivo muito distante. Entretanto, é alcançável.

Não é alcançável por meio de sentimentos de grandeza narcísica, nem recorrendo a ilusões espirituais que são facilmente engendradas pelas partes de sobrevivência e são consideradas como reais. Esse objetivo é o resultado de um caminho mais longo de confrontação com os próprios medos, os sentimentos de raiva, as dores, os sentimentos de culpa e de vergonha, que encobrem a alegria de viver e a sensação de ser uma pessoa amável.

O olhar nos olhos

Henriette queria finalmente ser livre e animada. Ao colocar-me em cena para representar esse propósito, forçou-me a assumir uma posição em que eu não sentia nenhuma liberdade de movimento. Postando-se diante de mim, ela começou a queixar-se e lamentar-se. Ao mesmo tempo, sentia uma certa satisfação em ver-me preso naquela posição forçada. Eu estava muito irritado com seu comportamento e incapaz de fazer qualquer coisa contra isso.

Como isso não podia continuar assim, abandonei o papel de representante e perguntei a Henriette o que estava acontecendo com ela. Ela contou que, aos 5 anos de idade, foi levada a uma clínica psicossomática e obrigada a tomar psicotrópicos até os 17 anos. Disse que sua mãe era fria e inacessível, e tinha perdido sua própria mãe aos 8 anos, de câncer.

Perguntei outra vez a Henriette pelo seu propósito e por aquilo de que ela queria livrar-se. Levei-a a refletir que provavelmente o passo de livrar-se interiormente de sua mãe traumatizada era o que lhe traria a maior ajuda. Ela concordou e então senti o seu propósito como um impulso de aproximar-me dela e de olhar diretamente em seus olhos, para que ela não continuasse, como fascinada, olhando para o lugar onde me colocara no início da constelação. Olhei-a firmemente nos olhos enquanto ela recomeçava a lamentar-se. Pouco a pouco, ela foi ficando com raiva pelo que viveu em sua infância.

Embora sua expressão facial distorcida tivesse anteriormente despertado minha repulsa, consegui manter meus olhos fixos nos dela, e pouco a pouco simpatizei com ela e com sua luta desesperada para livrar-se de sua situação compulsiva. Com isso ela ficou mais tranquila e vi em seus olhos, por trás da raiva e do desespero, que ainda havia outra coisa. Havia também sentimentos positivos, havia amor. Então ela já não teve dificuldade de manter o contato de olhos comigo. A parte dela que eu representava sentiu uma compreensão e um amor profundos por ela. Com isso pudemos encerrar bem a constelação.

Quando se abandona o amor enredado, portanto a ilusão de um aparente amor e o medo da proximidade real e do encontro, o amor pode tornar-se uma realidade, além do trauma e do enredamento simbiótico. Então é possível dizer esta frase: Eu amo a mim mesmo – sem reservas, sem má consciência e sem arrogância. As partes psíquicas dissociadas entre si podem então entrar numa forma saudável de simbiose.

Essa maneira de libertar-se e de aceitar a si mesmo é um fundamento essencial:

- para que os filhos não afundem nos traumas não resolvidos de seus pais, e
- para que grandes grupos ou sociedades não fracassem nos conflitos não resolvidos que herdaram, como traumas, das gerações precedentes.

Especialmente nos seminários de grupos, tenho experimentado que o trabalho em conjunto com os traumas e com os enredamentos simbióticos provoca união, num nível psíquico muito profundo. É um processo de abertura recíproca, no qual a pessoa se dá a conhecer em toda a sua vulnerabilidade humana, mas também em sua força e resolução. Presenciar como outras pessoas sofrem e como lutam por sua cura interior, gera um respeito recíproco, uma valorização, a oferta de apoio recíproco e, finalmente, um amor autêntico.

Na figura 10 são apresentados resumidamente as partes saudáveis com respeito ao trauma da simbiose.

Partes psíquicas saudáveis para a dissolução de um trauma de simbiose

- Fortalecer a própria vontade.
- Desenvolver a necessidade de autonomia.
- Desenvolver a capacidade de distinguir entre a realidade e as ilusões.
- Alcançar a capacidade de distinguir entre sentimentos próprios e sentimentos adotados.
- Sentir a necessidade de livrar-se das ligações simbioticamente enredadas.

- Sentir o desejo de relações saudáveis.
- Estar disposto a reconhecer os próprios traumas.
- Alcançar a capacidade de autodeterminação sexual.
- Estar disposto a assumir a responsabilidade por si mesmo.
- Sentir necessidade de verdade e clareza.
- Não querer mais salvar ninguém. Amor a si mesmo.
- Conservar a esperança de conseguir boas soluções próprias para os problemas.

Figura 10: Partes psíquicas saudáveis para sair de um trauma de simbiose

capítulo 12

ESPERANÇA

"Vivo minha vida em círculos crescentes."
Rainer Maria Rilke (1875–1926)

Está certo: pais e mães comparecem neste livro frequentemente como fontes de sofrimento psíquico para seus filhos. Os relatos de pacientes, aqui reproduzidos, estão cheios de páginas sombrias sobre a condição dos pais. Existe esse lado de sombra, e ninguém o deseja quando pensa e sente a partir de seus lados saudáveis.

Trazer à luz esses aspectos negativos não tem a intenção de acusar ou de julgar moralmente. Felicidade e infelicidade, poder e impotência dos pais estão quase juntos. Mães e pais traumatizados, que muitas vezes se enredam de forma insanável com seus filhos, não são pessoalmente culpados por seus traumas. Na maioria das vezes foram, por sua vez, como crianças, vítimas de omissão, abuso emocional ou violência. Muitos estiveram em guerras ou revoluções, entregues sem defesa a terroristas, assassinos ou estupradores. Alguns tiveram simplesmente a má sorte de que seus pais faleceram prematuramente.

Meu propósito principal neste livro foi avivar a consciência de que são essas cadeias de traumatizações que interconectam as gerações em simbioses destrutivas inconscientes. Esses traumas, que são transmitidos, fazem com que vítimas se tornem perpetradores, engendrando então novas vítimas de traumatizações.

Nos numerosos traumas de simbiose que existem em todos os países onde trabalhei terapeuticamente, reproduz-se também a incapacidade das condições sociais para defender adequadamente de traumas o espaço da relação entre pais e filhos nos primeiros anos do desenvolvimento infantil e admite-se que as crianças não encontrem um ambiente socioeconômico estável. Assim elas são facilmente traumatizáveis, e por sua vez também podem traumatizar outras pessoas, à medida que se tornam mais velhas.

Nenhuma escola, nenhuma pedagogia social, nenhuma psicologia, nenhuma medicina e nenhum juizado pode reparar os danos que os traumas de simbiose produzem nas crianças. Penso que tornar a relação entre pais e filhos o mais "livre de traumas" possível é uma das tarefas preventivas essenciais para um futuro melhor em todo o mundo. Pais que tiveram um bom suprimento simbiótico e são interiormente estáveis e autônomos têm filhos conscientes de si. Crianças conscientes de si são as futuras criadoras de relações sociais construtivas.

Quero com este livro reforçar o ânimo de que a superação de traumas e principalmente dos traumas de simbiose é possível. Muito se pode conseguir quando alguém se põe a caminho para trabalhar-se psiquicamente e não esmorece em seus esforços para desenvolver suas partes saudáveis. Fiquei especialmente tocado, num seminário em Londres, quando uma participante de 82 anos fez uma constelação para livrar-se de um enredamento com sua mãe. A mãe havia falecido havia mais de 30 anos, mas na constelação se revelou que uma parte psíquica da participante ainda lutava constantemente para ter acesso à mãe, que manifestamente esteve sempre muito perturbada por tudo aquilo que tinha vivido e feito. Essa participante do seminário já era bisavó, e tratava-se para ela, por um lado, de seu próprio sofrimento, e de outro lado, de não onerar seus filhos, netos e bisnetos com suas cargas psíquicas. Apenas não é possível, num momento tão tardio, impedir o depósito das próprias traumatizações nas gerações seguintes, mas é possível animá-las, com o próprio exemplo, a não mais se esconderem por trás de estratégias de sobrevivência e a trabalharem para fortalecer cada vez mais as próprias partes saudáveis.

A prática diária me mostra que a libertação da prisão interior, a superação de divisões psíquicas e o desenvolvimento de estruturas psíquicas saudáveis basicamente são possíveis para todas as pessoas, por mais pesados que tenham sido os seus traumas. É possível que nos libertemos dos enredamentos simbióticos e nos tornemos aquela pessoa que somos no fundo de nosso coração. O "aprendizado perpétuo" no domínio psíquico parece ser para todos nós uma condição essencial para não aterrissarmos, mais cedo ou mais tarde, num dos muitos becos sem saída a que nos conduzem nossas estratégias de sobrevivência, e às quais nós inevitavelmente levamos outras pessoas.

A saúde psíquica é alcançável se nos desprendermos dos traumas alheios e assumirmos os nossos, e se cada indivíduo superar sua negativa de defrontar-se com seus ferimentos psíquicos e renunciar às suas ilusões de soluções rápidas e confortáveis.

É preciso coragem para mostrar o próprio íntimo a outras pessoas. É preciso tenacidade para reconectar, passo a passo, num todo coerente, as partes interiores dissociadas. É necessário renunciar a instalar-se em mundos de sonhos infantis e a refugiar-se, de olhos fechados, num mundo belo e justo, que apenas existe na própria imaginação. É necessário ter clareza para não mudar o passado nem fazer de conta que não existiu, mas para olhar para ele e superá-lo emocionalmente. É preciso haver a compreensão de que não podemos ajudar outras pessoas quando elas não querem isso e trilham o seu próprio caminho. É imprescindível a vontade de aceitar a si mesmo em seu desenvolvimento até agora, com todos os ferimentos psíquicos envolvidos nele. É necessário que haja a curiosidade e o prazer antecipado de descobrir quem realmente somos, por trás de todas as traumatizações e enredamentos. Cumpre haver uma decisão para fazer, a partir de hoje e imediatamente, tudo o que for possível para valorizar a própria existência como homem ou como mulher. A responsabilidade por si mesmo é o melhor fundamento para assumir a responsabilidade, no bom sentido, numa comunidade maior e na sociedade. Quem tem clareza na própria alma pode falar palavras claras.

Como uma sociedade não pode ser melhor do que a maioria de seus membros, espero que a consciência crescente dos traumas, dos distúrbios de vinculação e dos enredamentos simbióticos e a crescente disponibilidade de boas ofertas de terapia de traumas ajudem cada vez mais as pessoas a se empenharem, de forma autônoma e conscientes de si, por formas construtivas de simbiose em suas respectivas sociedades. Continuarei a dar minha contribuição nesse sentido.

bibliografia

Antonovsky, A. (1997). Salutogenese. Zur Entmystifizierung der Gesundheit [*Salutogênese. Pela Desmistificação da Saúde*].Tübingen: DGVT-Verlag.

Assel, B. (2009). Von der Familienaufstellung zur Traumaaufstellung [*Da Constelação de Famílias à Constelação de Traumas*]. Praxis der Systemaufstellung, 1, pp. 35-42.

Bauer, J. (2005). Warum ich fühle, was du fühlst. Intuitive Kommunikation und das Geheimnis der Spiegelneurone [*Por Que eu Sinto o Que Você Sente*]. Hamburgo: Hoffmann und Campe.

Bentall, R. (2004). Madness Explained. Psychosis and Human Nature [*A Loucura Explicada. Psicose e Natureza Humana*]. Londres: Penguin Books.

Bentall, R. (2009). Doctoring the mind. Why psychiatric treatments fail [*Doutrinando a Mente. Por Que os Tratamentos Psiquiátricos Falham*]. Londres: Penguin Books.

Bering, R. e Kamp, M. (2009). Zur Indikation und Kontraindikation von hochpotenten Neuroleptika beim psychotischen Verlaufstyp von Traumafolgestörungen [*Sobre Indicações e Contraindicações de Poderosos Neurolépticos em Transcursos Psicóticos de Distúrbios Traumáticos*]. Zeitschrift für Psychotraumatologie, Psychotherapiewissenschaft, Psychologische Medizin, 3, pp. 37-46.

Bode, S. (2004). Die vergessene Generation. Die Kriegskinder brechen ihr Schweigen [*A Geração Esquecida. Os Filhos da Guerra Quebram seu Silêncio*]. Stuttgart: Klett-Cotta Verlag.

Bode, S. (2006). Die deutsche Krankheit – German Angst [*A Doença Alemã – O Medo Alemão*]. Stuttgart: Klett-CottaVerlag.

Bode, S. (2009). Kriegsenkel. Die Erben der vergessenen Generation [*Netos da Guerra. Os Herdeiros da Geração Esquecida*]. Stuttgart: Klett-Cotta Verlag.

Bölte, S. (2009). Autismus. Spektrum, Ursachen, Diagnostik, Intervention, Perspektiven [*Autismo. Espectro, Causas, Diagnóstico, Intervenção, Perspectivas*]. Berna: Huber Verlag.

Bowlby, J. (2000). Verlust. Trauer und Depression [*Perda. Luto e Depressão*]. Munique: Ernst Reinhardt Verlag.

Broughton, V. (2010). In den Presence of Many [*Na Presença de Muitos*]. Frome/UK: Green Balloon Books.

Breggin, P. R. (1996). Giftige Psychiatrie [*Psiquiatria Venenosa*]. Heidelberg: Carl-Auer-Systeme Verlag.

Brisch, K. H. (1999). Bindungsstörungen. Von der Bindungstheorie zur Therapie [*Distúrbios da Vinculação. Da Teoria da Vinculação à Terapia*]. Stuttgart: Klett-Cotta Verlag.

Brisch, K. H., Grossmann, K. E., Grossmann, K. e Köhler, L. (2002). Bindung und seelische Entwicklungswege. Grundlagen. Prävention und klinische Praxis [*Vinculação e Caminhos de Evolução Psíquica. Fundamentos. Prevenção e Prática Clínica*]. Stuttgart: Klett-Cotta Verlag.

Brisch, K. H. e Hellbrügge, T. (orgs.) (2003). Bindung und Trauma. Risiken und Schutzfaktoren für die Entwicklung von Kindern [*Vinculação e Trauma. Riscos e Fatores de Proteção para o Desenvolvimento de Crianças*]. Stuttgart: Klett-CottaVerlag.

Brisch, K. H. e Hellbrügge, T. (orgs.) (2006). Kinder ohne Bindung. Deprivation, Adoption und Psychotherapie [*Crianças sem Vinculação. Privação, Adoção e Psicoterapia*]. Stuttgart: Klett-Cotta Verlag.

Brizendine, L. (2007). Das weibliche Gehirn. Warum Frauen anders sind als Männer [*O Cérebro Feminino. Por Que as Mulheres são Diferentes dos Homens*]. Hamburgo: Hoffmann und Campe.

Chu, V. (2008). Neugeburt einer Familie. Familienstellen in der Gestalttherapie [*Renascimento de uma Família. Constelações Familiares na Terapia da Gestalt*]. Wuppertal: Peter Hammer Verlag.

Cileli, S. (2008). Eure Ehre – unser Leid. Ich kämpfe gegen Zwangsehe und Ehrenmord [*Vossa Honra – Nossa Dor. Eu Luto Contra o Casamento Forçado e o Assassinato pela Honra*]. Munique: Blanvalet Verlag.

Cohen, D. B. (2010). Family Constellations and the Kabbalah. The Knowing Field, 1, pp. 27-31.

Creutz, H. (2009). Die 29 Irrtümer rund ums Geld [*29 Erros a Respeito do Dinheiro*]. Viena: Signum Wirtschaftsverlag.

Damasio, A. (2005). Der Spinoza-Effekt. Wie Gefühle unser Leben bestimmen [*O Efeito-Spinoza. Como os Sentimentos Determinam Nossa Vida*]. Munique: List Verlag.

Damasio, A. (2006). Descartes' Irrtum. Fühlen, Denken und das menschliche Gehirn [*O Erro de Descartes. Sentir, Pensar e o Cérebro Humano*]. Munique: List Verlag.

Danieli, Y. (1998). International Handbook of Multigenerational Legacies of Trauma. Nova York: Plenum Press.

DeMause, L. (org.) (1980). Hört ihr die Kinder weinen. Eine psychogenetische Geschichte der Kindheit [*Ouçam o Choro das Crianças. Uma História Psicogenética da Infância*]. Franfurt/M.: suhrkamp taschenbuch wissenschaft.

DePicciotto, A. (2010). Being Jewish. The Knowing Field, 1, pp. 21-3.

Deistler, I. e Vogler, A. (2005). Einführung in die Dissoziative Identitätsstörung. Therapeutische Begleitung schwer traumatisierter Menschen [*Introdução ao Distúrbio da Identidade Dissociada*]. Paderborn: Junfermann Verlag.

Dornes, M. (1996). Der kompetente Säugling. Die präverbale Entwicklung des Menschen [*O Bebê Competente. O Desenvolvimento do Ser Humano Antes de Falar*]. Frankfurt/M.: Fischer Taschenbuch Verlag.

Eidmann, F. (2009). Trauma im Kontext. Integrative Aufstellungsarbeit in der Traumatherapie [*Trauma no Contexto. Trabalho Integrativo com Constelações na Terapia dos Traumas*]. Göttingen: Vandenhoeck & Ruprecht.

Fest, J. (2000). Hitler. Eine Biographie [*Hitler. Uma Biografia*]. Munique: Econ, Ullstein, List Verlag.

Fischer, G. e Riedesser, P. (2009). Lehrbuch der Psychotraumatologie [*Manual de Psicotraumatologia*]. Munique: Ernst Reinhardt Verlag.

Fischer, G. (2009). Heilen und Forschen heute – geisteswissenschaftliche Grundlagen der Psychotherapie [*Cura e Pesquisa Hoje – Fundamentos da Psicoterapia nas Ciências do Espírito*]. Zeitschrift für Psychotraumatologie, Psychotherapiewissenschaft, Psychologische Medizin, 1, pp. 92-9.

Fischer, G. (2010). Die systemische Bedeutung von Ätiologie und Pathogenese für Krankheitslehre und Behandlungskonzeption in der Psychotherapie [*O Significado Sistêmico da Etiologia e Patogênese na Doutrina da Doença e Concepção de Tratamento na Psicoterapia*]. Zeitschrift für Psychotraumatologie, Psychotherapiewissenschaft, Psychologische Medizin, 1, pp. 83-96.

Forer, L. e Still, H. (1982). Erstes, zweites, drittes Kind... Welche Bedeutung hat die Geschwisterfolge für Kinder, Eltern, Familie? [*Primeira, Segunda, Terceira Criança... Que Significado tem a Série dos Irmãos para as Crianças, os Pais, a Família?*] Reinbek bei Hamburg: Rowohlt Taschenbuch.

Fries, E. (2008). Die biologische Programmierung von späterer Gesundheit und Krankheit durch Erlebnisse in der Kindheit [*A Programação Biológica da Saúde Futura pelas Vivências na Infância*]. Report Psychologie, 10, pp. 472-83.

Fromm, E. (1941/1966). Die Flucht vor der Freiheit [*A Fuga da Liberdade*]. Frankfurt/M.: EuropäischeVerlagsanstalt.

Fromm, E. (1999). Gesamtausgabe in zwölf Bänden [*Obras Completas em Doze Volumes*]. (GA XI, pp. 593-96). Munique: Deutsche Verlags-Anstalt und Deutscher Taschenbuch Verlag.

Gobodo-Madikizela, P. (2009). The Unfinished Business of Trauma: Memory, Narrative and the Forgiveness. Zeitschrift für Psychotraumatologie, Psychotherapiewissenschaft, Psychologische Medizin, 1, pp. 35-48.

Goldner, C. (org.) (2003). Der Wille zum Schicksal. Die Heilslehre des Bert Hellinger [*Seguir o Destino. A Doutrina de Salvação de Bert Hellinger*]. Viena: Uebbereuter Verlag.

Grossmann, K. e Grossmann, K. E. (2004). Bindungen – das Gefüge psychischer Sicherheit [*Vínculos – A Estrutura da Segurança Psíquica*]. Stuttgart: Klett-Cotta Verlag.

Gruen, A. (2001). Der Fremde in uns [*O Alheio em Nós*]. Stuttgart: Klett-Cotta Verlag.

Gruen, A. (2006). Ich will eine Welt ohne Kriege [*Quero um Mundo sem Guerras*]. Stuttgart: Klett-Cotta Verlag.

Gruen, A. (2009). Der Wahnsinn der Normalität. Realismus als Krankheit: eine Theorie der menschlichen Destruktivität [*A Loucura da Normalidade. Realismo como Doença: Uma Teoria da Destrutividade Humana*]. Munique: Deutscher Taschenbuch Verlag.

Grünberg, K. (2000). Zur Tradierung des Traumas der nationalsozialistischen Judenvernichtung [*Sobre a Transmissão do Trauma da Destruição Nazista dos Judeus*]. Psyche, Sonderheft Trauma, Gewalt und Kollektives Gedächtnis, pp. 1002-037.

Gschwend, G. (2009). Mütter ohne Liebe. Vom Mythos der Mutter und seinen Tabus [*Mães sem Amor. Sobre o Mito da Mãe e seus Tabus*]. Berna: Huber Verlag.

Haas, W. (2009). Das Hellinger-Virus [*O Vírus Hellinger*]. Kröning: Asanger Verlag.

Hanswille, R. e Kissenbeck, A. (2008). Systemische Traumatherapie. Konzepte und Methoden für die Práxis [*Traumaterapia Sistêmica. Conceitos e Métodos para a Prática*]. Heidelberg: Carl-Auer-Systeme Verlag.

Hellinger, B. (1994). Ordnungen der Liebe. Heidelberg: Carl-Auer-Systeme Verlag. [*Ordens do Amor – Um Guia para o Trabalho com Constelações Familiares*, São Paulo: Editora Cultrix, 2003.]

Holderegger, H. (2010). Adoleszenz: Metamorphoseundentwicklungsgeschichtlicher Wendepunkt [*Adolescência. Metamorfose e Inflexão Histórica do Desenvolvimento*]. Zeitschrift für Psychotraumatologie, Psychotherapiewissenschaft, Psychologische Medizin, 1, pp. 69-81.

Huber, M. (2005). Der Innere Garten [*O Jardim Interior*]. Paderborn: Junfermann Verlag.

Hüther, G. e Krens, I. (2006). Das Geheimnis der ersten neun Monate. Unsere frühesten Prägungen [*O Mistério dos Primeiros Nove Meses. Nossas Primeiras Marcas*]. Düsseldorf: Walter Verlag.

Hüther, G. (2009). Männer. Das schwache Geschlecht und sein Gehirn [*O Sexo Frágil e seu Cérebro*]. Göttingen: Vandenhoeck & Ruprecht.

Jung, C. G. (2001). Archetypen [*Arquétipos*]. Deutscher Taschenbuch Verlag.

Kahn, G. (2008). Das Innere-Kinder-Retten – eine Methode der imaginativen Traumatherapie [*A Salvação da Criança Interior – Um Método da Traumaterapia Imaginativa*]. Trauma & Gewalt, 1, pp. 48-52.

Kasten, H. (1999). Pubertät und Adoleszenz. Wie Kinder heute erwachsen werden [*Puberdade e Adolescência. Como as Crianças Hoje se Tornam Adultas*]. Munique: Ernst Reinhardt Verlag.

Kennedy, M. (2006). Geld ohne Zinsen und Inflation. Ein Tauschmittel, das jedem dient [*Dinheiro sem Juros e Inflação. Um Meio de Troca Útil a Todos*]. Munique: Goldmann Verlag.

Kolitzus, H. (2000). Ich befreie mich von deiner Sucht. Hilfen für Angehörige von Suchtkranken [*Eu Me Livro Desse Vício. Ajuda para Familiares de Viciados*]. Munique: Kösel Verlag.

Kütemeyer, M. (2008). Die dissoziative Wunde – ein Erinnerungssyndrom seelischer Traumatisierung [*A Ferida Dissociativa – Uma Síndrome de Lembrança de Traumatização Psíquica*]. Zeitschrift für Psychotraumatologie, Psychotherapiewissenschaft und Psychologische Medizin, 2, pp. 27-39.

Langlotz, R. (2006). Maligne Symbiose und Autonomiestörung als entscheidende Ursachen von Stress, Krankheit & destruktivem Verhalten [*Simbiose Maligna e Distúrbio de Autonomia como Causas Determinantes de Stress, Doença e Comportamento Destrutivo*]. Systemische Aufstellungspraxis, 2, pp. 46-51 (Parte 1), e 3, pp. 28-31 (Parte 2).

Lebert, N. e Lebert, S. (2002). Denn du trägst meinen Namen. Das schwere Erbe der prominenten Nazi-Kinder [*Pois Você Carrega o Meu Nome. A Pesada Herança de Filhos de Nazistas Proeminentes*]. Munique: Goldmann Verlag.

Leman, K. (1999). Geschwisterkonstellationen. Die Familie bestimmt ihr Leben [*Constelações de Irmãos. A Família Determina sua Vida*]. Landsberg am Lech: mvg-Verlag.

Levine, P. (1998). Trauma-Heilung. Das Erwachen des Tigers [*Cura de Traumas. O Despertar do Tigre*]. Essen: Synthesis Verlag.

Lietaer, B. A. (2000). Mysterium Geld. Emotionale Bedeutung und Wirkungsweise eines Tabus [*O Mistério do Dinheiro. Significado Emocional e Modo de Atuação de um Tabu*]. Munique: Riemann Verlag.

Lietaer, B. A. (2002). Das Geld der Zukunft. Über die zerstörerische Wirkung unseres Geldsystems und Alternativen hierzu [*A Moeda do Futuro. O Efeito Destrutivo de Nosso Sistema Financeiro, e Alternativas a Ele*]. Munique: Riemann Verlag.

Lütz, M. (2009). Irre! Wir behandeln die Falschen. Unser Problem sind die Normalen [*Arre! Nós Tratamos as Pessoas Erradas. Nosso Problema são os Normais*]. Gütersloh: Gütersloher Verlagshaus.

Mahler, M., Pine, F. e Bergman, A. (1980). Die psychische Geburt des Menschen [*O Nascimento Psíquico do Ser Humano*]. Frankfurt/M.: Fischer Verlag.

Mahler, M. (1998). Symbiose und Individuation [*Simbiose e Individuação*]. Stuttgart: Klett-Cotta Verlag.

Marx, R. (2008). Das Kapital. Ein Plädoyer für den Menschen [*O Capital. Uma Defesa do Ser Humano*]. Munique: Pattloch Verlag.

Mellody, P. (2007). Verstrickt in die Probleme anderer. Über Entstehung und Auswirkung von Co-Abhängigkeit [*Enredado em Problemas Alheios. Sobre a Origem e os Efeitos da Codependência*]. Munique: Kösel Verlag.

Mentzos, S. (org.) (2000). Psychose und Konflikt [*Psicose e Conflito*]. Göttingen: Vandenhoeck & Ruprecht.

Nijenhuis, E. R. S. (2006). Somatoforme Dissoziation. Phänomene, Messung und theoretische Aspekte [*Dissociação Somatoforme. Fenômenos, Avaliação e Aspectos Teóricos*]. Paderborn: Junfermann Verlag.

Odgen, P., Minton, K. & Pain, C. (2010). Trauma und Körper [*Trauma e Corpo*]. Paderborn: Junfermann Verlag.

Pallasch, W. e Kölln, D. (2009). Pädagogisches Gesprächstraining [*Treinamento do Diálogo Pedagógico*]. Munique: Juventa Verlag.

Peichl, J. (2007). Innere Kinder, Täter, Helfer & Co. Ego-State-Therapie des traumatisierten Selbst [*Crianças Interiores, Perpetradores, Ajudantes e Cia. A Terapia dos Estados de Ego da Identidade Traumatizada*]. Stuttgart: Klett-Cotta Verlag.

Peichl, J. (2008). Destruktive Paarbeziehungen. Das Trauma intimer Gewalt [*Relacionamentos Conjugais Destrutivos. O Trauma da Violência Interior*]. Stuttgart: Klett-Cotta Verlag.

Precht, R. D. (2009). Liebe. Ein unordentliches Gefühl [*Amor. Um Sentimento Fora de Ordem*]. Munique: GoldmannVerlag.

Radebold, H. (2009). Die dunklen Schatten unserer Vergangenheit. Hilfen für Kriegskinder im Alter [*As Sombras Escuras de Nosso Passado. Ajudas para Filhos da Guerra na Velhice*]. Stuttgart: Klett-Cotta Verlag.

Rattensberger, V. e Andreatta, P. (2009). Das Trauma einer Fehlgeburt: Akute Belastungsreaktion, Erschütterung des Welt- und Selbstverständnisses und Kohärenzgefühl [*O Trauma do Nascimento Falhado. Reação Aguda de Stress, Abalo da Compreensão do Mundo e de Si, e Sentimento de Coerência*]. Zeitschrift für Psychotraumatologie, Psychotherapiewissenschaft, Psychologische Medizin, 4, pp. 81-94.

Reddemann, L. (2001). Imagination als heilsame Kraft. Zur Behandlung von Traumafolgen mit ressourcenorientierten Verfahren [*Imaginação como Força de Cura. O Tratamento de Efeitos de Traumas com Procedimentos Orientados por Recursos*]. Stuttgart: Klett-CottaVerlag.

Rees, R. (2009). Baummetapher und die Aufstellungsarbeit mit Traumata [*A Metáfora da Árvore e o Trabalho de Constelações com Traumas*]. Praxis der Systemaufstellung, 2, pp. 36-9.

Rizzolatti, G., Fadiga, L., Fogassi, L. e Gallese, V. (2002). From mirror neurons to imitation: facts and speculations. In: Andrew Meltzoff und Wolfgang Prinz (orgs.), The Imitative Mind. Cambridge: University Press.

Rizzolatti, G., Fadiga, L. e Gallese, V. (2007). Spiegel im Gehirn [*Espelhos no Cérebro*]. Spektrum der Wissenschaft, 3, pp. 49-55.

Rochat, P. (2008). Die Selbstentwicklung im Säuglingsalter [*O Desenvolvimento de Si na Idade da Amamentação*]. In: Karl Heinz Brischund Theodor Hellbrügge (orgs.).

Der Säugling – Bindung, Neurobiologieund Gene (pp. 241-65). Stuttgart: Klett-Cotta Verlag.

Rogers, C. (1994). Die klientenzentrierte Gesprächspsychotherapie [*A Terapia do Diálogo Centrada no Cliente*]. Frankfurt/M.: Fischer Verlag.

Rogge, J.-U. (2009). Pubertät. Loslassen und Haltgeben [*Puberdade. Soltar e Apoiar*]. Reinbek bei Hamburg: Rowohlt Verlag.

Ruppert, F. (2001). Berufliche Beziehungswelten. Das Aufstellen von Arbeitsbeziehungenin in Theorie und Praxis [*O Mundo das Relações Profissionais. A Constelação de Relações de Trabalho na Teoria e na Prática*]. Heidelberg: Carl-Auer-Systeme-Verlag.

Ruppert, F. (2003). Verwirrte Seelen. Der verborgene Sinn von Psychosen. Grundlagen einer systemischen Psychotraumatologie [*Almas Confusas. O Sentido Oculto das Psicoses. Fundamentos de uma Psicotraumatologia Sistêmica*]. Munique: Kösel Verlag.

Ruppert, F. (2005). Trauma, Bindung und Familienstellen [*Trauma, Vinculação e Constelação Familiar*]. Stuttgart: Klett-CottaVerlag.

Ruppert, F. (2008). Seelische Spaltung und innere Heilung [*Divisão Psíquica e Cura Interior*]. Stuttgart: Klett-CottaVerlag.

Ruppert, F. (2009). Trauma und symbiotische Verstrickung – von der Familienzur Traumaaufstellung [*Trauma e Enredamento Simbiótico – da Constelação Familiar à Constelação de Traumas*].Zeitschrift für Psychotraumatologie,Psychotherapiewissenschaft, Psychologische Medizin, 4, pp. 69-79.

Ruppert, F. e Freund, C. (2007). Hyperaktivität und ADHS. Erkenntnisse überdie Ursachen der Unruhe von Kindern aus zwei Aufstellungsseminaren [*Hiperatividade e Síndrome de Déficit de Atenção. Conhecimentos sobre as Causas da Intranquilidade de Crianças em Dois Seminários de Constelações*]. Praxis der Systemaufstellung, 2, pp. 74-82.

Sander, L. W. (2009). Die Entwicklung des Säuglings, das Werden der Personund die Entstehung des Bewusstseins [*O Desenvolvimento do Bebê, o Nascimento da Pessoa e o Surgimento da Consciência*]. Stuttgart: Klett-Cotta Verlag.

Schleiffer, R. (2007). Der heimliche Wunsch nach Nähe. Bindungstheorie und Heimerziehung [*O Desejo Secreto de Proximidade. Teoria da Vinculação e Educação no Asilo*]. Munique: Juventa Verlag.

Schmidt, J. B. (2008). Der Körper kennt den Weg. Trauma-Heilung und persönliche Transformation [*O Corpo Conhece o Caminho. Cura de Traumas e Transformação Pessoal*]. Munique: Kösel Verlag.

Schneider, J. (2010). Zur neuerlichen Kritik an der Aufstellungsarbeit und der DGfS [*Sobre Críticas Recentes ao Trabalho das Constelações e à Sociedade Alemã para Constelações Sistêmicas*]. Praxis der Systemaufstellung, 1, pp. 105-10.

Senf, B. (2004). Der Tanz um den Gewinn. Von der Besinnungslosigkeit zur Besinnung der Ökonomie [*A Dança em Torno do Lucro. Da Irracionalidade à Racionalidade da Economia*]. Kiel: Verlag für Sozialökonomie.

Simon, F. (1993). Meine Psychose, mein Fahrrad und ich. Zur Selbstorganisationder Verrücktheit [*Minha Psicose, Minha Bicicleta e Eu. Sobre a Auto-organização da Loucura*]. Heidelberg: Carl-Auer-Systeme-Verlag.

Sombroek, H. (2009). Innere Kollaborateure, Saboteure und Zerstörer. Die Psychodynamikdes frühen Traumas aus der Innenperspektive des Opfers [*Colaboradores Interiores, Sabotadores e Destruidores. A Psicodinâmica do Trauma Precoce da Perspectiva Interior da Vítima*].Trauma und Gewalt, 3, pp. 224-30.

Spangler, G. e Zimmermann, P. (orgs.) (2009). Die Bindungstheorie. Grundlagen, Forschung und Anwendung [*A Teoria da Vinculação. Fundamentos, Pesquisa e Aplicação*]. Stuttgart: Klett-Cotta Verlag.

Spitz, R. (2005). Vom Säugling zum Kleinkind. Naturgeschichte der Mutter-Kind-Beziehungen im ersten Lebensjahr [*Do Bebê à Criança Pequena. História Natural da Relação Mãe-criança no Primeiro Ano de Vida*]. Stuttgart: Klett-Cotta Verlag.

Stern, D. (2007). Die Lebenserfahrung des Säuglings [*A Experiência de Vida do Bebê*]s. Stuttgart: Klett-Cotta Verlag.

Strauß, B. (org.) (2008). Bindung und Psychopathologie [*Vinculação e Psicopatologia*]. Stuttgart: Klett-CottaVerlag.

Van der Hart, O., Nijenhuis, E. e Steele, K. (2009). Das verfolgte Selbst. Strukturelle Dissoziationen und die Behandlung chronischer Traumatisierung [*A Identidade Perseguida. Dissociações Estruturais e o Tratamento da Traumatização Crônica*]. Paderborn: Junfermann Verlag.

Vester, F. (1991). Phänomen Stress [*O Fenômeno Stress*]. Munique. Deutscher Taschenbuch Verlag.

Walper, S., Thönissen, C., Wendt, E.-V. e Bergau, B. (2009). Geschwister in der stationären Erziehungshilfe, Geschwisterbeziehungen in riskanten Familienkonstellationen [*Irmãos na Assistência Educacional em Ambulatórios, Relações entre Irmãos em Constelações Familiares Arriscadas*]. SOS-Kinderdorf e. V. 2009. o. V.

Watkins, J. G. e Watkins, H. (2003). Ego-State Theorie und Therapie [*Teoria e Terapia dos Estados do Ego*]. Heidelberg: Carl-Auer-Systeme Verlag.

Weber, G. (org.) (1995). Zweierlei Glück. Die systemische Psychotherapie Bert Hellingers. Heidelberg: Carl-Auer-Systeme-Verlag. [*A Simetria Oculta do Amor. Por Que o Amor Faz os Relacionamentos Darem Certo*. São Paulo: Editora Cultrix, 1998.]

Weiß, W. (2008). Philipp sucht sein Ich. Zumpädagogischen Umgang mit Traumata in den Erziehungshilfen [*Philipp Procura seu Eu. Como Lidar com Traumas na Assistência Educacional*]. Munique: Juventa Verlag.